Zhōngwén zàojù

中国語作文のための短文練習 ——中文造句

[新装版]

中山時子・飯泉彰裕 著

東方書店

は　じ　め　に

　　本書は本文五部と付録からなる"中文"中国語の"造句"作文をする学習書であります。従来の作文の教科書とは少し異なった画期的なものとなりました。
　　中国語の未習者も既学者も、次の学習上のポイントをよく理解して、第1課から一課一課と学習をお進め下さい。

学習上のポイント

本　文

1）五部に分け平易なところから複雑な"造句"「作文」に入っていきます。既習者の方も第1課からお始め下さい。

2）本書は語法書ではありません。しかし、語法をふまえない"造句"はあり得ません。従って語法上の事項は、ごく簡潔に日本人に分かりやすく説明し、初学者の混乱をまねかないように、中国語の専門用語はできる限り避けました。

3）基本的な詞語類や重要な事項等はすべてグループにまとめ表にしました。表をまるごと覚えて下さい。

4）第四部は中国語特有の表現を学習するために、語法的にもかなり複雑な部門になっています。より中国的な微妙なニュアンスを表現したり、より正確に翻訳、通訳する学習を強化するために、避けては通れない難関となっています。あなたの中国語の決定的評価を問われる"关键"「キーポイント」です。難しいようですが、表とグループ毎にまとめてある説明を繰り返して読み、パターンを覚えれば、案外簡単です。付録の詳細な表を参照して下さい。

付　録

1）標点符号の解説と「時間詞語」、「離合詞」の表をつけました。部分的な学習をするのと異なり、全体を掌握して習得できるので、便利な座右の表です。ご活用下さい。

2）「練習問題語句表」では本文の各課にある"习题"「練習問題」の単語帳をつけました。初学者の方が"造句"するのに辞書を引くことも勉強ですが、その時間を"习题"の正解を"背"「暗誦」する時間にあてて下さい。取り上げた単

語も出来るだけ多く、繰り返し出し、拼音もつけました。本文の例題と共に"习題"の正解もまるごとよく暗誦して下さい。

3）「不該集」は"不该～"（～であるべきでない）の例文を集めたものです。外国人は案外、このようなところを誤るのです。"病句"「誤りのある文」と正解を並列してあります。比較しながら誤りを確認しましょう。ベテランもついうっかり誤るところです。繰り返し読み反省いたしましょう。

著　者

目　次

はじめに　ii

第一部　"造句"する前に発昔から始めましょう。————————————

第 1 課　数　2

第 2 課　"造句"の前の基礎単語　6

第 3 課　量詞　8

第 4 課　定語と状語　10

第 5 課　基本五句型　16

第 6 課　疑問五句型　19

　　　動詞・形容詞の重ね型　24

第二部　"造句"のはじめから————————————————————

第 7 課　基本句型(1)「私は御飯を食べる」　26

第 8 課　基本句型(2)「…である」、「…にある」／「…にいる」　32

第 9 課　基本句型(3)「…と」「…に」　30

第 10 課　基本句型(4)「…で」　38

第 11 課　基本句型(5)処置文「…を」　40

　　　語気詞　42

第三部　ムード詞語を用いて簡単な表現を学習しましょう。————————

第 12 課　単句型(1)「可能」　46

第 13 課　単句型(2)「願望」　48

第 14 課　単句型(3)「禁止」　50

第 15 課　単句型(4)「推測」　52

第 16 課　単句型(5)「義務」　54

第 17 課　単句型(6)「受身」　56

第 18 課　単句型(7)「使役」　58

第 19 課　単句型(8)「比較」　60

　　　連動句・兼語句・二重目的語句　62

第四部　簡単な表現からやや複雑な表現へ————————————————

第 20 課　場所詞語　66

第 21 課　時間詞語　72

　　　「間に合わない」　78

第 22 課　テンスとアスペクト　80

第 23 課　"了""就""要"について　86

第 24 課　補語　92

　　　"得""不"を使う表現——可能補語　100

第 25 課　離合詞　101

　　　常用副詞　104

目　录

序文　ii

第一部　打下好基础 ────────────────

第 一 课　数目　2

第 二 课　基础词汇　6

第 三 课　量词　8

第 四 课　定语、状语　10

第 五 课　五种基本句型　16

第 六 课　五种疑问句型　19

　　动词、形容词重叠式　24

第二部　迈出第一步 ────────────────

第 七 课　基本句型(1)"我吃饭。"　26

第 八 课　基本句型(2)"是"、"有"／"在"　32

第 九 课　基本句型(3)"跟""和""同""对""向""往""朝"　36

第 十 课　基本句型(4)"用""拿""在"　38

第 十 一 课　基本句型(5)"把"字句　40

　　语气词　42

第三部　基本表达法 ────────────────

第 十 二 课　单句(1)"能""会""可以""能够"　46

第 十 三 课　单句(2)"要""想""愿意""希望""盼望"　48

第 十 四 课　单句(3)"不要""别""不用""不必"　50

第 十 五 课　单句(4)"大概""恐怕""也许""会""可能"　52

第 十 六 课　单句(5)"应该""该""得""总得""要"　54

第 十 七 课　单句(6)被动句　56

第 十 八 课　单句(7)"使""叫""让""请""托""派"　58

第 十 九 课　单句(8)"比较"　60

　　连谓句、兼语句、双宾语句　62

第四部　再上一层楼 ────────────────

第 二 十 课　处所词　66

第二十一课　时间词　72

　　"来不及""赶不上"　78

第二十二课　时、态　80

第二十三课　"了""就""要"　86

第二十四课　补语　92

　　"得""不"　100

第二十五课　离合词　101

　　常用副词　104

第五部　やや複雑な表現から複雑な表現へ

　第 26 課　複合句型(1)「彼女は焼酎さえも飲めるんだから、ビールなんかは当たり前」　108

　第 27 課　複合句型(2)「彼女が私にあんなに良くしてくれるとは思いませんでした」　110

　第 28 課　複合句型(3)「コンビニエンス・ストアは便利な上、価格もちょうど良いので、お客さんの評判がいい」　112

　第 29 課　複合句型(4)「中村君はお父さん似ですか、お母さん似ですか」　114

　第 30 課　複合句型(5)「引き受けたからには、最後までやり通すべきだ」　116

　第 31 課　複合句型(6)「十数年も一緒に仕事をしているのに、お互いに十分には理解し合えていない」　118

　第 32 課　複合句型(7)「私の留学したいという考えは父が支持してくれているだけでなく、母も賛成してくれています」　120

　第 33 課　複合句型(8)「もしこのまま黙っていれば、現状は何も変わらないと思うよ」　122

　第 34 課　複合句型(9)「お金をたくさん出してこそ、（初めて）良い物が買える」　124

　第 35 課　複合句型(10)「たとえどうであろうとも、我々は仕事を最後までやり遂げなければならない」　126

　第 36 課　複合句型(11)「如何なる人にとっても健康は重要なことです」　128

　第 37 課　複合句型(12)「雨はますます激しくなり、風もだんだん強くなってきた」　130

　第 38 課　複合句型(13)「ウーロン茶以外にも中国には何種類ものお茶があります」　132

　第 39 課　複合句型(14)「人に頼むくらいだったら自分でやった方がましだ」　134

　第 40 課　反語句「こんなに遅くに誰が来るものか」　136

付録

　標点符号　140

　不該集　142

　練習問題語句表　171

おわりに　211

"习题" 参考答案集　213

時間詞語表　232

離合詞表　234

第五部　说难并不难

第二十六课　　复句⑴ "她连白酒都敢喝，何况啤酒呢。"　　108

第二十七课　　复句⑵ "真没想到她对我那么好。"　　110

第二十八课　　复句⑶ "'二十四小时店'既方便价格又合理，很受顾客的欢迎。"　　112

第二十九课　　复句⑷ "中村像他爸爸还是像他妈妈？"　　114

第 三 十 课　　复句⑸ "既然答应了，就该履行诺言。"　　116

第三十一课　　复句⑹ "虽然一起工作十多年了，可是互相并不十分了解。"　　118

第三十二课　　复句⑺ "我去留学的想法，不但爸爸支持，而且妈妈也赞成。"　　120

第三十三课　　复句⑻ "我认为如果这样默不作声，就改变不了现况。"　　122

第三十四课　　复句⑼ "只有花很多钱，才能买到好的。"　　124

第三十五课　　复句⑽ "无论如何我们都将把工作做到底。"　　126

第三十六课　　复句⑾ "对于任何人来说，健康都是很重要的。"　　128

第三十七课　　复句⑿ "雨越下越大，风也越刮越大了。"　　130

第三十八课　　复句⒀ "除了乌龙茶以外，中国还有好多种茶。"　　132

第三十九课　　复句⒁ "与其求人，不如自己做。"　　134

第 四 十 课　　反问句 "这么晚了，谁还会来？"　　136

付录

标点符号　　140

不该集　　142

习题生词表　　171

跋文　　211

习题参考答案　　213

时间词表　　232

离合词表　　234

使用記号例

／	同じ意味の場合
（ ）	省略可
〔 〕	練習問題の中国語注釈
〈 〉	説明
" "	中国語
「 」	日本語
◎	見出し
※	注意事項
重要部分	太字部分は重要部分を表す

第 一 部

"造句"zàojù する前に発音から始めましょう。

　まず、中国語で表現する時必ず出てくる基礎単語をグループ毎に整理しました。数から始めます。ここでは発音をしっかり訓練しながら単語の意味を覚えましょう。"拼音"pīnyīn と "四声" sìshēng をつけました。十分強化しましょう。ここはあくまで"造句"の基礎作業です。

第 1 課　数

① 0。1。2。3。4。5。6。7。8。9。10。

② 11。22。33。44。55。66。77。88。99。100。

③ 101。102。110。111。200。202。220。222。

④ 333。444。555。666。777。888。999。1000。

⑤ 1001。1010。1100。1万。2万。2万2千。10万。20万。100万。1千万。1億。

⑥ 03-3456-7890。110。119。
　　〒678-1234。

⑦ 1つ。2つ。3つ。4つ。5つ。6つ。7つ。8つ。9つ。10。いくつ。

⑧ 1番目。2番目。3番目。4番目。5番目。10番目。100番目。何番目。

⑨ 月曜日。火曜日。水曜日。木曜日。金曜日。土曜日。日曜日。何曜日。

⑩ 1998年。1999年。2000年。2001年。千九百九十何年。

第一课　数目

① 零。一。二。三。四。五。六。七。八。九。十。

② 十一。二十二。三十三。四十四。五十五。六十六。七十七。八十八。九十九。
一百。

③ 一百零一。一百零二。一百一(十)。一百一十一。二百。二百零二。
二百二(十)。二百二十二。

④ 三百三十三。四百四十四。五百五十五。六百六十六。七百七十七。
八百八十八。九百九十九。一千。

⑤ 一千零一。一千零一十。一千一(百)。一万。两万。两万二(千)。十万。
二十万。一百万。一千万。一亿／一万万。

⑥ 〈电话号码〉〇三三四五六局七八九〇。一一〇。一一九。注)
〈邮政编码〉六七八之一二三四。
注) P.4要点の3番目のポイントを参照。

⑦ 一个。两个。三个。四个。五个。六个。七个。八个。九个。十个。
几个／多少(个)。

⑧ 第一。第二。第三。第四。第五。第十。第一百。第几。

⑨ 星期一。星期二。星期三。星期四。星期五。星期六。星期天／星期日。
星期几。

⑩ 一九九八年。一九九九年。二〇〇〇年。二〇〇一年。一九九几年。

第 1 課　3

要点

※ "一百""一千"の様に"一"をつけて言う。ただし"一十"の前の"一"は省略されることが多い。

※ "二百一"は201ではなく、210"二百一十"を省略した言い方である。201は"二百零一"と言う。

※ 1005のように欠けている位には"零"を補うが、「0」がいくつ続いても、"零"は1つでよい。ただし西暦や電話番号、部屋番号等の番号は"一零零五"(1005)のように言う。
なお、番号の場合"一"を"yāo"と発音することが多い。
(例)一 一 〇　　一 一 九　　一 一 四
　　yāoyāolíng　　yāoyāojiǔ　　yāoyāosì

※ 「いくつ」と言う場合、通常、10未満の場合は"几(个)"、10以上の場合は"多少(个)"を用いる。

※ "二"と"两"の用い方…"十"と"百"の前では"二"、"千"と"万"の前では"二""两"のどちらも用いられる。
　　なお「1つ」「2つ」と数える場合は"一个""两个"であるが、「12個」「22個」は"十二个""二十二个"という。
　　これらの"个"は本来の声調を失い、軽く発音する。

※ "一"はもともと第1声であるが"一"の次にくる単語の声調によって声調が変化する。
　A　第1、2、3声がきた時は第4声に発音。
　B　第4声がきた時は第2声に発音。
なお、"七""八"の数字も第4声がきた時にはそれぞれ第2声に変わる場合があるが、第1、2、3声がきた場合には変化しない。

※ "二十二""三十三""四十四"など、中間にはさまっている"十"は普通軽く発音する。

※ "星期" の代わりに"礼拝"または"周"とも言う。
　　xīngqī　　　　　　　líbài　　　zhōu

习题 xítí

1）101。

2）272。

3）5032。

4）1997年。

5）火曜日。

6）日曜日。

7）12個。

8）22番目。

9）電話番号　001-86-10-6254-3838

10）19,581,004

发音 fāyīn

零	一	二	三	四	五	六	七	八	九	十
líng	yī	èr	sān	sì	wǔ	liù	qī	bā	jiǔ	shí

百	千	万	亿	几	个	第	星期	礼拜	年
bǎi	qiān	wàn	yì	jǐ	ge	dì	xīngqī	lǐbài	nián

电话	号码	局	邮政	编码	多少
diànhuà	hàomǎ	jú	yóuzhèng	biānmǎ	duōshǎo／duōshao

第2課 “造句”の前の基礎単語

人称代名詞・代名詞

単数	我 wǒ 私	你・您 nǐ nín 君・あなた	他・她 tā tā 彼・彼女	它 tā それ
複数	我们 wǒmen 私たち	你们 nǐmen 君たち	他们・她们 tāmen tāmen 彼ら・彼女ら	它们 tāmen それら

指示代名詞

単数	这(个) zhè(ge) これ／この	那(个) nà(ge) それ／その・あれ／あの	哪(个) nǎ(ge) どれ／どの
複数	这些 zhèxiē これら	那些 nàxiē それら／あれら	哪些 nǎxiē どれら

場所を表す代名詞

这 儿 ér zhè 里 lǐ 边 biān 面 miàn ここ／こちら	那 儿 ér nà 里 lǐ 边 biān 面 miàn そこ／そちら あそこ／あちら	哪 儿 ér nǎ 里 lǐ 边 biān 面 miàn どこ／どちら

※ 注：接尾辞の時は“儿”の拼音は“r”のみ。

第二课　基础词汇

指示語

	这 zhè：これ	那 nà：それ/あれ	哪 nǎ：どれ
指示	这个 zhège：この 这些(个) zhèxiē(ge)： 　これらの	那个 nàge：その/あの 那些(个) nàxiē(ge)： 　それらの/あれらの	哪个 nǎge：どの 哪些(个) nǎxiē(ge)： 　どれらの
場所	这儿 zhèr：ここ 这里 zhèlǐ：ここ 这边 zhèbiān：こちら 这面 zhèmiàn：こちら	那儿 nàr：そこ/あそこ 那里 nàlǐ：そこ/あそこ 那边 nàbiān： 　そちら/あちら 那面 nàmiàn： 　そちら/あちら	哪儿 nǎr：どこ 哪里 nǎlǐ：どこ 哪边 nǎbiān：どちら 哪面 nǎmiàn：どちら
時間	这个时候 zhège shíhou： 　この時 这会儿 zhèhuǐr：この時	那个时候 nàge shíhou： 　その時/あの時 那会儿 nàhuǐr： 　その時/あの時	什么时候 shénme shíhou：いつ 多会儿 duōhuǐr：いつ頃
方式	这样 zhèyàng： 　こんな(風)に 这么样 　zhèmeyàng： 　このように 这么 zhènme：こう 做 zuò **する**	那样 nàyàng： 　そんな(風)に/ 　あんな(風)に 那么样 　nàmeyàng： 　そのように/ 　あのように 那么 nàme： 　そう/ああ 做 zuò **する**	怎样 zěnyàng： 　どんな(風)に 怎么样 zěnmeyàng： 　どのように 怎么 zěnme：どう 做 zuò **する**
程度	这样 zhèyàng： 　こんなに 这么样 　zhèmeyàng： 　このように 这么 zhème： 　こう 大 dà **大きい**	那样 nàyàng： 　そんなに/あんなに 那么样 　nàmeyàng： 　そのように/ 　あのように 那么 nàme： 　そう/ああ 大 dà **大きい**	多么 duōme： 　どのように 多 duō： 　どのくらい 大 dà **大きい**
形容	这样(的) 　zhèyàng(de)： 　こんな 这么样(的) 　zhèmeyàng(de)： 　このような 这么个 　zhèmege：こういう 人 rén	那样(的) 　nàyàng(de)： 　そんな/あんな 那么样(的) 　nàmeyàng(de)： 　そのような/ 　あのような 那么个 nàmege： 　そういう/ああいう 人 rén	怎样(的) zěnyàng(de)： 　どんな〈内的な事を聞く〉 怎么样(的) 　zěnmeyàng(de)： 　どのような 　〈性格/生い立ちなど〉 人 rén 怎么个 zěnmege： 　どういう 什么 shénme：どんな 　〈身分や職業を聞く〉 什么样(的) 　shénmeyàng(de)： 　どのような 　〈外観を聞く。身長/体形〉 人 rén 谁 shéi/shuí：誰 　〈名前を聞く〉

※ 注：方位詞 "里" "边" "面" は軽声で読む。
　　　 lǐ　biān　miàn
　　　 ↓　　↓　　↓
　　　 li　　bian　mian

第 2 課　7

第3課　量詞

◎**量詞表**：量詞には名量詞と動量詞がある。

名量詞：名詞の前において、名詞を修飾する語。
中国語では、数詞は名詞を直接修飾で
きないので、名量詞を用いる。

〈例〉

一 yí 数詞	个 ge 名量詞	鸡蛋 jīdàn 名詞

「卵1個」

例	名量詞例	日本語訳・解説	助数詞
個	①个 ge：苹果 píngguǒ　　馒头 mántou　　问题 wèntí　　理想 lǐxiǎng ②块 kuài：肉 ròu　　石头 shítou　　肥皂 féizào　　手表 shǒubiǎo	●幅広く様々な名詞に使える。 　リンゴ。マントウ。問題。理想。 ●かたまり状のもの。腕時計。 　肉。石。石鹸。腕時計。	〜個 〜つ 〜個
組	①套 tào：家具 jiājù　　餐具 cānjù　　西装 xīzhuāng　　房子 fángzi ②副 fù：手套 shǒutào　　耳环 ěrhuán　　眼镜 yǎnjìng ③对 duì：夫妻 fūqī ④双 shuāng：眼睛 yǎnjing　　袜子 wàzi　　筷子 kuàizi	●ひと揃い。ひと組になったもの。 　家具。食器類。スーツ。家。 ●対の。ひと揃い。 　手袋。イヤリング。眼鏡。 ●ひと組。ペア。 　夫婦。 ●2つのものがひと組で成立しているもの。 　両眼。靴下。箸。	〜組 〜揃い 〜対 〜組 〜ペア 〜膳 〜対
台	①台 tái：电视机 diànshìjī　　机器 jīqì ②辆 liàng：自行车 zìxíngchē　　公共汽车 gōnggòngqìchē ③架 jià：钢琴 gāngqín　　飞机 fēijī　　照像机 zhàoxiàngjī	●機械。車両。設備等。 　テレビ。機械。〈多くが"架"と共通〉 ●車両。 　自転車。バス。 ●飛行機。機械等組み立てられたもの。 　ピアノ。飛行機。カメラ。	〜台 〜台 〜台 〜機
杯	①杯 bēi：咖啡 kāfēi　　红茶 hóngchá ②碗 wǎn：面条 miàntiáo　　米饭 mǐfàn	●コップ、カップ、杯等に入っているもの。 　コーヒー。紅茶。 ●茶碗に入っているもの。 　麺。ご飯。	〜杯 〜杯
本	①把 bǎ：雨伞 yǔsǎn　　扇子 shānzi　　刀 dāo　　椅子 yǐzi ②根 gēn：火柴 huǒchái　　筷子 kuàizi　　棍子 gùnzi ③卷（儿）juǎn(r)：字画 zìhuà　铺盖 pūgai　　胶卷儿 jiāojuǎnr ④棵 kē：松树 sōngshù　　白菜 báicài ⑤条 tiáo：路 lù　　毛巾 máojīn　　河 hé　　绳子 shéngzi ⑥支（枝）zhī(zhī)：钢笔 gāngbǐ　　蜡烛 làzhú　　香烟 xiāngyān ⑦瓶 píng：啤酒 píjiǔ　　汽水 qìshuǐ　　矿泉水 kuàngquánshuǐ	●柄や取っ手があり手でつかめるもの。 　傘。扇子。刀／ナイフ。椅子。 ●細長いもの。 　マッチ。箸〈片方1本〉。棒。 ●巻いたもの。 　書画。布団。フィルム。 ●草木や野菜など。 　松の木。白菜。 ●細長いもの。細長いイメージのもの。 　道。タオル。河川。縄／ロープ。 ●棒状のもの。細長いもの。 　万年筆。ロウソク。煙草。 ●瓶に入っているもの。 　ビール。炭酸飲料。ミネラルウォーター。	〜本 〜脚 〜本 〜巻 〜本 〜株 〜本 〜本 〜本
匹	①条 tiáo：金鱼 jīnyú　　黄瓜 huánggua　　毛毛虫 máomaochóng ②只 zhī：猫 māo　　小鸟 xiǎoniǎo　　鸡 jī　　老虎 lǎohǔ	●動物。植物。 　金魚。きゅうり。毛虫。 ●動物。鳥類。 　猫。小鳥。ニワトリ。虎。	〜匹 〜本 〜匹 〜羽
頭	①头 tóu：牛 niú　　羊 yáng　　蒜 suàn ②匹 pǐ：马 mǎ　　骡子 luózi　　驴 lǘ	●役畜のほとんど。ニンニク。 　牛。ヒツジ。ニンニク。 ●馬、ラバ、ロバ等の運送用家畜。 　馬。ラバ。ロバ。	〜頭 〜個 〜頭
人	①个 ge：朋友 péngyou　　学生 xuésheng ②位 wèi：老师 lǎoshī　　老人 lǎorén	●人。 　友人。学生。 ●人を数える場合の丁寧な言い方。 　先生。老人。	〜人 〜名

8　第一部

枚	①张 zhāng：报纸 bàozhǐ　票 piào 地图 dìtú　桌子 zhuōzi ②片 piàn：树叶 shùyè　肉 ròu 面包 miànbāo	• 平らなもの。平らな面を持つもの。 新聞。チケット。地図。机／テーブル。 • 平たくて薄いもの。 木の葉。肉。パン。	〜枚 〜つ 〜切れ
箱	①盒 hé：火柴 huǒchái 香烟 xiāngyān ②条 tiáo：烟 yān	• 小箱に入ったもの。 マッチ。煙草。 • カートン。 煙草。	〜箱 〜カー トン
曲	①首 shǒu：诗歌 shīgē ②支 zhī：歌 gē　民歌 míngē	• 詩歌。 詩。 • 歌や楽曲。 歌。民謡。	〜首 〜曲
册	①本 běn：书 shū 词典 cídiǎn　杂志 zázhì ②个 ge：本子 běnzi　课本 kèběn	• 書籍類。 本。辞典／辞書。雑誌。 • ノート。教科書。 ノート。テキスト／教科書。	〜册
通	①封 fēng：信 xìn	• 封書。 手紙。	〜通
ポット	①壶 hú：茶 chá　酒 jiǔ	• 容器に入れられた液体。 茶。酒。	
建物	①座 zuò：大楼 dàlóu　山 shān 桥 qiáo	• 地面に固定した移動不可能なもの。 ビル。山。橋。	〜つ
面	①片 piàn：荒地 huāngdì　草地 cǎodì	• 広く広がった土地や水などの空間。 荒れ地。芝生。	〜面

動量詞：動作の分量や回数を 　　　　数える。 　　　動量詞は動詞の後に 　　　　置かれる。	〈例〉	我 wǒ 主語	去 qù 動詞	一 yí 数詞	趟 tàng 動量詞	中国 Zhōngguó 名詞（目的語）
		\multicolumn{5}{c}{「わたしは1度中国へ行く」}				

量詞	動量詞例	日本語訳・解説
回 度	①次 cì：见过　一　次　面 　　　jiànguo yí cì miàn ②回 huí：听过　两　回 　　　tīngguo liǎng huí ③下（儿）xià(r)：敲了　两　下儿　门 　　　qiāole liǎng xiàr mén ④顿 dùn：一　天　吃　三　顿　饭 　　　yì tiān chī sān dùn fàn ⑤趟 tàng：去　一　趟　法国 　　　qù yí tàng Fǎguó ⑥遍 biàn：再　说　一　遍 　　　zài shuō yí biàn ⑦场 cháng：下了　一　场　大　雪 　　　xiàle yì cháng dà xuě ⑧场 chǎng：看了　两　场　戏 　　　kànle liǎng chǎng xì ⑨阵 zhèn：下了　一　阵　雨 　　　xiàle yí zhèn yǔ	• 繰り返される動作の回数を表す。 「1度会ったことがある」 • 事柄や動作の回数を表す。 「2回聞いたことがある」 • 動作の回数を表す。 「ドアを2回叩いた」 • 食事、殴打、罵り、叱責の回数を表す。 「1日に3回食事をする」 • 往復して1回に数える。 「フランスに行って来る」 • 最初から最後までひと通りである事を表す。 「始めから終わりまでもう1度言う」 • 自然現象や時間のかかわることに用いる。 「大雪が降った」 • 文化、スポーツ活動を数える。 「演劇を2ステージ観た」 • 現象や動作経過の過程に用いる。 「ひと雨降った」

◎**その他の動量詞**（体の一部や道具が動量詞として用いられる）

ひと目見る：看了　一　眼　　ひと口噛みつく：咬了　一　口　　ひと蹴りする：踢了　一　脚
　　　　　kànle yì yǎn　　　　　　　　yǎole yì kǒu　　　　　　　　　　tīle yì jiǎo

1発殴る：打了　一　拳　　1発撃つ：打了　一　枪　　　ぐいと引っ張る：拉了　一　把
　　　dǎle yì quán　　　　　　dǎle yì qiāng　　　　　　　　　　lāle yì bǎ

第3課　9

第4課　定語と状語

◎定語：名詞の前に置き、従属・性質・数量などを表す連体修飾成分。

① 好　東西　「良いもの」
　 hǎo　dōngxi

② 很　好　的　成绩　「良い成績」
　 hěn hǎo de chéngjì

③ 美丽　的　风景　「美しい風景」
　 měilì　de　fēngjǐng

④ 很　漂亮　的　女　孩子「きれいな女の子」
　 hěn piàoliang de nǚ háizi

⑤ 《窗边　的　小　豆豆》「『窓際のトットちゃん』」
　 《Chuāngbiān de Xiǎo Dòudou》

⑥ 我们　班　「私達のクラス」
　 wǒmen bān

⑦ 《北京　的　西瓜》「『北京の西瓜』」
　 《Běijīng de xīguā》

⑧ 日本　的　富士山　「日本の富士山」
　 Rìběn de Fùshìshān

⑨ 两　头　大熊猫　「2頭のパンダ」
　 liǎng tóu dàxióngmāo

⑩ 一　本　畅销　书「1冊のベストセラー本」
　 yì běn chàngxiāo shū

习题

定　語

1) 竹製の箸、木製のスプーン
2) 1本の鍵、1箱のミカン
3) 中国料理、日本製自動車
4) 4年間の大学生活
5) 青い空、白い雲
6) 瓶の中の花
7) シルクのワイシャツ
8) たくさんの問題
9) 彼のお母さん
10) 流行のファッション

第四課　定語、状語

要点

※定語：形式上は以下の3種類に分けられる。

Aは名詞、代名詞、名量詞、形容詞／形容詞フレーズ、動詞／動詞フレーズ、介詞〈前置詞〉フレーズ。

Bは名詞及び名詞的用法の語句。

I A　定語〈連体修飾語〉が以下のような場合は一般的にBを直接修飾する。

A 定語 〈修飾語〉	B 中心語 〈被修飾語〉

　1）Aが事物の性質を表す名詞。

　2）ABともに時間を表す名詞。

　3）Aが一般的な名量詞の時。

　4）Aが単音節〈漢字1文字〉の形容詞。

　5）Aが形容詞フレーズ"很多""不少"。

II A　定語〈連体修飾語〉が以下のような場合は一般的にAとBの間に"的"を入れる。

A 定語 〈修飾語〉	"的"	B 中心語 〈被修飾語〉

　1）Aが人称代名詞や名詞〈ABが所有関係〉。

　2）Aが親族、社会的人間関係、所属団体を表す名詞。

　3）Aが場所を表す名詞。

　4）Aが重さ、長さ、面積、容積等を表す名量詞。

　5）Aが二音節〈漢字2文字〉の形容詞。

　6）Aが形容詞の重ね型または形容詞フレーズ。

　7）Aが目的語をとれる動詞。

　8）Aが主述フレーズの時。

III A　定語〈連体修飾語〉が以下のような場合は一般的にAとBの間の"的"は入れても入れなくてもよい。

A 定語 〈修飾語〉	"的" 省略可	B 中心語 〈被修飾語〉

　1）Aが人称代名詞〈親族、社会的人間関係、所属団体〉。

　2）Bが場所を表す名詞。

　3）Aが形容詞フレーズ"很少""一些""一点儿"。

　4）Aが目的語をとれない動詞。

定語

定語には中心語を限定したり〈①～⑫〉、描写したり〈⑬～⑮〉する働きがある。

※**限定性定語**：一般に名詞／名詞フレーズ、動詞／動詞フレーズ、形容詞／形容詞フレーズが用いられる。

①北京人 Běijīng rén	①北京（出身の）人	①出所〈出身地／産地〉
绍兴酒 shàoxīngjiǔ	紹興（製の）酒	
②两本杂志 liǎng běn zázhì	②2冊の雑誌	②数量
许多人 xǔduō rén	たくさんの人	
③一切问题 yíqiè wèntí	③一切の問題	③範囲
任何地方 rènhé dìfang	いかなる場所	
④今天的工作 jīntiān de gōngzuò	④本日の仕事	④時間
多年的朋友 duōnián de péngyou	長年の友人	
⑤东京的天气 Dōngjīng de tiānqì	⑤東京の天気	⑤場所
院子里的秋千 yuànzi li de qiūqiān	庭のブランコ	
⑥红太阳 hóng tàiyáng	⑥赤い太陽	⑥色・形
圆型剧场 yuánxíng jùchǎng	円型劇場	
⑦玻璃杯 bōli bēi	⑦ガラスのコップ	⑦材質
红木家具 hóngmù jiājù	マホガニーの家具	
⑧洗发水 xǐfà shuǐ	⑧シャンプー（用の）液	⑧用途
晒衣服的竹竿 shài yīfu de zhúgān	物干し（用の）竿	
⑨我们学校 wǒmen xuéxiào	⑨私達の学校	⑨所属者
我的名字 wǒ de míngzi	私の名前	
⑩老虎尾巴 lǎohǔ wěiba	⑩虎の尻尾	⑩全体が部分を修飾
人的眼睛 rén de yǎnjing	人の眼	
⑪烤羊肉 kǎo yángròu	⑪焼いた羊肉	⑪動作が動作対象を修飾
洗的碗 xǐ de wǎn	洗ったお碗	
⑫飞鸟 fēi niǎo	⑫飛ぶ鳥	⑫動作が動作主を修飾
来的人 lái de rén	来た人	

※**描写性定語**：重ね型形容詞フレーズが用いられる場合が多く、主観や感情が込められている。

⑬高高的白杨树 gāogāo de báiyáng shù	⑬高々とした白樺の木　注）	⑬親密さや好意的な感情
大大的眼睛 dàdà de yǎnjing	大きな眼	
圆圆的脸 yuányuán de liǎn	丸い〈まん丸い〉顔	
注）　単音節〈1字の漢字〉の重ね型形容詞フレーズが用いられる。		
⑭很长的路 hěn cháng de lù	⑭長い道	⑭主観や感情
很漂亮的教堂 hěn piàoliang de jiàotáng	綺麗な教会	
极浓极浓的咖啡 jínóng jínóng de kāfēi	濃いコーヒー	
⑮香喷喷的菜 xiāngpēnpēn de cài	⑮よい香りの料理	⑮主観や感情
绿油油的稻田 lǜyóuyóu de dàotián	青々とした田圃	
和和气气的态度 héheqìqì de tàidù	穏やかな物腰	

◎状語：動詞、形容詞の前に置き、状態・程度・時間・場所などを表す連用修飾成分。

① 快　跑「速く走る」
　　kuài pǎo

② 慢慢儿　地　走「ゆっくりと歩く」
　　mànmānr de zǒu

③ 突然　地　来「突然来る」
　　tūrán de lái

④ 很　冒昧　地　问　一下「大変失礼ですが、お訊ねします」
　　hěn màomèi de wèn yíxià

⑤ 时间　一天　一天　过去「時間が日一日と過ぎ行く」
　　shíjiān yìtiān yìtiān guòqù

⑥ 昨天　他　没　来「昨日彼は来なかった」
　　zuótiān tā méi lái

⑦ 向　左　拐,　往　前　走「左に曲がり、真っ直ぐ行く」
　　xiàng zuǒ guǎi, wǎng qián zǒu

⑧ 在　食堂　吃　饭「食堂でご飯を食べる」
　　zài shítáng chī fàn

⑨ 特别　好　吃「特別美味しい」
　　tèbié hǎo chī

⑩ 最　美丽「最も美しい」
　　zuì měilì

习题

状　語

1) 早く来て遅く帰る
2) 直ちに出発する
3) ソファーに猫が1匹いる
4) 少し寒い
5) 午前勉強して、午後休む
6) 来るでしょう
7) 全てOK
8) すでに終わった
9) 少し温める
10) ぷんぷん怒りながら話す

要点

※状語：形式上は以下の３種類に分けられる。

　Ａは名詞〈時間詞語／場所詞語〉、代名詞、副詞、形容詞／形容詞フレーズ、動詞／動詞フレーズ、介詞〈前置詞〉フレーズ。

　Ｂは述語〈動詞／形容詞〉及び述語的用法の語句。

Ⅰ　Ａ　状語〈連用修飾語〉が以下のような場合は一般的にＢを直接修飾する。

A 状語〈修飾語〉	B 中心語〈被修飾語〉

　1）Ａが単音節〈漢字１文字〉の形容詞。

　2）Ａが副詞。

　3）Ａが代名詞。

　4）Ａが時間や場所を表す名詞〈時間詞語、場所詞語〉。

　5）Ａが介詞〈前置詞〉フレーズ。

Ⅱ　Ａ　状語〈連用修飾語〉が二音節〈漢字２文字〉以上の場合は一般的にＡとＢの間に"地"を入れる。

A 状語〈修飾語〉	"地"	B 中心語〈被修飾語〉

　1）Ａが二音節以上の形容詞とその重ね型。

　2）Ａが二音節以上の形容詞からなる形容詞フレーズ。

　3）Ａが動詞及び動詞フレーズ。

　4）Ａが主述フレーズ。

　5）Ａが連用修飾語になれる一部の抽象名詞。

Ⅲ　Ａ　状語〈連用修飾語〉が以下のような場合はＡとＢの間に"地"を入れても入れなくてもよい。

A 状語〈修飾語〉	"地" 省略可	B 中心語〈被修飾語〉

　1）Ａが単音節形容詞の重ね型。

　2）Ａが「数詞＋名量詞」の重ね型。

　3）Ａが"像…一样"

　4）Ａがごく一部の副詞やごく一部の二音節形容詞。
　　　（例）"非常"や"努力""认真"など。

14　第一部

状語

①向前走 xiàng qián zǒu
　往这儿来 wǎng zhèr lái
　从京都来 cóng Jīngdū lái
②马上去／就去 mǎshàng qù／jiù qù
　常常迟到 chángcháng chídào
　在两天之内完成 zài liǎng tiān zhīnèi wánchéng
③笑眯眯地问 xiàomīmī de wèn
　沿着湖边跑 yánzhe hú biān pǎo
④为人民服务 wèi rénmín fúwù
　替朋友着想 tì péngyou zhǎoxiǎng
⑤一把抓住 yì bǎ zhuāzhù
　屡次创造新记录 lǚcì chuàngzào xīn jìlù
⑥都来了 dōu láile
　统统拆除 tǒngtǒng chāichú
⑦又病了 yòu bìng le
　再说一遍 zài shuō yí biàn
⑧也许知道 yěxǔ zhīdao
　未必可靠 wèibì kěkào
⑨一定回来 yídìng huílái
　必定胜利 bìdìng shènglì
⑩决不罢休 jué bù bàxiū
　没有同意 méiyou tóngyì
⑪挺香 tǐng xiāng
　稍微大一点儿 shāowēi dà yìdiǎnr
⑫比你好 bǐ nǐ hǎo
　跟她一样漂亮 gēn tā yíyàng piàoliang
⑬那可不得了 nà kě bù déliǎo
　反正结束了 fǎnzhèng jiéshù le

①前へ向かって歩く
　こちらへ来る
　京都から来る
②すぐ行く
　よく遅刻する
　2日で仕上げる
③にこにこしながら訊ねる
　湖畔を走る
④国民のために働く
　友達のためになるように考える
⑤ひと摑みに捕まえる
　何度も新記録を作る
⑥皆来た
　全て取り払う
⑦また病気になる
　もう1度言う
⑧たぶん知っている
　必ずしも頼れない
⑨必ず帰って来る
　必ず勝つ
⑩絶対諦めない
　同意していない
⑪いい香りだ
　ちょっと大きい
⑫君より良い／まし
　彼女と同じ位きれい
⑬それは大変だ
　どうせ終わってしまった

①方向・場所

②時間・頻度

③状態・方法

④対象・目的

⑤数量

⑥範囲

⑦重複

⑧推量

⑨肯定

⑩否定

⑪程度

⑫比較

⑬語気

第4課　15

第 5 課　基本五句型

I 名詞述語句　II 形容詞述語句　III 主述述語句　IV 動詞述語句　V"A 是／有／在 B"型述語句

I 名詞述語句

①今日は開校記念日です。

②昨日は土曜日ではない。

③明日は日曜日ですか。

①今天校庆。Jīntiān xiàoqìng.

②昨天不是礼拜六。Zuótiān bú shì lǐbàiliù.

③明天星期日吗？ Míngtiān xīngqīrì ma？

II 形容詞述語句

①味は美味しい。

②見た目は大きくない。

③値段は高いですか。

④この料理は辛いですか、辛くないですか。

①味道很好。Wèidao hěn hǎo.

②样子不大。Yàngzi bú dà.

③价钱贵吗？ Jiàqián guì ma？

④这道菜辣不辣？ Zhè dào cài là bú là？

III 主述述語句

①この料理は味がいいです。

②彼女は髪の毛があまり長くない。

③彼は肌が黒く焼けなかった。

④北京は自転車が多いですか。

⑤東京は自動車が多いですか（どうですか）。

①这道菜味道很好。Zhè dào cài wèidao hěn hǎo.

②她头发不太长。Tā tóufa bú tài cháng.

③他皮肤没晒黑。Tā pífū méi shàihēi.

④北京自行车多吗？ Běijīng zìxíngchē duō ma？

⑤东京汽车多不多？ Dōngjīng qìchē duō bù duō？

IV 動詞述語句

①私達は中国語を学びます。

②私は行かない。

③彼女は来なかった／来ていない。

④彼は行きますか。

⑤君は食べますか、食べませんか。

①我们学习汉语。Wǒmen xuéxí Hànyǔ.

②我不去。Wǒ bú qù.

③她没来。Tā méi lái.

④他走吗？ Tā zǒu ma？

⑤你吃不吃？ Nǐ chī bù chī？

16　第一部

Ⅴ "A是／有／在B" 型述語句

①私は大学生です。

②彼女は高校生ではありません。

③彼は留学生ですか。

④あなたは中国人ですか（違いますか）。

⑤部屋には冷蔵庫が1台ある。

⑥兄はドライヤーを持っていない。

⑦君の弟さんは釣竿を持っていますか。

⑧そこにはクーラーがありますか。

⑨書類は机の上にあります。

⑩来週姉は家にいません。

⑪彼らはまだ教室にいますか。

⑫張先生はいらっしゃいますか。

①我是大学生。Wǒ shì dàxuéshēng.

②她不是高中生。Tā bú shì gāozhōngshēng.

③他是留学生吗？ Tā shì liúxuéshēng ma？

④你是不是中国人？ Nǐ shì bú shì Zhōngguórén？

⑤屋里有一台冰箱。Wū li yǒu yì tái bīngxiāng.

⑥哥哥没有吹风机。Gēge méi yǒu chuīfēngjī.

⑦你弟弟有钓鱼竿吗？ Nǐ dìdi yǒu diàoyúgān ma？

⑧那里有没有冷气？ Nàli yǒu méi yǒu lěngqì？

⑨文件在桌子上。Wénjiàn zài zhuōzi shàng.

⑩下星期姐姐不在家。Xià xīngqī jiějie bú zài jiā.

⑪他们还在教室里吗？ Tāmen hái zài jiàoshì li ma？

⑫张老师在吗？ Zhāng lǎoshī zài ma？

习题

1）私は見ますが、君は見ますか。

2）彼は学校に行かず、家に帰りました。

3）髪の毛〔头发〕が長く〔长〕、背〔个子〕が低い〔矮〕。

4）風は強いが、雨は強くない。

5）私は「江戸っ子」〔老东京〕で、彼女は「北京っ子」〔老北京〕です。

6）彼は大学院生〔研究生〕でなく、私は研究生〔进修生〕ではありません。

7）彼女は私の友人で、彼の友達ではない。

8）あなたは彼の友達ですか。

9）ウサギ〔兔子〕は耳〔耳朵〕が長く、象〔大象〕は鼻〔鼻子〕が長い。

10）彼女は背が高くない。

11）図書館〔图书馆〕の前〔前边〕は花のある小さな庭〔小花园〕です。

12）妹〔妹妹〕は先週〔上星期〕ずっと〔一直〕家にいなかった、来週もいない。

13）工場長〔厂长〕は工場〔工场〕にいますか。

14）記念碑〔纪念碑〕は広場の中央〔广场中央〕にあります。

15）ベランダ〔阳台〕はここにはありません、あちらにあります。

第五课　五种基本句型

基本五句型

		条　件	はたらき	肯　定	否　定	疑　問
I	名詞述語句	述語が名詞または名詞フレーズからなる。	主語に対して説明・描写を加える。	"明天国庆节。"	述語の前に"不是"を加える。"明天不是国庆节。"	● 是非疑問文が作れる。"明天国庆节吗?"
II	形容詞述語句	述語が形容詞または形容詞フレーズからなる。	人、或いは事物の性質状態を描写。	"这件衣服很漂亮。"	形容詞の前に"不"を加える。"这件衣服不漂亮。"	● 是非疑問文が作れる。"这件衣服漂亮吗?"　● 反復疑問文が作れる。"这件衣服漂亮不漂亮?"
III	主述述語句	述語が主述フレーズからなる。	主語を説明或いは描写する。	"这本书内容很丰富。"	主述フレーズの述語の前に"不"或いは"没(有)"を加える。"这本书内容不丰富。"	● 是非疑問文が作れる。"这本书内容丰富吗?"　● 反復疑問文が作れる。"这本书内容丰富不丰富?"
IV	動詞述語句	述語が動詞または動詞フレーズからなる。	主として動作・行為・心理活動・変化・発展等を叙述。	"他学习汉语。"	述語動詞の前に"不"を加える。"他不学习汉语。"動作動詞が述語の場合には"没(有)"で否定できる。"他没学习汉语。"	● 是非疑問文が作れる。"他学习汉语吗?"　● 反復疑問文が作れる。"他学习不学习汉语?"
V	A是B型述語句	述語が"是/不是"＋名詞/名詞フレーズからなる。	判断・関係を表す。	"是"は省略不可。"他是学生。"	"是"の前に"不"を加える。"他不是学生。"	● 是非疑問文が作れる。"他是学生吗?"　● 反復疑問文が作れる。"他是不是学生?"
	A有B型述語句	述語が"有/没有"名詞/名詞フレーズからなる。	存在・所有を表す。	"他有一本词典。"	"有"の前に"没"を加える。"他没有词典。"	● 是非疑問文が作れる。"他有词典吗?"　● 反復疑問文が作れる。"他有没有词典?"
	A在B型述語句	述語が"在/不在"＋場所詞語/場所を表す名詞＋方位詞/場所を表す代名詞からなる。	存在を表す。	"台灯在桌子上。"	"在"の前に"不"を加える。"台灯不在桌子上。"「存在していなかった」〈過去〉"在"の前に"没(有)"を加える。"台灯没在桌子上。"	● 是非疑問文が作れる。"台灯在桌子上吗?"　● 反復疑問文が作れる。"台灯在不在桌子上?"

※ここに挙げた"A是B"型述語句、"A有B"型述語句、"A在B"型述語句はいずれも動詞述語句の一種である。注意すべき特殊構文として、第8課で詳しく説明してあるので参照のこと。

18　第一部

第6課　疑問五句型

疑問句の句型のまとめ　Ⅰ Ⅱ Ⅲ Ⅳ Ⅴ

分　類	構　　文	例　　句
反復疑問 Ⅰ	肯定と否定を連ねる疑問型。 但し、"有"の否定は"没有"。 複音節も同様。	吃不吃?「食べるか」 来不来?「来るか」 有没有?「あるか」 明白不明白?「分かるか」
選択疑問 Ⅱ	"A还是B"のパターンが基本。 「AそれともB」 "是A呢，是B呢?" 「Aですか、Bですか」	日本的首都是东京还是京都? 　「日本の首都は東京ですか、それとも京都 　ですか」 是东京呢，是京都呢? 　「東京ですか、京都ですか」
是非疑問 Ⅲ	文末に"吗"をつける。	这个好吗?「これは良いか」 你吃吗?「君は食べるか」 你吃了吗?「君は食べたか」 他吃过中国菜吗? 　「彼は中国料理を食べたことがあるか」
特指疑問 Ⅳ	疑問句の中に疑問詞が入っているもの。 几时?／什么时候?「いつ」〈時点〉 哪儿?／什么地方?「どこ」〈場所〉 谁?「誰」〈人〉 什么?「何」〈事物〉 怎么?「どのように」〈方式・方法〉 怎么?／为什么?「何故」〈原因・理由〉 怎么样?「どうか」〈状態・結果〉 几?／多少?「いくつ」〈数・量〉 多大?「どれほど大きい」〈程度〉 怎么样(的)人?「どんな人」〈性格・生い立ち〉 什么样(的)人?「どのような人」〈外観〉 什么人?「何をしている人」〈身分・職業〉 などを入れて、文末に"呢"をつけることは あるが他には何もつけない。	你什么时候来?「君はいつ来るか」 上哪儿去?「どこへ行くか」 谁来了?「誰が来たか」 做什么来?「何をしに来るか」 怎么写?「どのように書くのか」 你怎么跟他说?「君は何故彼に話すか」 你跟他怎么说?「君は彼にどう話すか」 他说得怎么样?「彼の言い方はどうか」 吃了几个?「いくつ食べたか」 他是怎么个人?「彼はどういう人か」 她是什么样的人?「彼女はどんな風な人か」 他是什么人? 　「彼は何をしている人か、彼の職業は何か」
簡単な 疑　問 Ⅴ	名詞・代名詞の後に"呢"をつけて文末を上 げる型のもの。 短く文末を上げる型のもの。	你呢?「あなたは?」 明天呢?「あしたは?」 你去?〈上がり調子〉「君は行く?」

第6課　19

第六课　五种疑问句型

◎疑問句の句型には5つある。

Ⅰ　反復疑問　　　Ⅳ　特指疑問
Ⅱ　選択疑問　　　Ⅴ　簡単な疑問
Ⅲ　是非疑問

疑問句〈動詞〉：あなたは食べますか　ⅠⅡⅢ

Ⅰ　反復疑問：你　吃　不　吃?　　　——我　吃。〈肯定〉　/　我　不　吃。〈否定〉
　　　　　　　Nǐ chī bù chī?　　　　Wǒ chī.　　　　　　Wǒ bù chī.
　　　　　　　あなたは食べますか。　　私は食べます。　　　私は食べません。

Ⅱ　選択疑問：你　吃　米饭　还是　吃　面包?
　　　　　　　Nǐ chī mǐfàn háishi chī miànbāo?
　　　　　　　御飯を食べますか、（それとも）パンを食べますか。

　　　　　　　——我　吃　米饭。　　/　我　吃　面包。
　　　　　　　　　Wǒ chī mǐfàn.　　　Wǒ chī miànbāo.
　　　　　　　　　私は御飯を食べます。　私はパンを食べます。

Ⅲ　是非疑問：她　吃　吗?　　——她　吃。〈肯定〉　/　她　不　吃。〈否定〉
　　　　　　　Tā chī ma?　　　Tā chī.　　　　　　Tā bù chī.
　　　　　　　彼女は食べますか。　彼女は食べます。　彼女は食べません。

疑問句〈形容詞〉：これはいいですか　ⅠⅡⅢ

Ⅰ　反復疑問：这个　好　不　好?　——这个　很　好。〈肯定〉/　这个　不　好。〈否定〉
　　　　　　　Zhège hǎo bù hǎo?　Zhège hěn hǎo.　　　　Zhège bù hǎo.
　　　　　　　これはいいですか。　これはいいです。　　　これはよくないです。

Ⅱ　選択疑問：这个　好　还是　那个　好?
　　　　　　　Zhège hǎo háishi nàge hǎo?
　　　　　　　これがいいですか、（それとも）あれがいいですか。

　　　　　　　——这个　好。　　/　那个　好。
　　　　　　　　　Zhège hǎo.　　　Nàge hǎo.
　　　　　　　　　これがいいです。　あれがいいです。

Ⅲ　是非疑問：这个　好　吗?　　——这个　很　好。〈肯定〉/　这个　不　好。〈否定〉
　　　　　　　Zhège hǎo ma?　　　Zhège hěn hǎo.　　　　Zhège bù hǎo.
　　　　　　　これはいいですか。　これはいいです。　　　これはよくないです。

疑問句：誰と行きますか　Ⅳ Ⅴ

Ⅳ 特指疑問句

①誰と行きますか。　　　　　　　　〈誰〉
①跟　谁　去？
Gēn shéi qù?

②どこで降りますか。
②您　在　什么　地方　下　车？
Nín zài shénme dìfang xià chē?
您　到　什么　地方　下　车？〈乗車中〉
Nín dào shénme dìfang xià chē?

　どこに住んでいますか。　　　　　〈場所〉
你　在　哪儿　住？〈居住地〉
Nǐ zài nǎr zhù?
你　住在　哪儿？〈宿泊先〉
Nǐ zhùzài nǎr?

③今何時ですか。
③现在　几　点　钟？
Xiànzài jǐ diǎn zhōng?

　いつが都合がいいですか。　　　　〈時点〉
什么　时候　最　方便 / 合适？
Shénme shíhou zuì fāngbiàn / héshì?

④何故ですか。/どうしてですか。〈原因・理由〉
④为　什么？ / 怎么？
Wèi shénme? / Zěnme?

⑤天気はどうですか。　　　　　〈状態・結果〉
⑤天气　怎么样？
Tiānqì zěnmeyàng?

⑥北京ダックはどうやって食べますか。
⑥北京　烤鸭　怎么　吃？
Běijīng kǎoyā zěnme chī?

　北京大学までどう行きますか。　　〈方法〉
去　北大　怎么　走？
Qù Běidà zěnme zǒu?

⑦これは何ですか。
⑦这　是　什么？
Zhè shì shénme?

　これは何の本ですか。　　　　〈何・種類〉
这　是　什么　书？
Zhè shì shénme shū?

⑧君は北京に何日間滞在しましたか。〈時量〉
⑧你　在　北京　呆/待了　几　天？
Nǐ zài Běijīng dāile jǐ tiān?

⑨何個食べましたか。　　　　　　〈数量〉
⑨吃了　几　个？
Chīle jǐ ge?

Ⅴ 簡単な疑問句

⑩私はアイスコーヒーを飲みますが、
　あなたは。
⑩我　喝　冰　咖啡，你　呢？
Wǒ hē bīng kāfēi, nǐ ne?

习题

1）誰が言ったのですか。
2）始発は何時ですか。
3）空港はどこですか。空港まではどう行きますか。
4）ご家族は何人ですか。家族構成は。
5）何故食べないのですか。
6）どこか(身体の)具合いが悪いのですか。
7）富士山はどのくらいの高さですか。富士山は海抜何メートルありますか。
8）中国語で何と言いますか。/中国語ではどう言いますか。
9）あなたの指導教官はどの先生ですか/誰ですか。
10）誕生日はいつですか。

第6課　21

◎ IV 特指疑問と V 簡単な疑問の問答例句

IV 特指疑問

什么　时候　去　方便？
Shénme shíhou qù fāngbiàn?
　いつ行くのが都合がいいですか。

―― 中午　去　最　方便。
　　Zhōngwǔ qù zuì fāngbiàn.
　　お昼に行くのが一番都合がいいです。

几时　动身？
Jǐshí dòngshēn?
　いつお発ちになりますか。

―― 下　星期三　动身。
　　Xià xīngqīsān dòngshēn.
　　来週の水曜日発ちます。

我们　在　什么　地方　见面？
Wǒmen zài shénme dìfang jiànmiàn?
　私達はどこで会いましょうか。

―― 我们　在　老　地方　见面　吧。
　　Wǒmen zài lǎo dìfang jiànmiàn ba.
　　いつもの所で会いましょう。

你　去　哪儿？
Nǐ qù nǎr?
　どこへ行きますか。

―― 我　去　火车　站。
　　Wǒ qù huǒchē zhàn.
　　駅へ行きます。

谁　说　的？
Shéi shuō de?
　誰が言ったのですか。

―― 老师　说　的。
　　Lǎoshī shuō de.
　　先生がおっしゃったのです。

礼拜天　你　做　什么？
Lǐbàitiān nǐ zuò shénme?
　日曜日何をしますか。

―― 我　去　下　棋。
　　Wǒ qù xià qí.
　　将棋をしに行きます。

怎么　走　比较　快？
Zěnme zǒu bǐjiào kuài?
　どう行けば速いですか。

―― 骑　车　去　最　快。
　　Qí chē qù zuì kuài.
　　自転車で行くのが一番速いです。

他　为　什么　迟到？
Tā wèi shénme chídào?
　彼は何故遅刻したのですか。

―― 因为　他　的　车　坏　了。
　　Yīnwèi tā de chē huài le.
　　彼の車が壊れたからです。

怎么　办？
Zěnme bàn?
　どうしますか。

―― 我　也　不　知道。
　　Wǒ yě bù zhīdao.
　　私もわかりません。

怎么　这么　贵？
Zěnme zhème guì?
　どうしてこんなに高いのですか。

―― 因为　这　是　进口　货。
　　Yīnwèi zhè shì jìnkǒu huò.
　　これは輸入品ですから。

怎么　那么　咸？
Zěnme nàme xián?
　どうしてそんなに塩辛いのですか。

―― 盐　放　多　了。
　　Yán fàng duō le.
　　塩を入れ過ぎました。

怎么　那么　重？
Zěnme nàme zhòng?
　どうしてあんなに重いのですか。

―― 都　是　书。
　　Dōu shì shū.
　　みんな本ですから。

味道　怎么样?
Wèidao zěnmeyàng?
味はどうですか。

—— 味道　好　极　了。
Wèidao hǎo jí le.
とっても美味しいです。

中国　的　筷子　是　什么样　的?
Zhōngguó de kuàizi shì shénmeyàng de?
中国の箸はどんな形ですか。

—— 中国　的　筷子　前头　是　圆　的。
Zhōngguó de kuàizi qiántou shì yuán de.
中国の箸の先は丸いです。

你们　几　个　人　参加?
Nǐmen jǐ ge rén cānjiā?
君達は何人参加しますか。

—— 我们　六　个　人　参加。
Wǒmen liù ge rén cānjiā.
私達は6人参加します。

月票　一　个　月　多少　钱?
Yuèpiào yí ge yuè duōshao qián?
定期は1ヶ月いくらですか。

—— 正好　一万　（块　钱）。
Zhènghǎo yíwàn (kuài qián).
ちょうど1万円です。

Ⅴ 簡単な疑問

我　喝　红茶, 你　呢?
Wǒ hē hóngchá, nǐ ne?
私は紅茶を飲みます。あなたは？

—— 我　也　喝　红茶。
Wǒ yě hē hóngchá.
私も紅茶を飲みます。

明天　去, 后天　呢?
Míngtiān qù, hòutiān ne?
明日行きますが、明後日は？

—— 后天　不　去, 下　星期　再　去。
Hòutiān bú qù, xià xīngqī zài qù.
明後日は行きません、来週行きます。

第6課　23

動詞・形容詞の重ね型

◎動詞の重ね型と形容詞の重ね型

　重ね型とは動詞または形容詞を重ねて用いることを指します。

　同じ重ね型といっても動詞と形容詞ではその重ね型が異なります。

　下の表を見て、学びましょう。

動詞の重ね型	形容詞の重ね型
「ちょっと〜する」 短時間の動作・行為・試みを表す。 〈注意〉 単音節(漢字1文字)であるか、二音節(漢字2文字)であるかにより、その重ね方が異なる。	元の意味より、より鮮やかで、いきいきとした描写になる。 形容詞はただそのままの形で他の語の修飾語になる場合、様々な制限が生じるが、重ね型にすることにより、より自由に定語や状語になる。 〈注意〉 二音節の形容詞の場合、動詞とは異なりＡＡＢＢになることに注意。
単音節　後ろのＡは軽く読む 　ＡＡ　　看看　　说说　　试试 　　　　　kānkan　shuōshuo　shìshi	単音節　後ろのＡは軽く読まない 　ＡＡ　　大大　　小小 　　　　　dàdà　xiǎoxiǎo
二音節　　休息　　研究 　　　　　xiūxi　yánjiū ＡＢＡＢ　休息休息　　研究研究 　　　　　xiūxixiūxi　yánjiūyánjiu	二音節　　安静　　干净 　　　　　ānjìng　gānjìng ＡＡＢＢ　安安静静　　干干净净 　　　　　ān'ānjìngjìng　gāngānjìngjìng
ＶＯ(動＋目)の二音節動詞は次のようにＡＡＢになる。 　散步　→　散散步 sànbù　　sànsanbù 　帮忙　→　帮帮忙 bāngmáng　　bāngbangmáng	ＡＢＢ　　热乎乎　　亮晶晶 　　　　　rèhūhū　liàngjīngjīng ＡＢＡＢ　雪白雪白 　　　　　xuěbáixuěbái 　　　　　通红通红 　　　　　tōnghóngtōnghóng/ 　　　　　tònghóngtónghóng
重ね型にできない動詞の例	〈存在・所有・判断〉在、　是、　有　　〈動作の方向〉出、　进、　起、　过 　　　　　　　　　　　zài、shì、yǒu　　　　　　　　　　　chū、jìn、qǐ、guò 〈心理描写〉爱、　怕、　喜欢、　羡慕 　　　　　　ài、pà、xǐhuan、xiànmù 〈変化・発展〉生、　开始、　发展 　　　　　　　shēng、kāishǐ、fāzhǎn

24　第一部

第 二 部

"造句"のはじめから

　ここでは第一部で覚えた基礎単語を使って簡単な句を造ることから始めます。「私はご飯を食べる」は"我吃饭"であって"我饭吃"ではありません。「鉛筆で書く」は"拿铅笔写"です。「彼と行く」は"跟他去"です。このように中国語では日本語と語順が異なることに充分注意して、最も簡単な短い句から"造句"の学習を始めましょう。

第7課　基本句型(1)「私は御飯を食べる」

動詞述語文の場合　　　「私は御飯を食べる」

日本語	主語	述語	目的語	語気詞	
		動詞フレーズ			
・私は食べる。	我 Wǒ	吃。 chī.			肯定
・私は食べない。	我 Wǒ	不 吃。 bù chī.			否定
・あなたは食べますか。	你 Nǐ	吃 不 吃? chī bù chī?			疑問Ⅰ
・私は御飯を食べます。	我 Wǒ	吃 chī	米饭。 mǐfàn.		肯定
・私はパンを食べません。	我 Wǒ	不 吃 bù chī	面包。 miànbāo.		否定
・あなたは御飯を食べますか、	你 Nǐ	吃 chī	米饭, mǐfàn,		疑問Ⅱ
それともパンを食べますか。	还是 háishì	吃 chī	面包? miànbāo?		
・あなたは御飯を食べますか。	你 Nǐ	吃 chī	米饭 mǐfàn	吗? ma?	疑問Ⅲ
・あなたは麺を食べなさい。	你 Nǐ	吃 chī	面条 miàntiáo	吧。 ba.	命令
・彼は辞書を1冊持っている。 　**(肯定の場合名量詞が必要)**	他 Tā	有 yǒu	一 本 词典。 yì běn cídiǎn. **(名量词)**		肯定
・彼女は教科書を持っていない。 　**(否定の場合名量詞は不要)**	她 Tā	没 有 méi yǒu	课本。 kèběn.		否定
・王先生はここにいる。	王 老师 Wáng lǎoshī	在 zài	这里。 zhèlǐ.		肯定
・林さんはあそこにいない。	小 林 Xiǎo Lín	不 在 bú zài	那里。 nàlǐ.		否定
・花瓶は机の上にある。	花瓶 Huāpíng	在 zài	桌子 上。 zhuōzi shang.		肯定
・机の上に花瓶がある。 　**(肯定の場合名量詞が必要)**	桌子 上 Zhuōzi shang	有 yǒu	一 个 花瓶。 yí ge huāpíng. **(名量词)**		肯定
・机の上に花瓶はあるか。	桌子 上 Zhuōzi shang	有 没 有 yǒu méi you	花瓶? huāpíng?		疑問Ⅰ
・ここには椅子が無い。 　**(否定の場合名量詞は不要)**	这里 Zhèli	没 有 méi yǒu	椅子。 yǐzi.		否定

※"有"を用いた存在を表す文では肯定の場合、名詞の前に名量詞をつける必要がある。

26　第二部

第七課　基本句型(1)"我吃饭。"

形容詞述語文の場合　　　「これは難しい」

日本語	主語	述語	語気詞	
		形容詞フレーズ		
・これは難しい。	这个 Zhège	很 难。 hěn nán.		肯定
（肯定の場合形容詞の前には"很"をつける） hěn				
・これは難しくない。	这个 Zhège	不 难。 bù nán.		否定
・これは難しいですか。	这个 Zhège	难 不 难? nán bù nán?		疑問Ⅰ
・これが難しいですか、	这个 Zhège	难, nán,		疑問Ⅱ
それともあれが難しいですか。	还是 那个 háishì nàge	难? nán?		
・これは難しいですか。	这个 Zhège	难 nán	吗? ma?	疑問Ⅲ
・これはどうですか。	这个 Zhège	怎么样? zěnmeyàng?		疑問Ⅳ
・あれは（どうですか）？	那个 Nàge		呢? ne?	疑問Ⅴ

※形容詞述語文では肯定の場合、その文に比較の意味がない場合には"很"などの副詞をつける。**つけないと比較の意味になってしまうことに注意！**

◎**常用形容詞一覧表**：よく使われる形容詞です。辞書で意味を調べましょう。

大 ↔ 小 dà　xiǎo	高 ↔ 低／矮 gāo　dī　ǎi	重 ↔ 轻 zhòng　qīng	长 ↔ 短 cháng　duǎn
宽 ↔ 窄 kuān　zhǎi	厚 ↔ 薄 hòu　báo	冷 ↔ 热 lěng　rè	忙 ↔ 闲 máng　xián
深 ↔ 浅 shēn　qiǎn	远 ↔ 近 yuǎn　jìn	好 ↔ 坏 hǎo　huài	多 ↔ 少 duō　shǎo
早 ↔ 晚 zǎo　wǎn	快 ↔ 慢 kuài　màn	胖 ↔ 瘦 pàng　shòu	贵 ↔ 便宜 guì　piányi

优秀 yōuxiù	美丽 měilì	干净 gānjing	漂亮 piàoliang	勇敢 yǒnggǎn	高兴 gāoxìng	愉快 yúkuài
热闹 rènao	安静 ānjìng	清楚 qīngchu	辛苦 xīnkǔ	艰苦 jiānkǔ	舒服 shūfu	方便 fāngbiàn
扫兴 sǎoxìng	认真 rènzhēn	简单 jiǎndān	复杂 fùzá	容易 róngyi	流利 liúlì	快乐 kuàilè

第7課　27

動詞述語句と形容詞述語句

①私はチャーハンを食べますが、あなたも食べますか。
②彼はお酒は飲むが煙草は吸わない。
③このテキストは難しいですか。
④駅が近く、交通も便利です。
⑤図書館は西側に、運動場は北側にあります。
⑥１号館には学生食堂があります。
⑦コピー機は図書館の地下１階にあります。
⑧彼女は免許はあるが、車は持っていない。
⑨私は行きますが、君も行きますか。
⑩学生はみな参加しますが、先生もみな参加しますか。

习題

1）彼女は新聞〔报纸〕を買わないし読まない。
2）彼はアイスクリーム〔冰激淋／冰淇淋〕は食べるが、牛乳〔牛奶〕は飲まない。
3）中国には万里の長城〔长城〕があります。
4）この近く〔附近〕には電話ボックス〔电话亭〕はありません。
5）北京大学は北京市の西の郊外〔西郊〕にあります。
6）中国には五十余の民族がいます。
7）財布〔钱包〕の中には１万円札〔一万块纸币〕が２枚と５千円札が１枚、千円札が３枚とテレフォンカード〔电话卡〕が４枚入っています。
8）私達のクラス〔班〕は男子〔男同学／男生〕が18人と女子〔女同学／女生〕が12人の合計〔一共〕30人です。
9）１週間に13コマ講義〔十三节课〕があります。
10）家には両親〔父母〕と姉〔姐姐〕が１人、弟〔弟弟〕が２人と私がいます。それに犬〔狗〕が２匹〔两只／条〕と金魚が７匹〔七条〕います。

28　第二部

①我吃炒饭，你也吃吗？

②他喝酒，不抽烟／不吸烟。

③这课本难不难？

④车站很近，交通也很方便。

⑤图书馆在西边，操场在北边。

⑥一号馆／第一教学楼／一教有学生食堂。

⑦复印机在图书馆地下一层。

⑧她有驾驶证，没有汽车。

⑨我去，你也去吗？

⑩学生们都参加，老师们也都参加吗？

要点

◎**動詞述語句**：動詞が述語になり、動作、行為を表す。

- 「何がどうする」　　「彼が来る」
  主語 + 動詞　　　　"他来"
- 「何が何をどうする」「私は歌を歌う」
  主語 + 動詞 + 目的語　　"我唱歌"
- 「AはBを持っている／いない」　"A有B／A没有B"
  「AにBがある／いる・ない／いない」"A有B／A没有B"
  主語 + "有"／"没有" + 目的語：所有を表す。
    (例)我家有三口人。／我没有兄弟姐妹。
- 「AはBにある／ない」　　　　"A在B／A不在B"
  主語 + "在"／"不在" + 場所：存在を表す。
    (例)学校在郊区。／学校不在城里。
- 「AにBがある／ない」　　　　　"A有B／A没有B"
  場所 + "有"／"没有" + 名詞：存在を表す。
    (例)学校里没有图书馆。／图书馆没有复印机。

◎**形容詞述語句**：形容詞が述語になり、性質、状態を表す。

- 「何がどんなだ」　「彼女はきれいだ」
  主語 + 形容詞　　　"她很漂亮"

第 7 課　29

主述述語句と名詞述語句

①中国語は発音が難しい。
②北京は秋が一番いい。
③朝の公園は空気がとてもいい。
④彼らは口がとても固い。
⑤彼は頭はいいが、口が重い。
⑥この大学はキャンパスが広く、学生が多い。
⑦今日は快晴／晴れ渡ってすがすがしい。
⑧私の誕生日は10月4日です。
⑨この本は2000円です。
⑩彼女は24才で、南京出身、映画女優です。

習題

　1）彼女〔她〕の彼〔男朋友〕は背〔个子〕が低い。
　2）医学部〔医学系〕は学費〔学费〕が高い。
　3）彼という人は口〔嘴巴〕は悪いが、根〔心眼儿〕は悪くない。
　4）このお店は値段〔价钱〕は安いが、サービス〔服务〕は特にひどい。
　5）この高校は大学進学率〔升学率〕が高い。
　6）コンタクトレンズ〔隐形眼镜〕は効果〔效果〕が非常に優れているが、ケア〔保养〕が少し面倒〔麻烦〕だ。
　7）今日は晴れのち曇り〔晴转多云〕で、最高気温は25度、最低気温は18度です。
　8）我が校の創立記念日〔校庆〕は11月23日です。
　9）平均年収〔年收入〕は500万円です。
　10）私達の先生は40才で北京大学の出身〔北大毕业〕です。

①汉语发音很难。
②北京秋天最好。
③早晨的公园空气非常好。
④他们嘴特别严。
⑤他头脑很好，话却很少。
⑥这所大学校园很大，学生很多。
⑦今天大晴天／天朗气清。
⑧我的生日十月四号。
⑨这本书两千块钱。
⑩她二十四岁、南京人、电影演员。

要点

◎**主述述語句** ①②③④⑤⑥

主述フレーズが述語になっている文を主述述語句と言う。

主述述語句は日本語の「ゾウは鼻が長い」と同じような構造で成り立っている。

主述述語句は主語部分＋述語部分〈主語 + 述語〉で構成される。

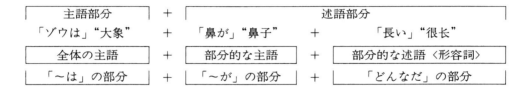

※主述述語句の述語〈主述フレーズ〉は主に全体の主語について説明を加えたり、描写したりする場合に用いられ、特に口語でよく用いられる。

◎**名詞述語句** ⑦⑧⑨⑩

名詞及び名詞フレーズが述語になっている文を名詞述語句と言う。

述語になれる名詞は天候、年齢、出身地、職業、金額、日付けなどに限られている。

なお、名詞述語句の否定形には必ず"不是"を用いる。

第8課 基本句型(2)「…である」、「…にある」／「…にいる」

①私は日本人です。彼も日本人です。私達は皆日本人です。

②彼女は学生ではありません。あなたも学生ではありません。あなた達はみんな学生ではありません。

③こちらはジャッキー・チェンさんで、そちらはジョイ・ウォンさんです。

④これは教科書です。それは教科書ではありません。

⑤それらはどれもみな辞書です。

⑥これはコンピュータですか。

⑦あれはファクシミリで、コピー機ではありません。

⑧この本は図書館で借りたので、買ったのではありません。

⑨彼女は北京から来たのです。

⑩この本は私が書いたのです。

⑪君は自転車に乗って来たのですか。

⑫彼らはとても勉強家なのです。

⑬その絵はあなたが描いたのですか。

⑭彼らのみんながみんな中国人であるわけではありません。

習題

1）これはテーブル〔桌子〕です。あれは椅子〔椅子〕です。

2）かれは先生〔老师〕ではありません。大学院生〔研究生〕です。

3）これはパスポート〔护照〕です。それもパスポートですか。

4）これらはどれもみなワープロ〔文字处理机／文书处理机〕です。パソコン〔个人电脑〕ではありません。

5）あれはビデオカメラ〔摄像机〕です。(スチール)カメラ〔照相机／照像机〕ではありません。

6）これはシングルベッド〔単人床〕ではありません。ダブルベッド〔双人床〕です。

7）それはライター〔打火机〕ではありません。懐中電灯〔手电筒〕です。

8）私達はみなアジア人〔亚洲人〕です。

9）この写真〔照片／相片〕は私が撮った〔拍／照〕のです。

10）先生方はとても忙しい〔很忙〕のです。

11）そのミッキーマウス〔米老鼠〕はディズニーランド〔迪斯尼／狄斯奈乐园〕で買ったのですか。

12）あの歌は彼女が詞を書き〔作词〕、彼が曲を作り〔谱曲〕、私達が全員で歌った〔唱〕のです。

13）これらのCDがみな私のというわけではない。2枚は彼のだ。

第八课　基本句型(2)"是"、"有"／"在"

①我**是**日本人。他也**是**日本人。我们都**是**日本人。
②她**不是**学生。你也**不是**学生。你们都**不是**学生。
③这位**是**成龙先生，那位**是**王祖贤小姐。
④这**是**课本。那**不是**课本。
⑤那些都**是**词典。
⑥这**是**电脑吗？
⑦那**是**传真机，**不是**复印机。
⑧这本书**是**在图书馆借**的**，**不是**在书店买**的**。
⑨她**是**从北京来**的**。
⑩这本书**是**我写**的**。
⑪你**是不是**骑自行车来**的**？
⑫他们**是**非常用功**的**。
⑬那张画**是**你画**的**吗？
⑭他们不都**是**中国人。

要点

※"A是B"：「AはBである」
　　　　　　①主語・主題に対する判断・説明を述べる。
　　　　　　②話し手の確認の語気を表す。
　　　　　　　「Aは何てBなのだろう」"A是多么B"の形でも表される。
　　　　　　③存在を表す。次の頁「ある／いる」の項参照。

※"A不是B"：「AはBではない」"A是B"の否定形。
※"A是B的"：「AはBなのだ」
　　　　　　①確認を表す。この場合は話し手の感情が反映される。
　　　　　　「AはBしたのだ」
　　　　　　②過去の動作・行為の時間、場所、方法、条件、動作者、対象目的などを述べ
　　　　　　　るのに用いる。

※"都不是"：完全否定。"我们都不是学生。"私達は全員学生でない。
　"不都是"：部分否定。"我们不都是学生。"私達は全員学生だという訳ではない。

「ある」「ない」、「いる」「いない」

①明日は文法のテストがある。
②テーブルの上には景徳鎮の花瓶がある。
③このホテルにはビジネスセンターがない。
④財布には現金はあるが、クレジットカードはない。
⑤駅にはエスカレーターがありますか。
⑥午後補習授業はありますか。
⑦クラスに外国人留学生がいますか。
⑧フロントは2階にある。
⑨彼は今、日本にはいません。イタリアです。
⑩日曜日にはあなたは家にいますか。
⑪郵便ポストは横町の入り口にあります。
⑫弁当箱の中には御飯と4種類のおかずがあります。
⑬週末の新宿はいたるところに人がいます。
⑭図書館の前にはあたり一面青々とした芝生があります。

习题

1) 1年は12ヶ月、365日ある。
2) 今晩、ヒマ〔空儿〕がない。
3) このマンション〔高级公寓〕にはオートロック〔自动锁门〕はあるが、管理人〔管理人员〕がいない。
4) 今度の試験には面接試験〔面试〕がありますか。
　　——いいえ。筆記試験〔笔试〕だけです。
5) 入り口〔门口儿〕に大きな広告看板〔广告牌儿〕がある。
6) 交番／派出所〔派出所〕は十字路〔十字路口〕の所にある。
7) 彼女は今、ニューヨーク〔纽约〕にはいない。ロンドン〔伦敦〕だ。
8) 昨晩君の家族はみな家にいましたか。——いいえ、父は家にいませんでした。
9) 6時半になっても学生たちはまだ教室にいます。
10) 受け付け〔传达室〕はこちらです。事務室〔办公室〕はあちらです。
11) デパート〔百货公司〕の8階にはレストラン街〔餐厅街〕があり、地下〔地下〕2階には駐車場〔停车场〕がある。
12) この道路の北側は商店街〔商业区〕で、南側は住宅地〔住宅区〕があります。
13) 週末〔周末〕はいたるところに〔到处〕人がいます／人の山ですが、月曜日の朝はあちこちゴミ〔垃圾〕があります／ゴミだらけです。
14) フライパン〔平底锅／煎锅〕の中にはハンバーグ〔肉饼〕が2つあります。

"有""没有"、"在""不在"

①明天有语法考试。
②桌子上有一个景德镇花瓶。
③这家饭店／宾馆没有商务中心。
④钱包里有现金，没有信用卡。
⑤火车站有没有自动扶梯？
⑥下午有辅导课吗？
⑦班上／班里有没有外国留学生？
⑧总服务台／总柜台在二楼／二层。
⑨他现在不在日本，（而）在意大利。
⑩星期天你在家吗？／礼拜天你在（家）不在家？
⑪邮筒／信筒在胡同口儿。
⑫饭盒儿里边是米饭和四种菜。
⑬周末的新宿到处是人。
⑭图书馆前边儿是一片绿油油的草坪。

要点

◎「いる／ある」を表すには一般的には"有""在"を用いる。

※Ａ"有"Ｂには「存在」を表す用法と「所有」を表す用法がある。①②③④⑤⑥⑦

・存在を表す場合「いる／ある」

「場所詞語／時間詞語」＋"有"＋「名詞／名詞フレーズ」

この場合は通常「名詞／名詞フレーズ」は不特定のモノ。

・所有を表す場合「ある／持っている／所有している」

「名詞／名詞フレーズ」＋"有"＋「名詞／名詞フレーズ」

〈多くは生きているモノ〉

否定形は「存在」「所有」のいずれも"没有"を用いる。

疑問形は文末に"吗？"を用いる是非疑問、及び"有没有"の形の反復疑問を用いる。

※Ａ"在"Ｂは「存在」を表す。⑧⑨⑩⑪

「名詞〈人／事物〉＋"在"＋場所詞語」

・人や事物を表す普通名詞を場所詞語の代わりに目的語の位置に用いる時には、その普通名詞の後ろには方位詞または場所を表す代名詞を用いる必要がある。

※Ａ"是"Ｂには前の頁で述べた他に「存在」を表す用法がある。⑫⑬⑭

「場所詞語＋"是"＋名詞／名詞フレーズ」の形で用いられる。

この場合、主語「場所詞語」と目的語「名詞／名詞フレーズ」の位置は取り替えることができない。

第8課　35

第9課 基本句型(3)「…と」「…に」

①みなさん私について読んで下さい。
②どんなことでも／何でもなるべくみんなに相談してみて下さい。
③彼女の性格は小さい時から母親に似ていました。
④僕と王先生は北京大学の校友／同窓生です。
⑤今年の気候は平年とは異なり、少しおかしい。
⑥あなたのお話は私にとってとても勉強に／ためになった。
⑦金銭至上主義であってはならない。全て前向きに考えるべきである。
⑧彼はみんなに中国留学での体験を話した。
⑨この列車は広州行きです。
⑩この部屋は南向きですか。

習題

1）私は斉先生に絵を習っている〔学画画儿〕。
2）私と彼らとは知り合ってあまりたっていない〔相识不久〕が、仲の良い友達〔好朋友〕です。
3）毎週土曜日〔毎星期六〕に私は彼女たちと一緒にゴルフをします〔打高尔夫球〕。
4）私は北京の印象は強い〔印象很深〕が、上海には何も印象がない〔没什么印象〕。
5）校門を入り、真っ直ぐ〔一直往前〕500m程行くと道路の西側〔路西〕が図書館で、哲学楼は図書館の南側にあります。
6）四合院〔四合院〕の南向きの部屋は夏涼しく、冬暖かい。
7）重要なことについては自分勝手に処理〔自作主张〕しないで、上司の指示を仰ぐ〔遵从领导的指示〕必要がある。
8）今回の国外旅行の主な目的は香港台湾地域〔港台地区〕の市場調査〔进行市场调查〕と関係資料の収集〔收集有关资料〕にある。
9）私と野口コーチ〔教练〕はペアを組み〔配对儿〕、ダブルスの試合に参加する〔参加双打比赛〕予定〔准备〕です。
10）我々の学校は駅から〔离火车站〕遠くなく、駅の南口から〔出了车站南口〕武蔵野線沿い〔顺着武藏野线〕を東に向かって〔往东走〕歩き、2つ目の信号〔到第二个红绿灯〕を南に曲がり〔往南拐〕、橋を渡れば〔过了桥〕すぐ見えてきます〔就能看见／就能看到〕。

第九课　基本句型(3)"跟""和""同""对""向""往""朝"

①请大家**跟**(着)我念一遍。
②有什么事儿尽管**跟**大家商量。
③她的脾气从小就**和**她母亲非常相像。／她从小脾气就像母亲。
④我**和**王老师都是北京大学的校友。
⑤今年的气候**同**／**跟**／**和**往年不一样，有点儿反常。
⑥您的话**对**我很有启发/有很大的启发。
⑦应该一切**向**前看，不应该一切**向**"钱"看。
⑧他**向**大家谈了一下他过去在中国留学的经历。
⑨这趟车**开往**广州。
⑩这间屋子是**朝**阳／南的吗？

要点

※"跟""和""同""与"の用法は基本的に同じ、動作・行為の対象、関連を表す。ただ"与"は
　主に書面語に用いられ、口語で使われることはあまりない。①②③④⑤
　口語では"跟"が一番よく用いられ、書面語としては"和"が使われる場合が多い。「～と（一
　緒に）」「～に（対して）」という意味になる。
※"跟A"：「Aと」「Aに」「Aから」という意味で使い、Aは対象を表す。
※"跟着A"「Aと一緒に何かをする」という意味に用いる。"跟着"は動詞の用法。〈例句①参照〉
※"A和B"：「AとBは」という意味で用い、Bは相手を表す。
　　　　　　　例句④は接続詞の用法。
※"往A"：「Aの方へ移動する」という意味で使い、動作の対象を表す。
　　　　　　Aの部分には必ず場所・方向・方角を表す語が必要。
※"向A"：「Aに向かって」という意味で使い、方向を表す。⑦⑧
　　　　　　Aの部分は「夢や理想」などの抽象的な事象にも使用できる。
※"开往A"：例句⑨の"开往"は動詞で"A行き"という意味に用いられる。
※"朝A"：「Aに向かって」という意味で使い、面と向かう方向を表す。
　chǎo　　Aの部分が人の場合には身体の動きを表す。⑩
※"对A"：「Aに対して、Aについて、Aに向かって」という意味で用い、対象を表す。⑥
※"不跟他喝酒"と"跟他不喝酒"の違い
　"不跟他喝酒"は「彼とはお酒を飲まない〈他の人とは飲む〉」という意味で、"跟他不喝酒"
　は「彼とはお酒は飲まない〈他の飲み物を飲む〉」という意味になる。
日本語から中国語にする場合、その句の意味により表現の仕方が異なることに注意。

第10課　基本句型(4)「…で」

①万年筆で手紙を書く。
②洗濯機で洋服を洗う。
③この机は木で出来ている。
④クレジットカードで支払う。
⑤電車で行く。
⑥車で行く。
⑦自転車で行く。
⑧地震でたくさんのビルが倒れた。
⑨病気で1日休む。
⑩麻薬で一生を駄目にしてしまった。
⑪私はよく新宿でショッピングします。
⑫私は東京で生まれました。
⑬この展示即売会は10月10日で終わります。
⑭1点差で負けた。

习题

1）私達は海南島で休日を過ごす〔度假〕。
2）会議は午後5時で終わる〔結束〕。
3）私は毎日自転車で登校する〔上学〕。
4）募集定員〔招生人数〕は20名で締め切ります〔限二十名〕。
5）この服は2日間で仕上がります〈クリーニング〉〔洗好〕。
6）この講義〔这堂课〕は自由討論方式で行われる〔进行〕。
7）お酒を飲めないのなら、お茶でお酒の代わりに〔用茶代替酒〕しよう。
8）前方〔前面〕は工事〔施工〕中で通行止め〔不能通行〕です。
9）北京飯店へは〔去北京饭店〕王府井で降りる〔下车〕。
10）日本の有名な〔著名的〕映画監督〔电影导演〕の黒澤明氏〔先生〕は82歳で〔享年八十二岁〕亡くなりました〔去世／逝世〕。

38　第二部

第十课　基本句型(4)"用""拿""在"

①**拿**钢笔写信。／**用**钢笔写信。

②**用**洗衣机洗衣服。

③这张桌子是**用**木头做的。

④**用**信用卡支付。

⑤**坐**电车去。／**乘**电车去。

⑥**开**汽车去。〈運転〉／**坐**汽车去。〈同乗〉

⑦**骑**自行车去。

⑧**因为**地震很多高楼倒塌了。

⑨**因为**生病休息一天。／**因病**要请一天假。

⑩**因为**毒品断送了一生／前途。

⑪我常**在**新宿买东西。

⑫我出生**在**东京。

⑬这次展销会将**于**十月十号结束。

⑭**就**差一分输了。

要点

◎「Aで」は中国語で以下のような言い方がある。

※動作の方法・手段・道具・原料："用A"を用いる。手で持てる道具の場合、"拿A"で表すこともできる。①②③④

　交通手段は"坐A"や"骑A"や"开A"などそれぞれの交通手段に合わせた動作を表す動詞を用いる。⑤⑥⑦

※原因・理由・結果："因A""因为A""由于A"⑧⑨⑩

※動作進行の場所："在A"⑪

※限定された場所："在A"⑫

※"将于"の"于"は時を示し「おいて」という意味で用いる。

　"将"は「近い将来」の意味として用いる。⑬

※期限・価格・数量・範囲は直接その期限・価格・数量・範囲を表す言葉を使う。⑭

※"就A"は「ほんのAだけで」という意味に用いる。⑭

※"享年"：人が亡くなった場合に用いる「享年」と同じ。

第 10 課　39

第11課　基本句型(5)処置文「…を」

①私はあの手紙を出しました。
②私はあの短編小説を読み終えました。
③私は日本円を人民元／中国元に換えたい。
④ドアを閉めて下さい。
⑤机を拭きなさい。
⑥彼はお茶をいっぱいに注いだ。
⑦あの写真を私に見せて下さい。
⑧誰がガラスを割ったのですか。
⑨メニューを持って来て下さい。
⑩(我々は)仕事を終えなければ帰りません。

習題

1）私は財布を落としてしまった〔弄丢／丢〕。
2）ノート〔笔记本〕を見せて下さい。
3）お金を重く見過ぎて〔看得太～了〕はいけません。
4）彼女は私のことなど眼中にない〔没有放在眼里〕。
5）弟はあの赤いコップ〔红色的杯子〕を割ってしまった。
6）彼はマオタイ酒〔茅苔酒〕を一気に〔一口气〕飲み干した〔喝干了〕。
7）このスーツケース〔旅行箱〕を開けて〔打开〕下さい。
8）パスポート〔护照〕と航空券〔飞机票〕はなくさないように〔不要弄丢了〕。
9）君は私の印鑑〔图章／印章〕をどこに置きましたか〔搁在哪儿了〕。
10）私は世界地図を壁に掛けました〔挂在墙上了〕。

第十一課　基本句型(5)"把"字句

①我**把**那封信寄出去了。
②我**把**那本短篇小说看完了。
③我想**把**日元换成人民币。
④请你**把**门关上。
⑤你**把**桌子擦一下。
⑥他**把**茶倒满了。
⑦请您**把**那张照片给我看看。
⑧是谁**把**玻璃打碎的/弄碎的？
⑨请**把**菜单拿给我看看。
⑩不**把**工作作完，我们不回家。

要点

◎ | 名詞 〈動作の主体〉 処置を施す側 | ＋ | "把" | ＋ | 名詞 〈動作の対象〉 処置を受ける側 | ＋ | 動詞 | ＋ | その他の成分

　特定の人や物に何らかの処置や影響を与えることに表現の重点がある場合、介詞の"把"を用い目的語を動詞の前に出し"把"字句を形成する。この"把"字句を含んだ構文を処置文と言う。処置文では述語動詞に何らかの成分〈下記3）参照〉を加え、処置やその結果を示すことが必要で、また、"把"字句で取り立てた人や物にも修飾語を加え特定であることを明示する。

※「処置文」の主な特徴
1）動詞の目的語を動詞の前に出す役割をする。
2）目的語の位置に来るものは意味上ある特定のものである。
3）述語動詞にはアスペクトを表す語〈"着""过""了"等、第22課参照〉や補語〈第24課参照〉などの成分が必要で、1語の動詞だけではいけない。
4）否定文では"没""不"を必ず"把"の前に置く。

※尚、次のような動詞は"把"字句の述語動詞として用いられないので注意が必要である。
• 感覚や知覚を表す動詞"知道""看见""感到""觉得""认为""懂"等。
• 存在や同等を表す動詞"有""在""是""等于""像"等。
• 方向を表す動詞"来""去""起来""过去"等。
• 全身の状態を表す動詞"坐""站""躺""跪""趴"等。
• 心理状態を表す動詞"生气""愿意""讨厌""怕"等。

第11課　41

語気詞

　中国語の文末には以下のような意味を持つ語気詞が用いられる。語気詞は語気助詞とも呼ばれ、話し手の心の状態、気持ちや態度を表現する語である。語気の違いにより、以下の通り大きく4種類に分けられる。
　　1）疑問の語気を表す場合："吗""吧""呢""啊"
　　2）命令の語気を表す場合："吧""呢""了""啊"
　　3）感嘆の語気を表す場合："啊"
　　4）陳述の語気を表す場合："的""了""吧""呢""着呢"

※主な語気詞とその意味

吗：陳述句の文末に用いられる。〈是非疑問文になる〉
ma　相手に質問したり、問いかけたり、疑問を表す。
　　　"有消息吗？"「知らせはありますか」
　　　注：反復疑問文には用いることができない。

呢："吗"を用いる以外の疑問文の文末に用いられる。
ne　1）質問に対する答えを求めたり、話し手の考えを聞き手に強要する。
　　　　"你说呢。"「どう思う？」
　　　2）確認や誇張の語気を表す。
　　　　"还早呢。"「まだ早いでしょう」

吧：1）疑問文に用いられ、疑問や推測の語気を表す場合。
ba　　"这是她的吧。"「これは彼女のでしょう」
　　　2）命令文に用いられ、命令や請求の語気を表す場合。
　　　　"走吧。"「行きましょう」

嘛：当然のことだ、当たり前だという語気を表す。反語文にも用いられる。
ma　"朋友嘛！"「友達だから（当然だよ）」

啊：1）命令文に用いる。注意を促したり、相手に言いつける場合。
　a　　"来啊。"「来なさい」
　　　2）疑問文の文末に用いて語気を和らげる場合。
　　　　"谁啊？"「誰？」
　　　注："啊a"は直前の語の子音、母音によって、その読み方と用いる漢字が異なる。
　　　　"a e i o u ai ei"＋"啊 a"＝"呀 ya"
　　　　"u ou ao"＋"啊 a"＝"哇 wa"
　　　　"an en"＋"啊 a"＝"哪／那／呐 na"

42　第二部

了：様々な意味を持つが代表的な意味として、聞き手に対する催促、勧告制止等の語気を
le　　表す場合。

　　　　"该你了。"「君の番だよ」
　　　　注："了le"も前の語によって"啦la""喽lou""嘞lei""哩li""咯lo"などに変化する。

的：話し手の判断や確認の語気を表す場合。多くは肯定の場合に用いられる。
de　　　"不会的。"「あり得ない」

着呢：主として形容詞の後ろに用いられる。多少誇張を含み「実は〜だ」と相手に知らせる。
zhene　注：この場合程度副詞や程度補語は同時に用いることはできない。

　　　　"人多着呢。"「人は(実を言うと)多いんだよ」

第 11 課　43

第 三 部

ムード詞語を用いて簡単な表現を学習しましょう。

第二部で最も簡単な"造句"ができたところで、少し感情をこめた語句を用いた表現へと進みましょう。「あなたは行く**べき**です」"你**该**去"の"该"、「私は行く**つもり**です」"我**打算**去"の"打算"など様々な表現があります。

ここでのムード詞語は基礎的なものばかりを集めました。これらを全部正確に覚えて下さい。日常の表現に絶えず出てくるかたちです。

第12課　単句型(1)「可能」

①ここで煙草を吸ってもいいですか。——いけません！
②自動車の運転ができますか。
③私は五目並べはできますが、碁は打てません。
④彼は口が上手い。
⑤彼女は自分で問題解決の方法を見つけるでしょう。
⑥いくら待っても彼は来ませんよ。
⑦彼が1人で行って大丈夫ですか。
⑧こんなに強く雨が降っているのに彼は来られますか。
⑨私は1人で北京ダックを1羽食べられます。構わないで下さい。
⑩この陸上競技場は2万人余りの観客を収容することができる。

習題

1）私達は明日がよりよい〔更好〕日であることを信じている〔相信〕。
2）このままで行くと〔这样下去〕どのような結果になるのでしょうか。
3）夜の12時過ぎ〔夜里十二点以后〕に電話をかけ〔打电话〕てもいいですか。
4）君は1人で麺を何杯くらい食べられますか。
5）1年間中国語を学んだのだから少しぐらい話す〔说两句〕ことはできるでしょう。
6）今日できあがったら、明日は1日休んでいいですよ。
7）私はクリスマスパーティー〔圣诞会／圣诞晚会〕に出席できません。
8）彼女はとても買い物〔买东西〕上手だから、彼女にお願いして〔请她〕一緒に〔一块儿〕
　　行ってもらうといい。
9）たった2、3日で〔只用两三天〕、スケート〔滑冰〕ができるようになった。
10）もう1点取れば〔再得一分〕我々のチーム〔队〕が勝つ〔赢〕ことができる。

第十二课　单句(1)"能""会""可以""能够"

①这里**可以**抽烟吗？ ——**不行**！
②你**会**开车吗？
③我只**会**摆五子，**不会**下围棋。
④他很**会**说话。
⑤她自己**会**找出解决问题的办法。
⑥你等多久，他也**不会**来。
⑦他一个人去，**能**行吗／**可以**吗？
⑧下这么大的雨，他还**能**来吗？
⑨我一个人**能**吃一只烤鸭，你**甭管**／**不用**管。
⑩这个田径场**能够**容纳两万多名观众。

要点

※"可以"：周囲の状況から判断して差し支えない。①⑤
　　　　否定は"不能"、ダメな時は"不行"。
※"会"：1) 多くは技能的なことについて習い覚えてできるようになる。②
　　　　2) 趣味・嗜好。〈一般的なレベルの場合〉③　　否定は"不会"。
　　　　3) 上手・要領よくこなす。④　　否定は"不会"。
　　　　4) ～するはずである。〈第15課参照〉⑤⑥　　否定は"不会"。
　　　　尚、誰でもできることに"会"を使うと、そのことに「巧みだ」という意味になる。"善于"に同じ。
※"能"：1) 体力・能力があってできる。否定は"不能"。⑦⑨
　　　　2) 条件・許可。否定は「可能補語」の否定を用いる場合が多い。⑧
　　　　例えば"能来"→"来不了"。〈可能補語〉
※"能够"："能"と同じ。否定は「可能補語」の否定を用いる場合が多い。⑩
　　　　例えば"能够容纳"→"容纳不下"。〈可能補語〉
　　　　"A才能够B"：「Aしてこそ／して初めてB」。
　　　　"可以""会""能""能够"は助動詞として用いられ、動詞の前に用いる。

第12課　47

第13課　単句型(2)「願望」

①私は中国へ行きたい。
②午後何をしたいですか。
③私は「シシカバブ」が食べたい。
④夏休みにはどこへ行く予定ですか。
⑤私は行ってみたい、君も行きたいかい。
⑥あなたが成功することを望みます。
⑦彼は良い友達ができることをずっと待ち望んでいた。
⑧世界中には平和を切望している人々がたくさんいる。
⑨一生懸命頑張る人こそ成功することができる。
⑩彼は勇気を持って考え、話し、行動する好青年です。
⑪ここにはいくらでも品物があるから、好きなだけ持っていっていいですよ。
⑫僕は気ままなひとり旅が好きだ。行きたいと思った所に行くのさ。

习題

1）私は上野公園〔上野公园〕へ行って桜を見たい〔看樱花〕。
2）みんな君の意見〔你的意见〕を聞きたがっているんだよ。
3）日曜日に私はひとりで〔一个人〕家にいる〔在家呆着〕のは嫌だ、寂しすぎる〔太寂寞〕から……。
4）何度お願いしても〔求～多少次〕彼は承知してくれない。
5）あなたが1日も早く〔早日〕私のもとへ〔我的身边〕帰って来るのを待っています。
6）彼女はチョウ・ユンファ〔周润发〕に会って一緒に記念写真を撮る〔合影留念〕ことができるよう願っている。
7）私は太極拳〔太极拳〕を習いたい。
8）北京大学中文系〔北大中文系〕に合格する〔考取〕ことが私の一生の願い〔我今生的愿望〕だった。
9）あそこは品物が揃っていて〔货齐全〕、買いたい物は何でもあるからきっと満足する〔保／包您满意〕と思いますよ。
10）休みの日〔假日〕の時間は自分の時間だから、やりたいことをやり、行きたい所に行ける。

第十三课 単句(2)"要""想""愿意""希望""盼望"

①我**要**去中国。

②下午你**要**做什么？

③我**想**吃"羊肉串儿"。

④暑假你**想**去哪儿？

⑤我**愿意**去，你**愿**不**愿意**？

⑥我**希望**您能成功。

⑦他一直**盼望**着能有个好朋友。

⑧世界上有许多人都**渴望**着和平。

⑨**肯**下工夫的人才能成功。

⑩他是一个**敢**想、**敢**说、**敢**做的好青年。

⑪这儿有的是货，你**要**拿多少就拿多少，随便！

⑫我喜欢自助式旅游，**想**去哪儿就去哪儿。

要点

※"要Ａ"：1)「Ａするつもりだ」「Ａしたい」。強い願望や意欲を表す。①②
　　　　　　否定形は"不想"「したくない」。

　　　　2)「（自発的に）Ａしなければならない」。
　　　　　　否定形は"不用""不必"「する必要はない」。

　　　　3)「Ａのはずだ」。"会"よりも主観的である。
　　　　　　否定形は"不会"「はずはない」。

　　　　4)「是非Ａしたい」は"一定要Ａ"になる。

※"想Ａ"：「Ａしたい」「Ａするつもりだ」。願望や意欲を表す。③④
　　　　　否定形は"不想"「したくない」。

※"愿意Ａ"：「喜んでＡする」。⑤

※"希望Ａ"：「Ａを希望する」。⑥

※"盼望(着)Ａ"：「Ａを待ち望む」。⑦

※"渴望Ａ"：「Ａを切望する」。切実な願いや想いを表す。⑧

※"肯Ａ"：「望んで／進んでＡする」。願望や意欲を表す。⑨
　　　　　否定形は"不肯"「しようとしない」。

※"敢Ａ"：「Ａする勇気／度胸がある」。⑩
　　　　　否定形は"不敢"「する勇気／度胸がない」。

※"要拿多少就拿多少"：「ほしいだけ取る」。⑪

※"想去哪儿就去哪儿"：「行きたい所にはどこでも行く」。⑫

　⑪の"多少"及び⑫の"哪儿"はいずれも不定詞である。

第 13 課　49

第14課　単句型(3)「禁止」

①やめて下さい。
②余計なお節介はするな。
③遠慮しないで下さい。
④おタバコはご遠慮下さい。／タバコを吸わないで下さい。
⑤タバコを吸うな。／禁煙。
⑥動くな！　走るな！　逃げるな！　泣くな！　笑うな！　食べるな！　飲むな！　来るな！
　行くな！　去るな！　歌うな！　騒ぐな！
⑦みだりに痰を吐くことを禁ず。
⑧暑いからと言って、冷たい物を飲み過ぎないように。
⑨あなた自身と家族のために、飲酒運転はやめましょう。
⑩自転車で右側通行をしてはいけないし、二人乗りもいけない。
⑪芝生の中に入らないで下さい。
⑫こうなってしまったのだから、今さらそんなに悲しんでもしょうがない。

習題

1）このことは秘密〔要保密〕だから、彼には絶対話さないように。
2）僕がやってあげる〔给你办〕んだから、君は自分で手続きする〔办手续〕必要はないし、
　心配〔担心〕しなくていいよ。
3）過ぎてしまったこと〔过去的事〕はそんなにくよくよ〔发愁〕してもしょうがない〔没
　用〕。
4）みんな並んでいる〔排队〕んだから、割り込み〔加塞儿／夹塞儿〕してはいけないよ。
5）あなたがわざわざ〔特意〕出向く〔跑一趟〕必要はないでしょう。私に行かせて下さい〔让
　我去吧〕。
6）自動車及びオートバイによる通学禁止。
7）私と彼の問題だから、口をはさま〔插嘴〕ないで！
8）もう2つもアルバイトをしているのだから、捜す必要はないでしょう。
9）人を馬鹿にし〔欺负〕たり、からかって〔嘲笑〕はいけません。
10）止まれ〔站住〕！　動く〔动〕な！　金を出せ〔把钱交出来〕！
11）許可なくして〔未经允许〕入るべからず。

第十四课　单句(3)"不要""别""不用""不必"

①你**不要**这样！／你**别**这样！／**别**这样！／**不要**！／**不行**！
②**不要**多管闲事！
③请您**不必**客气。／**不用**客气。／**不要**客气。／**别**客气。／**甭**客气。
④请**不要**抽烟。／请**勿**吸烟。
⑤**不准**抽烟。／**不许**吸烟。／**禁止**吸烟。
⑥**别**动！　**别**跑！　**别**(逃)跑！　**别**哭！　**别**笑！　**别**吃！　**别**喝！　**别**来！　**别**去！　**别**走！　**别**唱！
　　别闹！
⑦请**勿**随地吐痰。
⑧虽说天气很热，可你也**不要**喝冷饮喝得过／太多。／**不要**喝太多冷饮。
⑨为了您和您的家人，请**不要**酒后开车。
⑩**不准**靠右侧骑车通行，也**不要**骑车带人。
⑪**不得**践踏草坪。
⑫事到如今，**何必**这么难过呢。

要点

※"不要A"：「Aしてはいけない」。禁止を表す。①②③④⑧⑨⑩
※"别A"：「Aするな」「Aしてはいけない」。禁止を表す。①③⑥
※"不必A"：「必ずしもAしなくてもいい」。目上の者〈上司など〉に対して用いる。必要がない、しなくてもいいことを表す。③
※"不用A"：「Aするには及ばない」。目下の者〈部下など〉に対して用いる。必要がない、しなくてもいいことを表す。③
※"不许A"：「Aしてはいけない」。上から下への命令を表す時によく使われる。⑤
※"禁止A"：「Aすることを禁止する」。⑤
※"请勿A"：「Aするなかれ／Aするべからず」。禁止を表す。〈書き言葉〉④
※"不准A"：「Aするなかれ／Aするべからず」。禁止を表す。〈掲示や公共の場所の標示に用いられる〉⑤⑪
※"不得A"：「Aしてはいけない」。法的な禁止を表す。⑪
　　　dé
※"何必A(呢)"：「Aする必要はない」「Aする必要があろうか」。⑫
※"事到如今"：「(ことが)今になって」「今さら」。

第15課　単句型(4)「推測」

①ここから駅まで歩いて**大体**10分**くらい**です。
②この計画は彼は**恐らく**同意しないでしょう。
③こんなに遅くなってしまっては彼はもう来ない**かもしれない**。
④彼は両親の言うことを聞かない**訳にはいかない**。
⑤彼は来ない**訳がない**。
⑥明日の集まりには僕は行けない**だろう**。
⑦君は夏休みにはどこへ行く**予定**ですか。
⑧午後何をする**つもり**ですか。
⑨早く行きましょう。まだ飛行機に間に合う**かもしれません**。
⑩彼は今一生懸命トレーニングに励み、来年の国体に参加する**つもり**です。

習題

1）彼は東京に来ておよそ〔大概〕10年になります。
2）彼の様子から見て〔看他的样子〕、そう長くは続かない〔干不长〕だろう／辞めてしまう〔辞职〕だろう。
3）最近彼は元気がないので〔垂头丧气〕、恐らくまたふられた／失恋した〔失恋了〕のではないか。
4）オーナー／店長〔老板〕が怒った時〔发火的时候〕には誰も口答えする／言い返す〔顶嘴〕者はいない。
5）こんなに綺麗な〔这么美的〕夕焼け〔晚霞〕、明日はたぶんいい天気〔大晴天〕だろう。
6）すでに〔已经〕充分〔充分〕準備〔准备〕をしたのだから、今度は〔这次〕必ず成功する〔一定成功〕はずです。
7）現在の状況から見れば〔从现在的情况来看〕、勝つ〔获胜〕のは貴乃花だ。
8）しばらく〔好长时间〕彼ら〔他们俩〕が一緒にいる〔在一起〕のを見かけていない〔没看到〕が、別れてしまった〔吹了〕のでは……。
9）卒業後〔毕业后〕君はどんな仕事をするつもりですか。
10）討論会で〔讨论会上〕君はどんなことを話すのですか。

第十五课　单句型(4)"大概""恐怕""也许""会""可能"

①从这儿到车站走路**大概**要十分钟。
②这个计划他**恐怕**不会同意。
③这么晚了，他**也许**不会来了。
④他**不敢**不听父母的话。
⑤他是**不会**不来的。
⑥明天的聚会我**可能**去不了。
⑦暑假你**打算**去哪儿？
⑧下午你**准备**做什么？
⑨赶快走，**或许**还赶得上飞机。
⑩现在正抓紧时间训练，**预备**参加明年的全运会/全国运动会。

要点

※"大概"：「おおよそ、だいたい」。推量や予測を表す。〈大体の予想〉①
※"恐怕"：「恐らく、多分」。推量や予測を表す。〈悪い事態の場合が多い〉②
※"也许Ａ"：「あるいはＡかもしれない」。③
※"敢Ａ"：「(大胆に)Ａする」。意志を表す。
　　　　　　　否定形は"不敢"「Ａする勇気がない」。④〈第13課参照〉
※"会Ａ"：「Ａのはずだ」。否定形は"不会"。⑤〈第12課参照〉
※"可能Ａ"：「Ａかもしれない」「Ａの可能性がある」。⑥
※"打算Ａ"：「Ａしようと思う」。予定を表す。⑦
※"准备Ａ"：「(予め準備して)Ａするつもりです」。予定を表す。⑧
※"或许Ａ"：「(ひょっとしたら)Ａかもしれない」。⑨
※"预备Ａ"：「Ａに備えて／準備して」。⑩

第 15 課　53

第16課　単句型(5)「義務」

①公共物を大切にしなければならない。
②試合は公平に行われなければならない。
③もう時間です。家に帰らなくては。
④卒業後彼は北京に残って就職する。
⑤このことはどうしても君が来て処理しなければならない。
⑥約束した以上やらなければならない。
⑦人は一芸に秀でてこそ社会に更に貢献できる。
⑧仕事をするのには技術や知識が必要で、熱心さだけでは駄目なのです。
⑨「憲法」は国民1人1人が遵守しなければならない準則です。
⑩友達のことを助けるのは当然です。
⑪来月の研究討論会には発表していただきますので、必ずご出席下さい。

习题

1）困っている〔遇到困难〕人がいれば、（私達は）助ける〔帮助〕べきです。
2）肺に病気がある〔有肺病〕なら煙草を止める〔戒烟〕べきだ。
3）来週〔下周〕は私が意見を発表する〔发表意见〕番です。しっかりと〔好好〕準備をしなければ。
4）新年には買わなければいけない物ややらなければいけないことがとても多い。
5）彼女は毎日会社で仕事をし〔上班儿〕、子供の面倒もみ〔照顾孩子〕なければならない。
6）この仕事〔这些工作〕は金曜日以前に仕上げ〔完成〕なければならない。
7）どんなに忙しくても〔不管多忙〕彼は時間を作り〔抽时间〕家族に手紙を書く。
8）いい仕事を見つける〔找一份好工作〕にはどうしてもコンピュータ〔计算机／电脑〕の知識が多少なりとも〔有些〕必要です。
9）始発に間に合う〔赶〕には、五時前に家を出〔出门〕なければならない。
10）このような大きな〔这么严重〕過ちを犯して〔犯错误〕おいて、君はどんな罪になると思っているのかね〔该当何罪〕。
11）15日まで〔在十五号以前〕に必ず論文を提出〔交上来〕して下さい。

第十六课　単句(5)"应该""该""得""总得""要"

①我们**应该**爱护公共财产。/"爱护公共财产人人有责"

②比赛**应当**是公平的竞争。

③到点了／到时间了，我**该**回家了。

④毕业以后，他**要**留在北京就职。

⑤这件事**非得**你来处理不可。

⑥既然答应了就**得**做。

⑦一个人**总要**有一技之长，才能更好地为社会做贡献。

⑧工作**总得**有技术和知识，光靠热情是不行的。

⑨《宪法》就是每一个公民／国民**必须**遵守的准则。

⑩朋友的事儿**该当**帮忙。

⑪下个月的研讨会，**该**您发表了，请您**务必**参加。

要点

※"应该Ａ"：「Ａすべきである」「Ａしなければならない」。義務・必要・当然を表す。①

※"应当Ａ"：「当然Ａすべきである」「当然Ａしなければならない」。②

※"该Ａ"：「(実際のところ、道理からして)Ａすべきだ」。義務・必要・当然を表す。③
　　　　　「Ａの順番だ」「Ａする番だ」。順番を表す。⑪

※"要Ａ"：「(自発的に)Ａしなければならない」。義務・必要・当然を表す。④

※"必得 děiＡ"：「必ずＡする必要がある」。

※"需要Ａ"：「Ａする必要がある」。

※"非(得 děi)Ａ不可"：「どうしてもＡしなければならない」。⑤

※"得 děiＡ"：「Ａしなければならない」。義務・任務を表す。否定は"无须""不用"。⑥

※"总要Ａ"：「どうしてもＡする必要がある」。必要性の強調を表す。⑦

※"总得 děiＡ"：「是非Ａしなければならない」。必要性の強調を表す。⑧

※"必须Ａ"：「必ずＡしなければならない」。義務・必要・当然を表す。⑨

※"该当Ａ"：「(当然)Ａすべきである」。必要・当然を表す。⑩

※"务必Ａ"：「是非Ａする」「必ずＡする」。義務や任務を表す。"请您务必"の形で用いられるこ
　　　　　とが多い。⑪

第 16 課　55

第17課　単句型(6)「受身」

①父にさんざんお説教された。
②弟にテープレコーダーを壊された。
③みんなは彼の話に笑わされた。
④私はまたひどく叱られた。
⑤あの小説は他の人に借りられてしまった。
⑥彼は小さい時からお兄さんの影響を受け、朝から晩までサッカーに明け暮れている。
⑦手紙は左手で書き上げたのです。
⑧そのニュースは日本全国に伝えられた。
⑨この仕事は彼1人でなされたのです。
⑩雨に降られてシャツが濡れた。

习题

1）彼はとうとう〔终于〕みんな〔大家〕に説得〔说服〕された。
2）そのことは次第に〔逐渐〕人々から忘れ去られてしまった。
3）昨日電車の中で〔在电车上〕私は財布を誰かに盗まれてしまった。
4）蘇州〔苏州〕は「東方のベニス」〔东方威尼斯〕と呼ばれている〔称作〕。
5）彼の釣ってきた魚〔钓回来的鱼〕は知らないうちに〔不知什么时候〕猫にみんな食べられてしまった。
6）私の自転車は沈さん〔小沈〕に乗って行かれ〔骑走〕てしまった。
7）注文した料理〔点的菜〕が1つまた1つと〔一个接一个地／次々に運ばれて〔端〕来た。
8）キウイフルーツ〔猕猴桃〕には大量の〔大量的〕ビタミンC〔维生素／维他命C〕が含まれている〔含有〕。
9）料理もできた〔做好了〕し、お酒も温められた〔温／烫上了〕。後はお客様の到着を待つ〔等客人来〕だけだ。
10）彼は仕事上の失敗〔工作上的失误〕で、会社〔公司〕を首になった〔解雇了〕。

第十七课　単句(6)被动句

①我**被**父亲狠狠地训斥了一番。
②录音机**叫**／**被**弟弟弄坏了。
③大家全**给**他说笑了。
④我又**挨**了一顿骂。
⑤那本小说**让**人借走了。
⑥他从小**受**他哥哥的影响，一天到晚踢足球。
⑦信是用左手写好的。
⑧这个消息传遍了日本。
⑨这个工作是他一个人完成的。
⑩雨把衬衫淋湿了。／下雨淋湿了衬衫了。／衬衫**被**雨淋湿了。

要点

※受け身を表すには 1 ）介詞 "被" "叫" "给" "让" を用いる。
　　　　　　　　　 2 ）動詞 "挨" "受" "遭" を用いる。
　　　　　　　　　 3 ）受け身を表す介詞や動詞を用いない。

1 ）"A被/叫/给/让BC（D）"：「AはBに（Dを）Cされる」。①②③⑤
　　"被" は通常被害を蒙る時に用いられることが多い。
　　"被" と "给" はBを省略してもよいが、"叫" と "让" はBを省略できない。
　　"被" "叫" "让" を用いた場合はCの前に "给" を置くこともある。
　　"A被／叫／让B给C（D）"：「AはBに（Dを）Cされる」。

2 ）"A挨／受／遭BC"：「AはBにCされる」。④⑥
　　"挨" と "遭" も良くないことに用いられることが多い。

3 ）意味上の受け身：受け身を表す介詞や動詞を用いないで受身を表す。⑦⑧⑨⑩
　　受動者／物が主語になり、主動者は文に表れない。
　　（例）"这双耐克牌的运动鞋都穿破了"。「このナイキのシューズは履きつぶされた」
　　　　 つまり、誰かがシューズを履いた結果、シューズは履きつぶされた訳である。

第18課　単句型(7)「使役」

①コロンブスは鶏の卵を立たせた。
②「フォレスト・ガンプ」は人々を本当に感動させる映画だ。
③神秘的なものは人々の好奇心を引き起こす。
④桜は人々に美しい春を連想させる。
⑤母はいつも私にあれこれ手伝わせる。
⑥友達を自宅に招いてもてなす。
⑦会社は彼を出張で大連に行かせた。
⑧あなたにお願いしたあの件はどうなりましたか。
⑨彼は私に焼酎を1瓶飲ませようとするが、私には到底飲めない。
⑩私はあなたにひとつ手伝っていただきたいことがあります。
⑪地下鉄サリン事件によって日本の治安神話は崩れ去り、O-157の流行により日本の衛生神話
　もまた崩壊してしまった。

习題

1）祖母〔奶奶〕の心臓病〔心脏病〕の発作が起こり〔发作〕、母〔妈妈〕は兄〔哥哥〕に急
　いで〔赶紧〕救急車〔救护车〕を呼びに行かせた。
2）電話をして彼女を早目に〔早点儿〕帰って来させなさい。
3）美しいもの〔美的东西〕はいつも〔总〕人の眼を楽しませて、何度も見たい〔多看几眼〕
　と思わせる。
4）この歌はいつも人々に子供の頃のいろいろなこと〔童年的许多往事〕を想い出させる。
5）ちょっと考えさせて下さい。それから答えます〔再回答你〕。
6）明日、とっても見応えのある〔精彩的〕大相撲の取り組み〔相扑比赛〕に君を案内するつ
　もり〔打算〕ですが、見たいですか。
7）会社は彼を研修のため〔研修〕にソニー〔索尼公司〕へ派遣し〔派〕た。
8）私は中国旅行に行った友人に特級ロンジン茶〔特级龙井茶〕を500g〔一斤〕買って来て〔带
　回／买回〕もらった。
9）私は成さん〔成小姐〕に「Yesterday Once More」（"昔日重来"）という歌〔一首叫做～的
　歌〕を歌ってもらった。
10）彼に何かを頼むのは天に登るより難しい〔比登天还难〕。

第十八课　单句(7)"使""叫""让""请""托""派"

①哥伦布**让**鸡蛋立/竖了起来。
②"阿甘正传"真是一部**让**人感动的电影。
③神秘的东西总会**使**人好奇。
④樱花总(是)**令**人联想到美丽的春天。
⑤妈妈总(是)**叫**我干这个干那个。
⑥**请**朋友到家里作客。
⑦公司**派**他到大连出差。
⑧我**托**您办的那件事怎么样了？
⑨他**要**我喝一瓶白酒，我可不敢喝。
⑩我有一件事**求**您帮个忙。
⑪地铁毒气事件**令**日本的治安神话瓦解，O一一五七大肠杆菌感染的流行**使**日本的卫生神话崩溃了。

要点

※"让"："让ＡＣ（Ｂ）"。①②
　　　　Ａの望み通りに（Ｂを）Ｃさせてあげる。
※"使"："使ＡＣ（Ｂ）"。③⑪
　　　　Ｃは具体的な動作や行為より、感情や状態に用いる場合が多い。
※"令"："令ＡＣ（Ｂ）"。④⑪
　　　　意味は"使"の場合と同様であるが、"使"より更に堅い表現。
※"叫"："叫ＡＣ（Ｂ）"。⑤
　　　　Ａに命令して（Ｂを）Ｃさせる。
※"请"："请ＡＣ（Ｂ）"。⑥
　　　　Ａを招いて／お願いして（Ｂを）Ｃしてもらう。
※"派"："派ＡＣ（Ｂ）"。⑦
　　　　Ａを派遣して（Ｂを）Ｃさせる。
※"托"："托ＡＣ（Ｂ）"。⑧
　　　　Ａに託して／頼んで（Ｂを）Ｃさせる。
※"要"："要ＡＣ（Ｂ）"。⑨
　　　　Ａに（Ｂを）Ｃするよう望む／要求する／催促する。
※"求"："求ＡＣ（Ｂ）"⑩
　　　　Ａに依頼して／お願いして（Ｂを）Ｃしていただく。

第 18 課　59

第19課　単句型(8)「比較」

①今日は昨日**より**寒い。
②東京では電車に乗る方が自分で運転する**よりは**便利だ。
③四川料理は湖南料理**よりも**更に辛い。
④台北の果物は東京の果物**より**ずっと安い。
⑤今のわたしは去年に**比べて**ちょっと痩せた。
⑥今年の中国語履修者は去年の倍増えた／去年の２倍になった。
⑦彼女は君**より**知力があり、彼は君**より**財力があるが、君は誰**よりも**魅力がある。
⑧みんなに**比べて**彼の中国語が劣っているわけではありません。ただちょっと話すのが遅いだ
　けです。
⑨日本には富士山**より**高い山はない。
⑩ウィンドウズ98はウィンドウズ95**ほど**使いやすいですか。
⑪京都の建築物**ほど**日本の特色が出ているのはどこにもない。
⑫日本人学生にとって中文和訳は和文中訳**より**易しい。
⑬彼女の身長は君**と同じ**くらい高い。
⑭北京の交通渋滞は台北の渋滞**ほど**ひどくはない。
⑮「百聞は一見に**如かず**」

習題

　1）中国人の学生にとって、中文和訳〔中文日译〕は和文中訳〔日文中译〕に比べて難しい。
　2）一般的に言えば〔一般来说〕口頭通訳〔口译〕は筆記通訳／翻訳〔笔译〕より、多少なり
　　　とも〔多多少少〕難しい〔难一些〕。
　3）読むことは書くことより易しく、話すことは聞くことより難しい。
　4）自動車はオートバイよりスピードは速いが、実際走ってみるとオートバイの方が自動車
　　　より早く目的地に着ける。
　5）私の講義の時の声〔讲课的声音〕はどの先生よりも大きいが、黒板の字〔板书〕は他の先
　　　生より下手〔差／次〕である。
　6）北京は東京よりも面積は大きい〔土地面积〕が、東京の方が交通〔交通〕は便利〔方便〕
　　　である。
　7）私はあなたほどお酒好きではない。
　8）パンを食べると御飯を食べるより太りやすいというが本当ですか。
　9）このハイヒール〔高跟鞋〕はあれより良い、しかし〔但是〕値段も倍はする〔价钱也高出
　　　一倍〕。
　10）外国の月〔外国的月亮〕が中国の月より、更に一段と丸い〔更圆〕ということはない。

60　第三部

第十九课 单句(8)"比较"

①今天**比**昨天冷。
②在东京坐电车**比**自己开车方便。
③川菜／四川菜**比**湘菜／湖南菜还要辣。
④台北的水果**比**东京（的水果）便宜多了／得多。
⑤我**比**去年瘦了（一）点儿。
⑥今年选修汉语课的人数**比**去年增加了一倍。
⑦她**比**你有头脑，他**比**你有钱，可你**比**他们俩有魅力。
⑧他汉语不**比**大家差，只不过是说得稍微慢一些。
⑨日本没有**比**富士山更／再高的山了。
⑩视窗九八**有**视窗九五**那么**好用吗？
⑪哪儿也**没有**京都的建筑**那么**有日本特色。
⑫对日本学生来说，**和**日文中译**相比**，中文日译容易一些。
⑬她的身高跟你**一样**高。
⑭北京的交通阻塞**不像**台北那么严重。
⑮"百闻**不如**一见。"

$\boxed{\text{要点}}$

◎**"比"を用いる比較**〈程度の違いや変化を表す語句が述語部分に用いられる必要がある〉
※**"Ａ比ＢＣ"**：「ＡはＢよりＣである」。　　疑問文："Ａ比ＢＣ吗？"
　　Ｃ：形容詞〈"很"は用いない〉①②
　　Ｃ：形容詞フレーズ〈形容詞の前に"还""更"を用いて「ＡはＢより更に／もっとＣである」ことを表す〉③
　　Ｃ：〈"得多""多了"を用いて「ＡはＢよりずっとＣである」ことを表す〉④
　　Ｃ：〈"一些""一点儿"を用いて「ＡはＢより少しＣである」ことを表す〉⑤
　　Ｃ：述語＋（"了"）＋数量フレーズ「ＡはＢよりどれだけＣである」。⑥
　　Ｃ：動詞フレーズ〈「ＡはＢよりもＣ〈目的語〉の差がある」。〉⑦
　　この他Ｃには変化の意味を表す動詞、能願動詞、動量詞、数量補語、可能補語などが入る。
※**"Ａ不比ＢＣ"**：「ＡはＢよりＣでない」。〈ＡはＢと同じか、ＢよりＣでない〉⑧
※**"比哪个都好"**：「どれよりもいい」。**"比哪个好"**：「どれよりよいか」。
※**"比哪儿都好"**：「どこよりもいい」。**"比哪儿好"**：「どこよりよいか」。
※**"比谁都好"**：「誰よりもいい」。⑦**"比谁好"**：「誰よりよいか」。

◎**"有"を用いる比較**〈ＡＢ間の程度がほとんど同じか、大差がない場合に用いられる〉
　　　　　　　　　　　〈Ａの程度がＢよりも著しい場合、その内容を説明するフレーズが必要〉
※**"Ａ有Ｂ这么／那么Ｃ"**：「ＡはＢよりこんなに／そんなに／あんなにＣである」。⑩
※**"Ａ没有Ｂ这么／那么Ｃ"**：「ＡはＢほどこんなに／そんなに／あんなにＣではない」。⑪
※**"（Ａ）没有Ｂ更／再Ｃ"**：「（Ａには）Ｂほど更にＣなものはない」〈最上級を表す〉。⑨

第19課　61

◎その他の比較表現

※“(A)和B相比C”:「(Aは）Bと比べてCである」A比BCに同じ。⑫

※“A跟/和/像B一样C”:「AはBと同様にCである」。⑬

※“A跟/和B不一样”:「AはBと同じでない」。

※“A不跟/不和/不像B一样C”:「AはBと同様にはCではない」。⑭

※“A不如B”:「AはBに及ばない」。⑮

◎数量を比較したり、数量の増加・減少を表す場合は、増加・減少した部分がもとの数量の何倍・なん分のいくつであるかという言い方をする。

　(例) 今年的物价比去年上涨了两倍。「今年の物価は去年より2倍上がった」〈合計3倍〉

　(例) 十月的产量比一月减少了三分之一。「10月の生産量は1月の3分の1減った」〈3分の1減ったので3分の2になった〉

※増えて3倍になったり、減って3分の1になった場合はそれぞれ“增加到三倍”、“减少到三分之一”という表現になる。

連動句・兼語句・二重目的語句

ここに挙げた3つの句型は形式構造上特殊な句型である。

I　連動句

　連動句とは2つまたは2つ以上の動詞或いは動詞と形容詞を述語として構成された句型である。その共通の主語について述べたり、描写したり、説明する。

※連動句の前後の動詞関係はその意味により次のように分けることができる。

　動作の目的を表す場合　（例) 我去新宿看电影。

　動作の発生した順番を表す場合　（例) 她去时装店买衣服。

　動作の方法を表す場合　（例) 他每天骑自行车上学。

　ある条件の存在や具備を表す場合　（例) 你有能力一个人做。

※連動句では動詞の重ね型を用いることができるが、一般的に後ろに置かれた動詞に重ね型を用いる。

　(例) 他们每天早上都去公园散散步。

II　兼語句

　兼語句とは1組の動詞＋目的語構造のフレーズともう1組の主述構造のフレーズによって構成される句型である。

　前に用いられた動詞＋目的語構造のフレーズの目的語が、後ろに用いられた主述構造のフレーズの主語になる句型である。

※語法的特徴

- 前後のフレーズが原因結果を表すフレーズであったり、新しい状況の出現を表す"了"が用いられているフレーズであるような特殊な場合を除き、兼語の1番目の動詞の後ろには、通常"过""了""着"などは用いられない。
- 能願動詞は一般的に兼語の1番目の動詞の前に用いられる。

※兼語句に用いられる述語動詞には以下のような特徴がある。

- 使役や命令の意味を持つ動詞を用いる。
  "逼""叫""令""派""请""让""使""促使""打发""发动""吩咐""命令""强迫""要求"
  （例）老板叫我们一起来。
- 呼称や認定の意味を有する動詞を用いる。
  "拜""称""叫""认""选""推选"
  兼語の後ろにはよく"当""为""做"などを用いた動詞フレーズが用いられる。
  （例）她的外号叫做"小熊"。
- "是""有"を用いて兼語の1番目の動詞とする。
  （例）我有个印度朋友叫"阿都尔"。

Ⅲ 二重目的語句

二重目的語句は述語動詞の後ろに2つの目的語を有する句型である。

※構造上の特徴

- 通常、2つの目的語のうち、前に置かれている目的語は「人」を指し、後ろに置かれている目的語は「事物」を指す。
  （例）我给他打电话。
- 介詞を用いて動作や行為の対象を前に引き出す必要がない。
  （例）○ 我请教教练一个问题。 × 我请教向教练一个问题。
- 二重目的語句は前の目的語は「誰」、後ろの目的語は「何」であるかを表す。両者の間は所属関係ではないので、"的"を用いてはならない。
  （例）○ 老师告诉我们考试的结果。 × 老师告诉我们的考试结果。

※二重目的語句に用いられる述語動詞には意味上、以下のような特徴がある。

- 「与える」または「もらう」という方向性を含む動詞が述語動詞として用いられる。
  「与える」"给""还""交""教""赔""赏""送""赠""报告""告诉""通知""托付""退还""赠送""转交"
  「もらう」"夺""罚""借""买""拿""骗""抢""求""收""偷""问""赢""占""麻烦""浪费""请教"

第 19 課　63

第 四 部

簡単な表現からやや複雑な表現へ

　今までの３部で簡単な会話は正確に話せるようになり、簡単な
“造句”もできるようになりました。

　そこで我々の日常の会話や“造句”でどうしても離れられない
基本用語を、まとめて学習しましょう。

　「明日午後３時あの橋の上であなたと会いましょう」

　“明天下午三点在那座桥上跟你见面吧”ですが、時を表す言葉「時
間詞語」：“明天”“下午三点”や、場所を表す言葉「場所詞語」：
“在那座桥上”や、その他、中国文にはいろいろな要素が必要で、
それらが複雑な大事な意味を表現するのです。翻訳も通訳もここ
がマスターできていないとせっかくの微妙な意味を完全には表現
できません。それぞれまとめて表にしました。表をまるまる覚え
て、随時使いこなして下さい。

　少し大変ですが、より中国的な表現をマスターするために越え
ねばならぬ難関です。さあ、頑張りましょう。

第20課　場所詞語

①君の家**から**学校**まで**どう行きますか。
②ここ**から**空港**まで**いくら位かかりますか。
③天壇公園は天安門**から**どのくらい距離がありますか。
④仿膳飯荘は北海公園**(の中)に**あります。
⑤我が家**から**富士山**まで**は自動車で行くのが便利です。
⑥ポケットの**中に**はいくらもお金がありません。
⑦池袋**から**新宿**まで**山手線で150円かかります。
⑧私は最初**から**最後**まで**もう１度読みます。
⑨日本円の１万円紙幣の**表に**は福沢諭吉先生の肖像が印刷されています。
⑩ここ**から**一番近い駅はどこですか。

习題

1）南極から北極までどれくらい距離がありますか。
2）私がどこから来たのか聞かないで下さい。私の故郷は遙か遠くです。
3）ウルトラマンはM78星雲から地球の平和のためにやって来たのです。
4）彼女と出会ったその時から一目惚れしてしまいました。
5）北京(首都)空港から市の中心までタクシーで行く方が速いし便利です。
6）小学校の頃から数学は私にとって最も頭の痛い科目でした。
7）東京発パリ行きエールフランス896便はまもなく出発致します。
8）今日から関東地方は梅雨入りしました。
9）この川沿いを行けば河川敷のゴルフ場に、線路沿いを行けば駅に出られます。
10）天安門広場は"天安门广场"北京の中心にあり、頤和園"颐和园"は西北、天壇公園"天坛公园"は南、北京(首都)空港"首都机场"は北東にあります。

第二十课　处所词

①**从**你家**到**学校怎么走？
②**从**这儿**到**机场多少钱？
③天坛公园**离**天安门多远？／天坛公园**离**天安门有多少公里？
④仿膳饭庄**在**北海公园**里**。
⑤**从**我家**到**富士山开车去最方便。
⑥口袋**里**没有多少钱。
⑦**由**池袋站**到**新宿站，坐山手线要一百五十块。
⑧我**从**头**到**尾再念一遍。
⑨一万日元纸币的**正面**印有福泽谕吉先生的画像。
⑩**离**这儿最近的车站在哪儿？

要点

※方位方角を表す語
［方位詞］

上面 ←→ 下面
　边　　　边
　头　　　头
前面 ←→ 后面
　边　　　边
　头　　　头
里面 ←→ 外面
　边　　　边
　头　　　头
左面 ←→ 右面
　边　　　边
　侧　　　侧
　cè　　　cè

上「上」
下「下」
左「左」
右「右」
里「中・内」
外「外」
前「前」
后「後ろ」
面「側〈がわ〉」
边「～の方」
头「～の端・先」
侧「側」書面語
底「底・最底部」

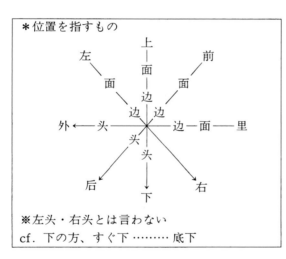

※左头・右头とは言わない
cf. 下の方、すぐ下 ……… 底下

东 dōng
南 nán
西 xī
北 běi

东面 ←→ 西面
　边　　　边
　侧　　　侧
北面 ←→ 南面
　边　　　边
　侧　　　侧

东西 ←→ 南北
东北 ←→ 西南
东南 ←→ 西北

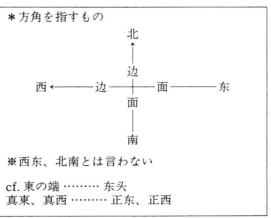

※西东、北南とは言わない
cf. 東の端 ……… 东头
　　真東、真西 ……… 正东、正西

◎いろいろな位置を指す語

真ん中：当中

屋子**当中**放着一张桌子。
　部屋の**真ん中**に机が（置いて）ある。

間：中间、中间儿
　　jiān、　jiànr

坐在他们**中间儿**的那位是王老师。
　彼らの**間**に座っているあの方は王先生です。

その中：其中、内中

花店里摆放着许多美丽的鲜花，**其中**红玫瑰特别引人注目。
　花屋さんには沢山の美しい花が置いてあり、**中**でも赤い
　バラは特に目立っている／人目を引く。

〜の間：〜之间

我们**之间**要隔开一些距离。
　我々**の間**にはある程度距離を置かねばならない。

〜の前：〜之前

在这队里，排在他**之前**的是个老人。
　この列で彼**の前**に並んでいるのは老人です。

〜の後ろ：〜之后

在这队里，排在他**之后**的是个小姑娘。
　この列で彼**の後ろ**に並んでいるのは小さな女の子です。

〜の果て、はずれ、
つきるところ：尽头

广阔的草原，一眼望不到**尽头**。
　広々とした草原では**端**まで見渡せない（くらい広い）。

突き当たり、一番端（奥）：顶头

顶头的那本书是新出版的。
　一番奥のその本は新しく出版されたものです。

向かい：对面

我家**对面**是一家餐厅。
　我が家の**向かい**はレストランです。

斜め向かい：斜对面

餐厅**斜对面**是一家咖啡馆。
　レストランの**斜め向かい**は喫茶店です。

真向かい、正面：正对面

咖啡馆的**正对面**有一家银行。
　喫茶店の**真向かい**に銀行があります。

向こうから：迎面

迎面跑来一名穿和服的小姐。
　向こうから和服を着た若い女性が走って来る。

十字路、交差点：十字路（口）

到了第二个**十字路口**向右拐，就到了。
　2番目の**十字路**を右に曲がるとすぐです。

68　第四部

両端：两头 　　　　　　　　　　绳子的**两头**分别打着一个结。
　　　　　　　　　　　　　　　　縄の**両端**に別々に結び目が作ってある。

へり：边儿、沿儿 　　　　　　　马路两**边儿**种着许多杜鹃花。
　　　　　　　　　　　　　　　　道の**両側**に沢山のツツジが植えられています。

出入口の所〈瓶などの口〉：口儿 　瓶子**口儿**沾着一些啤酒沫。
　　　　　　　　　　　　　　　　瓶の**口**にビールの泡がちょっと付いています。

隅：犄角儿 　　　　　　　　　　墙**犄角**趴着一只小狗。
　　　　　　　　　　　　　　　　壁の**隅**に子犬が寝そべっています。

曲がり角：(拐)弯儿、拐角儿 　　道路**拐弯儿**处经常设有反射镜。
　　　　　　　　　　　　　　　　道の**曲がり角**には普通、反射鏡が設置されています。

遠くから：远远(儿) 　　　　　　我**远远儿**地看见他走过来。
　　　　　　　　　　　　　　　　私は**遠くから**彼が歩いてくる姿を見ました。

～の目の前：面前 ⟷ 背后〈後ろ〉 　他在师傅的**面前**不敢说话。
　　　　　　　　　　　　　　　　彼は師匠**の目の前**では話をする勇気がない。

面と向かって：当面 ⟷ 背面 　　这份文件很重要，你要**当面**交给他。
　　　　　　　　　　　　　　　　この書類は重要なので、彼に**直接**渡して下さい。

正面：正面 ⟷ 背面 　　　　　　照片的**背面**有一行题字。
　　　　　　　　　　　　　　　　写真の**裏**には題字が１行書いてある。

そば：旁边儿〈かたわら〉 　　　车站**旁边儿**有两家百货公司，**附近**还有三家大型商场，这**一**
付近：附近 　　　　　　　　　　**带**显得很热闹。
辺り一帯：一带 　　　　　　　　　駅の**そば**にはデパートが２つあり、**近く**にも大型ショッ
　　　　　　　　　　　　　　　　ピングセンターが３つあるので、この**辺り**はとてもにぎ
　　　　　　　　　　　　　　　　やかです。

隣：隔壁、隔壁儿 　　　　　　　我家**隔壁儿**住着一位医生。
　　　gēbì、jiēbiānr 　　　　　　　我が家の**隣**にはお医者さんが住んでいる。

近所：邻居、街坊 　　　　　　　我们两家是**邻居**。
　　　　　　　　　　　　　　　　私達の家〈両家〉は**隣**／**近所**同士です。

いたる所：到处、处处 　　　　　每逢春节，北京**到处**张灯结彩，热闹非凡。
　　　　　　　　　　　　　　　　春節〈旧正月〉になると、北京では**いたる所**に提灯をつ
　　　　　　　　　　　　　　　　るし飾り付け、非常ににぎやかになります。

第**20**課　69

いろいろな所：各处、各地	他喜欢旅行，已经游遍了世界**各地**。 彼は旅行が好きで、すでに世界**各地**を回った。
どこでも：随地	有了移动电话可以随时**随地**和他联系。 携帯電話があればいつでも**どこでも**彼と連絡できる。
周囲：周围	图书馆**周围**有一大片草坪。 図書館の**周囲**には一面芝生がある。
四方：四面	日本**四面**都是海。 日本は**四方**がみな海です。 这盒子的**四面**都画着花儿。 この箱の**四方**には花が描かれている。
裏、表：里面、表面	这件衣服**里面**是纯棉的。 この服は**裏地**が綿100％です。
～に沿って：沿着〈水に関連する 場所〉	**沿着**这条小河一直向前走。 この小川**に沿って**ずっと真っ直ぐ歩いて行く。
～に沿って：顺着〈道路など〉	**顺着**他指的方向望去。 彼の指さす方向を／**に沿って**望み見る。
～に向かって：向着、朝着	过去北京住家的大门都是**向着**南面开的。 昔、北京の住居の入り口は皆南に**向かって**開いていた。
～にくっついて：挨着 ～に付き従って：跟着 ～と一緒に：同着	请大家**跟着**班长向前走。 みなさん班長**に続いて**前に進みましょう。
～から離れて、遠のいて：远着	我感冒了，离我**远着**点儿。 風邪をひいているので、私**から離れて**いた方がいいよ〈私に近づかないで〉。
近づく、接近する：靠着、靠近	**靠近**一些，这样你能看得更清楚。 もうちょっと**近づけ**ば、もっとよく見えるよ。
ぴったりもたれて、寄り添って： 紧靠着	他坐在一个**紧靠着**窗户的座位上。 彼は窓際の座席に座っていた。

隔てて：隔着	我们两个人之间**隔着**一张桌子。 　私達 2 人の間にはテーブルがある〈テーブルによって**隔てられている**〉。
〜の方面：方面	有关这**方面**的问题，由我解答。 　この**分野**の問題については私からお答えしましょう。
その場で：当场	这个魔术的谜底被**当场**揭开了。 　このマジックの秘密は**その場で**明らかにされた。
Ａ（の中）にＢがある：（在）Ａ里有Ｂ	（在）篮子**里**有一些水果。 　かご**の中**に果物がいくつか**ある**。
ＡからＢまで：从Ａ到Ｂ、由Ａ到Ｂ	**由**北京**到**东京的航班一天有三个班次。 　北京**から**東京**まで**のフライトは 1 日 3 便ある。
Ａへ行く：到Ａ去、上Ａ去、向Ａ去、往Ａ去、朝Ａ去	我想**上**公园**去**。 　私は公園**へ行き**たいと思う。
Ａから来る：从Ａ来、打Ａ来、解Ａ来〈北京方言〉	他是**从**菲律宾**来**的。 　彼はフィリピン**から来た**のです。
Ａから近い／遠い：离Ａ近／远	我家**离**机场很**近**。 　私の家は空港**から近い**。

◎**存現句**：ある不特定の人や物が、ある場所に出現、消失、存在していることを表現する。出現句には場所詞語に“从”“离”などの介詞はつけない。

①我们班上新来了两个同学。　〈出現〉私達のクラスに新しく 2 人学生が来た。
②迎面开来了一辆汽车。　　　〈出現〉向こうから自動車が 1 台やって来た。
③我家来客人了。　　　　　　〈出現〉我が家に（招いていない）お客さんが来た。
④我们宿舍搬走了三个人。　　〈消失〉私達の寮から 3 人引っ越して行った。
⑤树上飞走了一群乌鸦。　　　〈消失〉木からカラスの群れが飛び去った。
⑥嘴里拔掉了一颗牙。　　　　〈消失〉口から歯を 1 本抜いた。
⑦桌子上放着一本日记。　　　〈存在〉机の上に日記が 1 冊置いてある。
⑧池袋住着很多外国人。　　　〈存在〉池袋には沢山の外国人が住んでいる。
⑨头顶上长着三根头发。　　　〈存在〉頭のてっぺんに毛が 3 本生えている。

第21課　時間詞語

※時間詞語 Ⅰ Ⅱ Ⅲ は時間詞語表 Ⅰ Ⅱ Ⅲ をよく見て練習すること。

時間詞語　Ⅰ

時点

①今年は千九百九十何年ですか。

②その事件は何年に起きましたか。

③今、季節は何ですか。

④夏は１年で一番暑い季節です。

⑤私は去年大学を卒業したのです。

①**今年**是**一九九几年**？

②这一事件发生在**哪一年**？

③**现在**是什么季节？

④**夏天**是一年中最炎热的季节。

⑤我是**去年**大学毕业的。

時量

①１年は何ヶ月ですか。

②１ヶ月は何日ありますか。

③１週間は何日ですか。

④１日は24時間です。

⑤１年には四季があります。

①**一年**有几个月？

②**一个月**有**多少天**？

③**一个星期**有几天？

④**一天**有二十四个钟头。

⑤**一年**有四个季节。

> [習題]

1）今年は彼が大学に入って２年目です。

2）あなたの誕生日は何月何日ですか。

3）この仕事は9月中旬にやっと完成します。

4）君は仕事が忙しいのだから毎日会いに来ないでいいですよ。

5）今日は朝から晩までずっと雨が降っています。

6）君は日本に来て何年になりましたか。

7）彼がこの仕事について何年経ちましたか。

8）月曜日には何コマ講義がありますか。

9）家から学校まで電車でどのくらい時間がかかりますか。

10）君は車の運転を習い始めてどれくらいになりますか。

第二十一课　时间词

時間詞語表 I　基本時間詞語

時量疑問詞	基本時間詞語	時点疑問詞	
多长时间	多少年　几年	大后年　后年　明年　今年　去年　前年　大前年	一九九〇年　二〇〇九年　哪一年	什么时候
	几个季节	冬天　秋天　夏天　春天	哪一季节　什么季　哪个季节	
	多少个月　几个月	下个月　……　这个月／本月　初三　初二　初一　正月　上个月	哪个月　几月	
		十二月　十一月　十月　九月　八月　七月　六月　五月　四月　三月　二月　一月		
多少时间	几个星期	下个星期　这个星期／礼拜　星期天　星期六　星期五　星期四　星期三　星期二　星期一　上个星期	哪个星期　星期几	几时
	多少天　几天	大后天　后天　明天　今天　昨天　前天　大前天	哪一天　几号	
		三十一号　三十号　……　二十号　十九号　……　十一号　十号　九号　八号　七号　六号　五号　四号　三号　二号　一号		
多久		半夜　夜里　晚上　傍晚　下午　中午／正午　上午　早上／早晨　清晨／早起／大清早	什么时候	多会儿
	几点钟　几个小时　几点钟头	一点→二点　十一点→一点　七点前后　五点左右　三点三刻 45分　两点多(钟)～過ぎ　一点钟　十二点　差五分十二点～5分前　十一点半　十点三十分　九点一刻 15分　八点十五分　七点　六点　五点　四点	几点　几分　几秒	

第 21 課　73

時間詞語　Ⅱ

①10年経ってこの辺はすでに様変わりしていた。
②彼はもっと早く電話代を支払うべきだった。
③私はよく当時のことを想い出します。
④我が家では毎年地方に旅行に行きます。
⑤君はよく釣りに行きますか。
⑥あなたはよくお酒を飲みに行きますか。
⑦彼女は身体が弱く普段はほとんど出かけない。
⑧何日か経ってから私はそのことを知ったのです。
⑨その後彼は私に謝りに来ました。
⑩あの場所へは私は未だかつて行ったことがない。

①十年过去了，这里**早已**变了样。
②他**早就**应该交电话费。
③我**时常**回想起**当年**的往事。
④我们家**每年**都要去外地旅游。
⑤你**经常**去钓鱼吗？
⑥你**常**去喝酒吗？
⑦她身体不好，**平时**很少出门儿。
⑧**过了几天**我才知道那件事。
⑨**后来**他来找我，向我道了歉。
⑩那个地方我**从来**没去过。

習題

1）彼はとてもケチで今まで人に御馳走したことがない。
2）彼は今まで嘘をついたことがないと自慢している。
3）学生は時間通りに講義に出なければなりませんが、それでは先生は？
4）日本の電車は事故などがなければ、いつも時間に正確です。
5）彼はかつてオリンピックに出場したことがあるそうだ。
6）この小説は何日か前に読み終わったが、とても面白かったので、時間がある時にまた読んでみたいと思う。
7）私は前から言っていたでしょう、このことは上手くいかないって。
8）このデザインの服は若い女性達に人気があり、売り出されて何日もしないうちに全部売り切れました。
9）あの日「羊肉のしゃぶしゃぶ」を食べに行った時、お金を持っていなくて友達に御馳走になりましたが、後で「しゃぶしゃぶ」を御馳走しました。
10）もうすぐ卒業だと言うのに卒業後何をするのか頭の中は空っぽです。

時間詞語表 Ⅱ

〔現在・「すぐ」〕

剛好	ちょうど・うまい具合に・おりよく
現在	今
剛A	Aしたばかり
剛剛	たった今
剛才	今しがた・今
已経	すでに
早已〈書〉	とっくに
早就	とっくに
現A	今
就A	すぐ・Aしたて
这就	いますぐ
马上就	たちまち
立刻就	すぐさま
立即	即座に
一会儿	後で〈15分位〉
回头	後で〈当日中〉
就A了	すぐA
快要A了	もうすぐA
要A了	まもなくA
就要A了	もうすぐA
快要A了	まもなくA
将要A了	やがてA

〔日〕

有的時候	時には
有一天	ある日
过了几天	数日後
那几天	あの数日
前几天	数日前
头几天	数日前
头两天	二日前
头一天	前日
当天	当日
第二天	翌日
第三天	翌々日
前些日子	何日か前
过几天	数日後
这几天	この数日
改天	日を改めて
每天	毎日
隔一天	一日おいて
天天	毎日
到现在・如今	今になって・今さら
现今・今	現今・今
经过A	Aを経て

〔過去・未来の別〕

曾経	今までに（ある）
从来	今までに（ない）
按时	時間通り
准时	時間通り
提前	繰り上げ
一时	その時・その間
期间	その間
一向	以前からいつも
向来	これまでずっと
从前	むかし
以前	いぜん
以往	これまで
还不到十分钟	十分もたたない内
以后	それから〈未来〉・これから
后来	それから後〈過去〉
往后	これから後
事后	これから後
事先	事前に
预先	あらかじめ
首先	まず最初に
随着A	Aについて
趁先	Aに乗じて
等着A	Aし次第

〔副詞・時期〕

又	また
还	また・まだ
再	また・再び・その上で
先	まず・まずとりあえず
才	初めて・やっと
总是	いつも〈良い場合〉
老是	いつも〈悪い場合〉
暂时	しばらく
当前	当面
目前	目下
最近	最近
近来	近頃
将来	将来
未来	未来
永远	永遠に
何时	何時でも
延期	繰り延べ
延迟	繰り延べ
近几年来	近年来
今后	今後・この数年来
往往	往々にして

〔時点・変化〕

临时	臨時に
当时	当時
随时	いつでも
同时	同時に
不时	時々
顿时	とっさに
历来	これまで
逐渐	徐々に
慢慢地	段々と
然后	それから
半天	半日間
半天儿	長い間
早晚	早晩
不多时就	もう
迟早	おそかれはやかれ
忽A忽B	AになったりBになる
乍A乍B	AになったりBになる
推晚〈書〉	繰り延べる
推迟	繰り延べる
延缓	のばす・おくらす
很晚才	遅くなってやっと
很早就	早くからもう・とっくに
一来二去	そうこうしているうちに
再过四个月	あと四カ月で
在那之前	その前に
在那之后	それから後で

〔はじめ・まもなく〕

起初	事のはじめ
当初	当初
最初	最初
最后	最後
现今	現今
至今	今になって
届时	その時になって
日前	先日・数日前・この間
前不久	つい先日
不久	程なく・そのうち
不久的将来	近いうちに・そのうち
不出三天就	三日もしないうちに
不一会儿就	いくらもしないで
一A就B	AするとすぐにB

時間詞語 III

①突然ベッドの下から鼠が飛び出してきました。

②急に雨が降って来ました。

③私は彼が必ず大学に受かると思っていたが、果たして彼は国立大学に合格した。

④彼は平社員なのに、あろうことか私にいろいろ指図する。

⑤彼はとうとう合格通知を受け取った。

⑥彼はしょっちゅう映画を見ますが、たまにはビデオを見ることもあります。

⑦いつも試験の後になって初めて、やらなければいけない勉強をやっていなかったことに気づく。

⑧僕と沈さんは偶然知り合い、それから…。

⑨ファミコンを買ってから、彼は朝から晩まで遊ぶことしか考えない。

⑩この講義を選択するかどうかは聴講してみてから決めましょう。

①**突然**从床下窜出一只老鼠来。

②**忽然**下起雨来了。

③我想他一定能考上大学，**果然**他考上了国立大学。

④他只是个普通职员，可是**居然**对我指手划脚的。

⑤他**终于**接到了入学通知书。

⑥他**经常**看电影，**偶尔**也看录相。

⑦**总是**要**等到**考试**后**才知道该念的书都没有念。

⑧我和小沈是一个**偶然**的机会相识的。**后来**……。

⑨**自从**买了电子游戏机**以后**，**一天到晚**他就知道玩儿。

⑩选不选这门课，**先**听一听**再**决定吧。

习题

1）私は家を出る時、突然洗濯機の中に洋服を入れたままであることを思い出した。

2）ベッドに入って眠ろうとした時、突然誰かがドアをノックした。

3）私は彼女が新しい職場に慣れないのではないかとずっと心配していましたが、案の定辞めてしまいました。

4）彼は初めての国際試合に出場して、何と優勝してしまったのだ。

5）彼女は初めて刺身を食べるのだから食べ慣れないのは当然です。

6）彼は朝食はいつもパンと牛乳で済ませ、たまにインスタントラーメンを食べる。

7）２年間頑張って、とうとう仕事が完成した。

8）いつも寝る前になってから、勉強を少ししかしていないことに気づく。

9）私はもともとはここに住んでいたのではなく、引っ越して来たばかりなのです。

10）彼のあの落ち着き払った態度は普段の彼とはまるで別人のようだ。

時間詞語 Ⅲ

【図（上段）】

- 等到A〔再B／就B〕 → Aになってから〔その上でB／すぐB〕
- 等A〔再B／就B〕 → AしてからB〔その上でB／すぐB〕
- 先A〔再B／就B〕 → まずA〔その上でB／すぐB〕
- A之〔先／前／間／后〕 → Aの〔前／前に／間に／後に〕
- ○在当臨A的時候 → Aの〔時／時に当たって／時において／時に臨んで〕

【中段】

- 离A ── Aから
- 自从A以后 ── Aより以後
- A以来 ── A以来
- 此以后〔これから後〕／那以后〔あれから後〕
- 从A起 ── Aから始めて
- 从A到B ── AからBまで
- 从早到晚 ── 朝から晩まで
- 一天到晚 ── 一日中
- 限两天 ── 二日間に限って
- 为期六天 ── 六日間を期限とする
- 到時候 ── そのうち
- 赶到A ── Aになってから

【下段】

- 突然 ── 突然
- 忽然 ── 急に／ひょっこり
- 偶然 ── 偶然に／偶然まれに
- 偶尔 ── たまに
- 居然 ── にわかに／なんと あろうことか
- 果然 ── はたして／案の定
- 骤然 ── にわかに／不意に
- 竟然 ── なんと／驚いたことに

※時間詞語表 Ⅰ Ⅱ Ⅲ は巻末の時間詞語表から抜粋したものである。
※巻末の表もよく学習すること！

第21課　77

「間に合わない」"来不及""赶不上"

① あと5分で会議が始まる、もう図書館に行くには間に合わない。

① 还有五分钟就开会，已经**来不及**去图书馆了。

② 今から行っても授業に間に合わない。

② 现在去也**赶不上**上课了。

③ 今から行っても始発には間に合わない。

③ 现在去也**来不及**坐头班车了。

④ 後悔しても間に合わない。

④ 后悔也**来不及**了。／后悔莫及。

⑤ 間に合うか間に合わないか、最後までやるだけだ。

⑤ 不管**赶得上赶不上**／**来得及来不及**，我们还是做到底吧！

⑥ 毎晩7時まで残業しているので、いつも夜のニュース番組の時間に間に合わない。

⑥ 每天加班加到晚上七点钟，总**赶不上**晚间新闻节目时间。

⑦ バスで行っても間に合わなかった。

⑦ 坐公共汽车去也**没来得及**／也**没赶上**。

⑧ 今行っても集合時間には間に合わない。

⑧ 现在走，也**赶不上**集合时间了。

⑨ 走って行っても、もう間に合わない。

⑨ 跑过去也已经**来不及**了／**赶不上**了。

⑩ 万一間に合わない場合は電話を下さい。

⑩ 万一**来不及**的话，请来电话。

习题

1) 飛行機の出発時間まであと15分しかありません。早く乗らないと間に合いませんよ。
2) 私は彼とさよならをする間もなく列車に飛び乗りました。
3) 彼は終電に間に合わないとカラオケで朝まで過ごす。
4) あと10分で答案用紙を提出するので、私は急がなければなりません。
5) 万が一試合時間に遅れると出場資格がなくなります。急いで行きなさい。
6) 急いで帰ったがやはり食事の時間には間に合わなかった。
7) たとえ間に合わなくても、行くだけ行ってみた方が良い。
8) 朝は時間が経つのが速い気がする、のんびりしていると学校に間に合わない。
9) せっかくチケットを手に入れたのに、開演時間に間に合わなかった。
10) 8時32分の電車に間に合わなければ、遅刻してしまう。

現　　在 （可能補語）	間に合う	来得及	赶得上
	間に合わない	来不及	赶不上
過　　去	間に合った	×	赶上了
	間に合わなかった	没来得及	没赶上

"来不及"：時間が十分になく、何かをするのに間に合わない。
"赶不上"：決まった時刻に間に合わない。

①後ろに"宾语"「目的語」がない場合には"来不及""赶不上"をともに使うことが出来る。
　　ex.「今から行っても間に合わない」┈┬┈○現在去也**来不及**了。
　　　　　　　　　　　　　　　　　　　　└┈○現在去也**赶不上**了。

②"来不及"の後ろは動詞及び動詞フレーズに限られるが、"赶不上"はこの限りでない。
　　ex.「今から行っても終電に間に合わない」
　　　　○　現在去也**赶不上**末班车了。
　　　　×　現在去也来不及末班车了。

　　　　「今から行ってもテストの時間に間に合わない」
　　　　○　現在去也**赶不上**考试时间。
　　　　×　現在去也来不及考试时间。

　　　　「今から行っても映画の最終上演時間には間に合わない」
　　　　○　現在去也**赶不上**看最后一场电影了。
　　　　○　現在去也**来不及**看最后一场电影了。
　　　　○　最后一场电影现在去已经**来不及**看了。

　　cf.　○　**来不及**吃饭。（食事をする時間がない）
　　　　　○　**赶不上**吃饭。（食堂の営業時間が過ぎていたりして食事に間に合わない）

※なお同じ「間に合わない」でも「足りない」という意味の場合は"不够用""不够＋动词"を
　用いる。「足りる」は"够用""顶用""足够"。

（例）「1日千円では全然間に合わない」"一天只有一千块钱，根本不够用。"
　　　「フィルム3本でもまだ間に合わない」"三个胶卷也还是不够（拍）。"

第21課　79

第22課　テンスとアスペクト

中国語ではテンス"时"やアスペクト"态"を表す時は、時間を示す語"时间词"「時間詞語」をつけ加える場合と、動詞の後にテンスやアスペクトを表す語をつけ加える場合がある。

現在：現在を表す時間詞語をつけ加えるか、動詞をそのまま用いる。

　　　吃「食べる」　←→　不吃「食べない」

　　　今天我吃牛肉，不吃猪肉。（今日、私は牛肉は食べるが、豚肉は食べない）

過去：①動詞の後に"了"をつける。

　　　　吃**了**「食べた」　←→　没吃「食べなかった」

　　　②動詞の後に"过"をつけ、過去の経験や事情を表す。

　　　　我去**过**北京　←→　「私は北京へ行ったことがある」

　　　　我没去**过**北京　←→　「行ったことがない」

　　　③動詞の後に"过"、文末に"了"をつけ、動作の完了を表す。

　　　　吃**过了**「食べてしまった」　←→　没吃「食べていない」

未来：未来を表す時間詞語をつけ加えるか、動詞の前に"要"、文末に"了"をつける。

　　　要吃**了**「食べる」　←→　不吃「食べない」

現在進行：日本語では「…している」と表すがその内容によって以下の4種類に分けられる。

　　　①動作の進行："在"＋動詞

　　　　他**在**吃饭　←→他没在吃饭

　　　　「彼は御飯を食べている」「彼は御飯を食べていない」

　　　②状態の持続：動詞＋"着"、文末には"呢"

　　　　门开**着呢**　←→　门没有开着

　　　　「ドアが開いている」「ドアが開いていない」

　　　③状態の持続や動作の進行が行われている最中である場合：

　　　　"正"＋（"在"）＋動詞＋"着"＋（"呢"）の組み合わせ

　　　　正（**在**）吃**着**饭**呢**　←→　没（在）吃饭

　　　　「今ちょうど御飯を食べているところだ」「御飯を食べてはいない」

　　　④状態の変化：動詞＋"了"

　　　　水开**了**「お湯が沸いた／お湯が沸いている」

80　第四部

第二十二课　时、态

過去進行：動詞の後に "来着" をつけ加える。

　　　吃饭**来着**　←→　没 (在) 吃饭/没吃饭来着

　　　「御飯を食べていた」「御飯を食べていなかった」

時間詞語を入れてテンスを表現する場合は次のように表す。

　　　我**昨天**来**了**。「私は昨日来た」

　　　她**今天**来。「彼女は今日来る」

　　　他**明天**来。「彼は明日来る」

cf.　我**昨天**去，你**明天**去。「私は昨日行き、君は明日行く」

このような場合は時間詞語のみでも良い。

「また～する」と言う場合、

①過去のテンスを表す場合は "又" を用いる。

　　他昨天**又**来了。

②現在・未来を表す時には "再""还" を用いる。

　　她今天／明天**再**来。

　　她今天／明天**还**来。

③更に未来のテンスの疑問文の場合には "再" が "还" になる。

　　你明天**还**来吗?

1つの動詞、例えば"吃"「食べる」もその時々の局面の変化によって、その表式のパターンがある。過去・現在・未来のテンス"时"に分けて、そのアスペクト"态"をそれぞれのパターンで表現してみよう。

テンス "时"	アスペクト"态"		
過去	経　験	吃过 没吃过 吃过吗?／吃过没有?	食べたことがある 食べたことがない 食べたことがあるか
	完　了	吃了 吃过了 没吃／没有吃 吃了吗?／吃了没有?	食べた 食べてしまった 食べなかった、食べていない 食べたか
	進　行	在吃饭／吃饭来着 在吃饭吗?／吃饭来着吗? 没(在)吃饭	御飯を食べていた 御飯を食べていたのか 御飯を食べてはいなかった
現　在	動作の常態	吃饭 吃饭吗? 吃饭不吃? 不吃饭	御飯を食べる 御飯を食べるか 御飯を食べるか 御飯を食べない
	進　行	正在吃呢／正在吃 正在吃饭呢 正吃着饭呢吗? 正在吃饭吗? 吃着呢吗? 吃着饭呢吗? 没(在)吃饭／没有(吃饭)	今食べている 今まさに御飯を食べている 今ちょうど食べているか 今まさに御飯を食べている 食べているか 御飯を食べているのか 御飯を食べていない
	開　始	开始吃饭 吃起来 吃起饭来 吃起来吗?／开始吃吗?	御飯を食べ始める 食べ始める 御飯を食べ始める 食べ始めるか
	状態の持続	拿起筷子来 筷子摆着呢 筷子没摆着 筷子摆着呢吗?	箸を取り上げる 箸は並べてある 箸は置かれていない 箸は並べてあるのか
	継　続	吃下去 饭接着吃下去 饭接着吃下去吗? 不接着吃下去 不接着吃下去吗? 没接着吃下去	食べ続ける 御飯を食べ続ける 御飯を食べ続けるのか 食べ続けない 食べ続けないのか 食べ続けなかった

未来	将然	要吃	食べよう／食べることにする
		要吃吗?	食べようか／食べるか
		不吃了	食べないことにする
		要吃了吗?／要吃吗?	食べるか
		要吃饭了／就要吃饭了	もうすぐ御飯を食べる
		就吃饭了	すぐ御飯を食べる
		快吃饭了	もうすぐ御飯を食べる
		快要吃饭了	まもなく御飯を食べる
		将要吃饭了	やがて御飯を食べる
		就吃饭了吗?	すぐ御飯を食べるのか
		要吃饭了吗?	もうすぐ御飯を食べるのか
		快吃饭了吗?	まもなく御飯を食べるのか
		就要吃饭了吗?	もうすぐに御飯にしようか
		快要吃饭了吗?	まもなく御飯にしようか
		将要吃饭了吗?	そろそろ御飯にしようか
		还没呢	まだだ

第 22 課　83

テンス

①今日はもう遅いので、また明日にしましょう。

②もう1回休むと単位が危なくなるぞ！

③午後また電話するよ。

④去年の5月に来たきり、彼は二度と姿を現わさなかった。

⑤予定では明日の夜7時には仕上がりますが、念のため明後日にいらして下さい。

⑥昨日も雨で今日もまた雨、明日も雨だって、本当に嫌になっちゃうなあ。

⑦去年不合格で今年もまた1点差で落ちてしまった。本当に頭にきた！

⑧ドアは開いていますので、いつでも入れます。

⑨この前彼に騙されたのに今回もまた騙されたのかい。君も本当に馬鹿だなあ。

⑩昨日彼を訪ねましたが、留守でした。今日また行きましたが、やはりいませんでした。

时

①今天时间不早了，明天再说吧！

②再旷一次课，学分儿就会成问题了！

③下午我再给你打电话。

④去年五月来过一次，那以后他就没有再来。

⑤我估计明天下午七点钟能得，但"不怕一万就怕万一"，保险起见，后天再来一趟，好吗？

⑥昨天下雨，今天又下雨明天还下雨，烦死了！

⑦去年没考上，今年又差一分落榜了。真气人！

⑧门开着呢。随时都可以进来/进去。

⑨上次上了他的当，这次又让他骗了，你真傻！

⑩昨天我去找他，他没在家。今天我又去找他，他还是没在家。

习題

1）来週のこの時間にこの場所で逢いましょう。

2）この試合を見てから帰ろうよ。

3）彼はまた遅刻をして来た。何か特別な理由でもあるのだろうか。

4）彼はまた入院してしまった。今年になって3回目だ。早く良くなるといいなあ。

5）まただよ。かれの得意技さ。いつもこうなんだから。

6）これから一生懸命勉強しなければ、留年してしまうぞ。

7）もう1週間講義を受ければ休みだ。

8）昨日電話をかけてきた時、テレビを見ているところでした。

9）彼はクラスで有名なクラシック音楽のファンで何回もコンサートへ行ったことがあるのに、今日もまた行きました。

10）私は舒先生の「老舎研究」の専門講座を今年もまた聴講したい。

アスペクト	态
①休みになったら私は香港旅行に行きます。	①放了假，我就去香港旅行。
②彼と彼女は恋愛していたが、後に別れた。	②他们俩儿谈过恋爱，后来分手了。
③君は鍵を捜しているようですが、鍵なら手に持っているのではないですか。	③你找钥匙，你不是拿着呢吗？
④私は本場の麻婆豆腐を食べたことがあります。	④我吃过地道的麻婆豆腐。
⑤庭にたくさんのバラの花が植えてある。	⑤院子里种着很多玫瑰花。
⑥父は今晩御飯を作っていて忙しいところです。	⑥爸爸正在忙着做晚饭呢。
⑦さっき馬さんが君に会いに来たよ、何か急用があったみたいだよ。	⑦刚才小马来找过你，好像有什么急事。
⑧私が買いたい洋服はとっくに（下見して）決めてあります。	⑧我要买的衣服，早就看好了。
⑨今日は試験なので彼は昨日徹夜した。	⑨因为今天有考试，他昨天熬夜来着。
⑩来年3月彼は卒業します。	⑩明年三月他就要毕业了。

習題

1）入り口の鍵が締まっているので彼はおそらく出掛けているのでしょう。
2）私はさっき散歩に行っていて家にいなかった。
3）私はコンピュータの知識を少し学んだことがある。
4）木々が緑になり、花が咲き、春が来た。
5）彼は帰って来ているに違いない。彼の車が庭に停めてあります。
6）この種類の魚は見たことはありますが、食べたことはありません。
7）私は彼女の顔に見覚えがあると思ったが、確かにどこかの雑誌で見たような気がする。
8）子供達がゲーム機で遊んでいるのが、声を聞けばすぐ分かります。
9）黒いスーツを身にまとい、眼鏡をかけている人が山田課長です。
10）彼は大阪に住んですでに十数年になります。

第23課　"了""就""要"について

I "了"

◎基本句型の最後に中国語文に沢山出てくる"了""就""要"についてまとめてみましょう。"了" "就""要"は文中の位置や前後の文によって、その意味が変わってくるので、特に注意し誤訳 のないようにしましょう。

①彼は出かけてしまった。 ①他出去**了**。

②それでは失礼します。 ②那么我回去**了**／那么我告辞**了**。

③今日は登校しないことにした。 ③今天我不上学**了**。

④もう怖がらなくてもいい。 ④你不必害怕**了**。

⑤もう帰ってもよろしい。 ⑤你可以回去**了**。

⑥雪が降り出しました。 ⑥下起雪来**了**。

⑦仕事だ！／仕事に行くよ！ ⑦上班**了**！／上班去**了**！

⑧私は授業が終わったら、アルバイトに行く。 ⑧我下**了**课就去打工。

⑨私は中国語を2年間やりました。 ⑨我念**了**／学**了**两年汉语。

⑩私は昨日財布を無くしてしまいました。 ⑩我昨天丢**了**钱包**了**。

⑪私達は6年間英語を勉強しました。 ⑪我们学英语学**了**六年**了**。

⑫来週にはもう新学期が始まります。 ⑫下星期**就要**开学**了**。

⑬君の要求はあまりにも高すぎる。 ⑬你的要求**太**高**了**。

⑭彼は私にとても優しい。 ⑭他对我**可好了**／温柔**了**。

⑮明日またテニスをやりますか。 ⑮明天**还**打不打网球**了**？

⑯次はあなたが意見を発表する番ですよ。 ⑯下一个**该**你发表意见**了**。

⑰お邪魔しました。 ⑰打搅（您）**了**。

习題

1）昨日私はゾクゾクするような香港のカンフー映画を観ました。

2）時間も早くないので／もう遅いので、この辺で失礼します。

3）雨が降って来ました。傘をお持ちなさい。

4）その原稿はほとんど書き終わったようです。

5）車が停まると中から可愛い女の子が（跳び）降りてきました。

6）秋が来て、カエデの葉が赤くなりました。

7）休みになったらハワイ旅行に行きます。

8）来週にはまたテストがあります。

9）秋になって、日光の風景は更にきれいになりました。

10）あなたが私達と一緒に行ってくれれば、それに越したことはない。

第二十三課　"了""就""要"

要点

※"了"が文末にある場合〈文末のみ〉。
　1）ある事柄、状況がすでに発生したことを表す。①
　2）新しい状況の出現や変化を表す。②③④⑤⑥
　3）ある事柄を相手に知らせる、相手を誘う場合。⑦

※"了"が文中にある場合〈文中のみ〉。
　1）「～してから」：目的語に時量詞がついていない場合。⑧
　2）「動作の完了」：目的語に時量詞がついている場合。⑨

※文中と文末の両方にある場合。
　1）「～てしまった」：目的語に時量詞がついていない場合。⑩
　2）「行為の継続」：目的語に時量詞がついている場合。⑪

※慣用表現など。
　1）"就～了""要～了""快～了""就要～了""快要～了""将要～了"。⑫
　2）"太""可"と呼応して性質、状態を強調する語気を表す。⑬⑭
　3）「また～するか」："还"＋反復疑問＋"了"。⑮
　4）「～の番だ」："该～了"。⑯
　5）挨拶言葉の語気。⑰

第 23 課　87

Ⅱ "就"

①彼女があの有名な歌手の艾敬さんです。

②今日行かなければ、明日行きます。

③先に行ってて下さい。すぐに行きますから。

④彼は小さい時から納豆を食べることが好きではなかった。

⑤君たちは来てくれるだけでいいんだよ。

⑥西瓜なら僕は1人で1個食べられる。

⑦行くと行ったら行け。ぐだぐだ／つべこべ言うな！

⑧こうやって待っているだけでは無駄だということをみんなもともと知っていた。

⑨彼にはこれといった趣味もなく、ただお酒を飲むくらいです。

⑩誰が言っても無駄です。行かないと言ったら行きません！

⑪私の意図するところはそこなのです。

⑫彼の中国語の良いところは発音にあります。

⑬私の名前を言ってくれればそれでOKです。

⑭彼は水に飛び込むと直ちに泳ぎ始めた。

⑮学校が終わるとすぐに遊び、家に帰るとすぐテレビ……。この子ったら本当にしょうがない子ね。

①她**就**是著名歌手艾敬小姐。

②不是今天去，**就**是明天去。

③你们先走吧！我马上**就**来。

④他从小**就**不喜欢吃"纳豆"。

⑤只要你们来**就**行了。

⑥西瓜，我一个人**就**能吃一个。

⑦去**就**去，别啰嗦。

⑧大家**就**知道这样等下去也是白等的，毫无结果。

⑨他没有什么特别的爱好，**就**知道喝酒。

⑩谁跟我说也没用，我说不去**就**不去！

⑪我的意图**就**在这儿。

⑫他的中文好**就**好在发音上。

⑬您一提我的名字**就**行了。

⑭他跳进水里**就**开始游泳了。

⑮他这个孩子，真没辙！放了学**就**是玩，一回家**就**是看电视。

习题

1）そのニュースを聞くと彼は嬉しくて飛び上がった。

2）彼は中国語を学び2年で2級試験に通った。

3）文句ばかり言っていないで急いで方法を考えなさい。

4）私はもうすぐお金がなくなりそうなのでアルバイトをしなければダメだ。

5）彼の良い所と言えばおとなしいところだ。

6）彼はお酒を飲むとすぐに酔い、酔うと口数が多くなる。

7）これが君が欲しがっていた本です。

8）子供の頃、夏休みになると毎朝、ラジオ体操をしたものだ。

9）もし値段が高ければ、買うのをやめます。

10）買うなら買いなさい。君に似合っているのだから。

| 要点 |

※"Ａ就是Ｂ"：「ＡこそがｉＢ／Ａが即ちＢ」肯定の語気。〈強調〉①

※"不是Ａ就是Ｂ"：「ＡでなければＢだ」肯定の語気。②

  cf."不是Ａ，是Ｂ"：「Ａでなくて、Ｂだ」と間違えないように！

※「すぐに」：③

※「早くも、〜の時にもう〜」：時を表す言葉＋"就"の形で用いられる。④

※"只要Ａ就Ｂ"：「ＡしさえすればＢ」。p.125を参照。⑤

  cf."要是Ａ就Ｂ"：「もしＡならばＢ」。p.123を参照。

  cf."既然Ａ就Ｂ"：「ＡしたからにはＢ」「Ａである以上Ｂ」。p.117を参照。

※比較して数や回数が多い、能力が優れていることなどを強調する。⑥

※"Ａ就Ａ"：「もういい。そうするならそうしろ」といった半ば妥協し、容認する語気を表す。
              同じ動詞の間に入れる。⑦

※「もともと、またはずっと前からそうであった」ことを表す。⑧

※「単に、ただ〜だけ、〜ばかりしか能がない」。⑨

※決然とした語気を補う。⑩

※「他でもない、とりもなおさず」「事実はこうなのだ」という主観の強調。⑪

※ある動作・行為・性質・状態を表す語の後に付き、それらの語を繰り返しそれがどうであるか
  を強調。⑫

※"（一）Ａ就Ｂ"：「ＡすればすぐＢ／Ａするや否やＢ」動作・状態がある動作に続いていること
              を表す。⑬⑭⑮

※"Ａ了就Ｂ"：「直ちに、すぐに」：⑬⑭⑮

◎「(私は)すぐに行きます」という場合、中国語では"我马上就去"と言う場合より、"我马上就
  来"と言う場合の方が多い。これは"来"が"去"に比べて、より積極性を表すからである。

III "要"

①私はこの金製の腕時計が欲しい。
②これは要らない。あれが欲しい。
③何だって！ また金を取りに来たって！
④君はいったい、僕に何をさせようというのだ。
⑤彼はもうすぐ卒業する。
⑥もうすぐ授業が始まるよ、早く行こうよ。
⑦この様子では、雨が降りそうだ。
⑧子供は成長すると、親元を離れて行く。
⑨この局面は必ず打開されるだろう。
⑩私は毎日この寺院に来てお参りする。
⑪彼はしょっちゅう病院へ行く〈行かねばならない〉。
⑫電話をする方が電報を打つよりはやい。
⑬道が滑りやすいから、みんな気をつけて。
⑭明日もし雨が降れば、私は行くのをやめます。
⑮彼は中国語を勉強し、英語を勉強しない。
⑯身体を丸めないと潜り込めない。
⑰彼ときたらまったく話にならない。
⑱今日でなければ明日、これ以上延ばせません。

⑲もしも困ることがあったら、私の所へいらっしゃい。
⑳外国語をマスターしようとするなら、たくさん聞き、話し、書かなければならない。

①我**要**这块金表。
②我就**要**那个。**不要**这个。
③什么！ 又来**要**钱了！
④你究竟**要**我做什么？
⑤他快**要**毕业了。
⑥**要**上课了，快点儿走吧。
⑦看样子，**要**下雨了。
⑧孩子大了，总是**要**离开父母的。
⑨一定**要**打开这个局面。
⑩我天天儿**要**来这座庙参拜。
⑪他经常**要**到医院去。
⑫打电话**要**比打电报来得快。
⑬大家**要**小心，路太滑。
⑭明天**要**下雨，我就不去了。
⑮他**要**学汉语，不学英语。
⑯**要**弯着身子，才能钻进去。
⑰**要**说他，可真不像话。
⑱**要(么)**就是今天，**要(么)**就是明天，不能再拖了。
⑲**要**是你遇到困难，就来找我。
⑳**要**学好外文，就应该多听、多说、多写。

> 习题

1）何に致しましょうか。——スパゲティーを2つお願いします。
2）遠慮しないで、たくさん食べてね。
3）留学したいならまず語学の基礎を固めることだ。
4）この品物はよく売れるので、早く買いに行って、やっと買える。
5）北海道の冬と言えば本当に寒い。
6）日本に行くなら富士山に登り、中国に行くなら万里の長城に行かねば。
7）あなたはこんなにもスピードを出すと事故を起しますよ。
8）彼は毎日夕飯を食べ終えるといつも犬を連れて散歩に出かけます。
9）あなたが行くか、私が行くか、どっちみち誰かが行かねば。
10）ゴールデンウィーク中の飛行機のチケットは普段よりもずっと値段が高い。

要点

※ "要Ａ"：1)「Ａがほしい。Ａを必要とする、要る」。①②
　　　　　　＝ "讨Ａ"：「Ａを取り立てる、求める」。③
　　　　：2)「Ａしそうだ。Ａするだろう。Ａのはずだ」可能性を表す。"会"よりも主観的。
　　　　　　⑨
　　　　：3)「必ずＡする」必然的な趨勢を示す。⑧
　　　　：4)「いつもＡする。よくＡする」日常的な習慣やある傾向を表す。⑩
　　　　　　「Ａなければ…」"需要"の意味を持つが、文中ではそれほどはっきりとした意味
　　　　　　にはならない。⑪
　　　　：5)「Ａしなければならない」必要、義務を表す。⑬
　　　　　　否定は"不要"ではなく"不用""不必""用不着"を用いる。
　　　　：6)「もしＡならば」仮定を表す。⑭

※ "要Ａ就/就是Ｂ"：「ＡしようとするならＢ」。⑳
　"要是Ａ就是Ｂ"：「もし。もしＡなら」仮定を表す。主に話し言葉に用いる。⑲
cf."要是"は"就"と呼応し、ある条件が引き起こす結果を引き出す。
〈例〉"要是刮风，我就不去。"「風が吹いたら私は行かない」

※ "Ａ要ＢＣ"：「ＡがＢにＣを頼む、請求する」使役の意味を持つ。④

※ "就/快/将要Ａ"＝"要Ａ了"：「もうすぐＡとなる」動作、出来事がまもなく起ころうとして
　いることを表す。⑤⑥⑦

※ "要ＡオＢ"：「Ａして初めてＢだ」。⑯

※ "要Ａ不Ｂ"＝"要Ａ不要Ｂ"：「ＡしてＢしない」前者Ａを肯定し、後者Ｂを否定する。⑮

※ "一定/心然要Ａ"：「きっとＡだろう」起ころうとしている出来事、状況に対する判断を表す。
　⑨

※ "Ａ要比Ｂ（Ｃ）、Ａ比Ｂ要（Ｃ）"：「ＡはＢよりも（Ｃ）」比較を表す。⑫
　①"要"の前後に"比"を置く。
　②文中に"要"がなくても意味は同じ。

※ "要（么）就是Ａ，要（么）就是Ｂ"＝"Ａ或者Ｂ"「Ａであるか、さもなければＢ。ＡかＢ」。⑱

※ "要说Ａ"：①「Ａを言いたい、Ａを言おうとする」。
　　　　　　②「Ａという段になれば。Ａときたら」。⑰

第 23 課　91

第24課　補語

※補語：動詞または形容詞の後に置かれ、主に動詞または形容詞に対して補充説明を行う成分。
　補語の種類：程度補語・結果補語・方向補語・数量補語・可能補語の５種類。

Ⅰ　程度補語

①歌うのが上手です。　　　　　　　　　　①唱得很好。
②歌うのが上手ではありません。　　　　　②唱得不好。
③歌うのはどうですか。　　　　　　　　　③唱得怎么样?
④歌うのは上手ですか。　　　　　　　　　④唱得好吗?
⑤歌うのは下手ですか。　　　　　　　　　⑤唱得不好吗?
⑥歌うのは上手ですか下手ですか。　　　　⑥唱得好不好?
⑦歌を歌うのが上手です。　　　　　　　　⑦(唱)歌唱得很好。
⑧歌を歌うのが上手くないです。　　　　　⑧(唱)歌唱得不好。
⑨歌を歌うのはどうですか。　　　　　　　⑨(唱)歌唱得怎么样?
⑩歌を歌うのは上手ですか。　　　　　　　⑩(唱)歌唱得好吗?
⑪歌を歌うのは下手ですか。　　　　　　　⑪(唱)歌唱得不好吗?
⑫歌を歌うのは上手ですか下手ですか。　　⑫(唱)歌唱得好不好?

Ⅱ　結果補語

①準備ができました。　　　　　　　　　　①准备好了。
②準備ができていません。　　　　　　　　②没(有)准备好。
③準備ができましたか。　　　　　　　　　③准备好了吗?
④準備ができていないのですか。　　　　　④没准备好吗?
⑤準備ができていませんか。　　　　　　　⑤准备好了没有?
⑥小説を読み終えました。　　　　　　　　⑥看完小说了。
⑦小説を読み終えていません。　　　　　　⑦没(有)看完小说。
⑧小説を読み終えましたか。　　　　　　　⑧看完小说了吗?
⑨小説を読み終えていないのですか。　　　⑨没(有)看完小说吗?
⑩小説を読み終えていませんか。　　　　　⑩看完小说了没有?

Ⅲ　方向補語

①走って来ました。　　　　　　　　　　　①跑来了。
②走って来ません。　　　　　　　　　　　②没(有)跑来。
③走って来ましたか。　　　　　　　　　　③跑来了吗?
④走って来なかったのですか。　　　　　　④没(有)跑来吗?
⑤走って来ませんでしたか。　　　　　　　⑤跑来了没有?
⑥(歩いて)入って来ました。　　　　　　　⑥走进来了。
⑦(歩いて)入って来ません。　　　　　　　⑦没(有)走进来。
⑧(歩いて)入って来ましたか。　　　　　　⑧走进来了吗?
⑨(歩いて)入って来なかったのですか。　　⑨没(有)走进来吗?
⑩(歩いて)入って来ませんでしたか。　　　⑩走进来了没有?

第二十四課　補語

IV　数量補語

① ２時間歩きました。　　　　　　　　　　①走了两个小时。

② １時間しか歩きませんでした、　　　　②只走一个小时，没(有)走两个小时。
　　２時間は歩きませんでした。

③ ２時間歩きましたか。　　　　　　　　③走了两个小时吗？

④ ２時間歩かなかったのですか。　　　　④没(有)走两个小时吗？

⑤ ２時間歩きませんでしたか。　　　　　⑤走了两个小时没有？

⑥ ２コマ／時限講義を受けました。　　　⑥听了两节课。

⑦ １コマ／時限しか講義を受けませんでした、　⑦只听一节课，没(有)听两节课。
　　２コマ／時限は講義を受けませんでした。

⑧ ２コマ／時限講義を受けましたか。　　⑧听了两节课吗？

⑨ ２コマ／時限講義は受けなかったのですか。　⑨没(有)听两节课吗？

⑩ ２コマ／時限講義を受けませんでしたか。　⑩听了两节课没有？

V　可能補語

①耐えることができます。　　　　　　　①受得了。

②耐えることができません。　　　　　　②受不了。

③耐えることができますか。　　　　　　③受得了吗？

④耐えることができませんか。　　　　　④受不了吗？

⑤耐えることができますか、できませんか。　⑤受得了受不了？

⑥座ることができます。　　　〈スペース〉　⑥坐得下。

⑦座ることができません。　　〈スペース〉　⑦坐不下。

⑧座ることができますか。　　〈スペース〉　⑧坐得下吗？

⑨座ることができませんか。　〈スペース〉　⑨坐不下吗？

⑩座ることができますか、できませんか。　⑩坐得下坐不下？
　　　　　　　　　　　　　　〈スペース〉

第 24 課　93

補語表

種類		はたらき	例	肯　定	否　定	目的語の位置
程度補語		動詞や形容詞の後に「得」を置いて、その次にその動作の行われた状態や様態の程度を言う。	吃得很好 疼得厉害 好得多	他写得很多。	他说得不流利。	他吃饭吃得很快。
結果補語		動詞の後に付き、動作の結果を補足説明する。	听懂 学好 看到	信写完了。	没学会开车。	做菜做咸了。
方向補語	単純	動詞の後に"来""去"を付けて動作の方向を表す。	走来 带来 跑去	你拿去吧。	词典没带来。	忘了买礼物来。
	複合	"上""下""进""出""回""过""起""开"に"来""去"を組み合わせて動作の方向を表す。	走回来 学起来 跑上去	他走出去了。	雨伞没带回来。	唱起歌来了。 唱起一首歌来。 走回宿舍去。
数量補語		動詞の後に回数や時間を置く。 形容詞の後には分量を置く。	说一遍 等一会儿 多一倍	他去了两趟/两次。	他没练三遍,只练了一遍。	他打了四次电话。
可能補語		動詞と結果補語或いは方向補語の間に"得""不"を入れて可能不可能を表す。	看得到 看不到 听得懂 听不懂 站得起来 站不起来	自己站得住。	上午做不完。	当天到不了北京。

I 程度補語

①彼女は絵を描くのが上手で、彼はギターを弾くのが上手い。

②イチローは打つのも上手いし、足も速い。

③誰が走るのが速いか競争しよう。

④2日間連続で徹夜したので疲れて死にそうだ。

⑤今回のテストは悲惨だったので、追試は免れない。

⑥先生の講義はとてもはっきりして分かりやすい。

⑦彼は文章を書くのが上手くて速い。

⑧彼女は部屋をきれいに片づけました。

⑨NBAの試合はすごく面白い。

⑩ゆうべは寝るのが早かったが今朝は起きるのが遅い。

①她(画)画儿画**得挺好**，他(弹)吉他弹**得很棒**。

②“铃木一朗”(打)棒球打**得特棒**，跑起来也很快。

③咱们来比一比吧，看谁跑**得快**。

④连着熬了两夜，累**得够呛**。

⑤这次考试考**得特惨**，这一下可免不了补考了！

⑥老师讲课讲**得非常清楚、易懂**。

⑦他(写)文章写**得又好又快**。

⑧她把房间收拾**得挺干净**。

⑨美国职业篮球联赛精采**极了**。

⑩昨天晚上睡**得很早**，今天早上起**得很晚**。

要点

※程度補語：完了した、或いは習慣的な動作、状態を描写、評価する時に用いる。

习题

1）彼は中国語の上達が本当に速い。来たばかりの頃は私の話が聞き取れなかったのに。

2）株暴落の影響で不景気になりました。

3）何人か仲のいい友達が集まり、楽しく食べて、愉快に飲んで、気楽に話す。

4）ここの風景はとても素晴らしく、休暇を過ごすにはちょうどいい。

5）彼は歩くのが速いが、私は遅い。2人で歩くととても疲れる。

6）先生！ 黒板の字をもう少し大きく書いていただけませんか。そうでないと見えません。

7）彼女は泳ぐのがとても得意で、まるで人魚のようだ。

8）日本と中国のソフトボールチームの試合は緊迫した激しいゲームだった。

9）あなたは歌が本当に上手ですね。アンコールでもう1曲お願いします。

10）羽生さんは将棋が強く天下無敵なのは言うまでもありませんが、囲碁やチェスはどうですか。

Ⅱ 結果補語

①彼の病気は完治した。

②昨晩私はとうとう『紅楼夢』を読み終えました。

③問題をよく見てから答えなさい。

④この件につきましては私はすでに彼に話してあります。

⑤飛行機は高度1万メートルに達した。

⑥彼女の声は小さ過ぎて、はっきり聞こえなかった。

⑦明日はいよいよ帰国です。荷物の準備はいいですか。

⑧暑いしエアコンも無いし、一晩中よく眠れなかった。

⑨父は煙草を吸い終わると行ってしまった。

⑩この文章は私はもう暗記しました。

①他的病完全治**好**了。

②昨晚我终于把《红楼梦》看**完**了。

③把问题看**清楚**后再回答。

④这件事我已经跟他说**好**了。

⑤飞机飞**到**了一万米的高空。

⑥她的声音太小，我没听**清楚**。

⑦明天就要回国了，行李准备**好**了吗？

⑧天很热，又没有空调，一晚上没睡**好**。

⑨爸爸抽**完**烟就走了。

⑩这段文章我都背**好**了。

要点

結果補語：動作の結果を説明する時に用いる。結果補語には動詞または形容詞が用いられる。なお、たいていの形容詞は結果補語として用いることができるが、結果補語として用いることができる動詞は比較的少ない。

(例)："见""成""懂""走""跑""住""掉""着""翻""倒""作""死""透""丢""到""在""给""完"

習題

1）彼女はそのニュースを聞いて悲しみのあまり泣き出した。

2）明日提出するレポートはもう書き終わっています。

3）私はこの歌を聞くとまるで星空の下の渚が目に浮かぶようです。

4）彼は一気にハンバーガーを5つ平らげ、それでもまだお腹が減ったと騒いでいる。

5）今日の料理の味付けは上手くいかなかったので、我慢して食べて下さいね。

6）君の読みたがっていたあの武侠小説、今日借りられたので、明日貸してあげるよ。

7）まもなく答案を回収します。早く問題をやり終えて、氏名を書き忘れないように。

8）ご希望のビデオはすでにご用意させていただいております。今日お持ち帰りになれます。

9）俗に「お腹が一杯になったら、ホームシックにならない〈家族を想い出さない〉」と言います。

10）彼がCIAから派遣されたスパイであろうとは誰も思わなかった。

Ⅲ　方向補語

①彼は部屋の中を歩き回る。

②彼女は学校から帰るとまた出掛けた。

③君はこの資料を引き続き書き写しなさい。

④君は『現代漢語辞典』を持って来ましたか。

⑤君が行かなければ、彼らも来ない。

⑥試合後彼らはみな歩いて帰って行った。

⑦みんなで問いつめて彼はやっと話し始めた。

⑧私達の申請許可はまだ下りない。

⑨見るだけなら易しいが、やってみると難しい。

⑩先に(冷たい)前菜を運んで来て下さい。

①他在房间里走**来**走**去**。

②她从学校回**来**，又出**去**了。

③你把这段资料继续抄下**去**。

④你把《现代汉语词典》拿**来**了吗？

⑤你不过**去**，他们也不过**来**。

⑥比赛后他们都走**回去**了。

⑦大家追问半天，他才说**出来**。

⑧我们的申请还没有批**下来**。

⑨看**起来**容易，做**起来**难。

⑩先把凉菜端**上来**吧。

要点

単純方向補語：方向を表す動詞"来""去"が方向補語として動詞の後に用いられる。

複合方向補語："上""下""进""出""回""过""起""开"が"来""去"とともに構成する。
　　　　　　　動詞及び形容詞の後に用いられる。

	上	下	进	出	回	过	起	开
来	上来	下来	进来	出来	回来	过来	起来	开来
去	上去	下去	进去	出去	回去	过去	(起去)	开去

以下の２つの条件を満たした時、目的語を方向補語の後に置くことがある。

　①その動作がすでに完了している時。

　②その動作によって目的語となったものの位置が変わった時。

(例)昨天他拿**来**了很多中文书。

　　「彼は昨日たくさんの中国語の本を持って来ました」〈条件を満たす〉

习题

1）先生はたくさん本を抱え教室に走って入って来ました。

2）魚のにおいをかぎつけ、大きな黒猫と小さな白猫がこちらへやって来た。

3）カップがひっくり返って、コーヒーが全部こぼれ出てしまった。

4）彼は外でしばらく歩き回っていましたが中には入って来ませんでした。

5）彼女は我慢しきれずにとうとう笑い出してしまった。

6）事務室に行くのなら、ついでに資料を持って来てくれませんか。

7）テストのことになると私はすぐ緊張する。

8）こんな風に勝手気ままを続けていると、将来の見込みはない。

9）彼は歯を食いしばって耐えて来た。

10）どんなに辛くても諦めずに続けなければならない。

第24課　97

IV　数量補語

①私は中国語を2年間学びました。

②彼は何回か来たが君は不在だった。

③この薬は1日3回、1回1錠服用します。

④西門から出て2、3分歩くとすぐです。

⑤私は毎日電車で1時間半かけて学校まで来ます。

⑥先週彼女は高熱を出して3日間入院した。

⑦今日私は2時間昼寝をしたがまだ眠い。

⑧彼は1日4時間のアルバイトをしています。

⑨あなたは英語を学んで何年になりますか。

⑩彼は3回受けたのに受からなかったが、彼女は1回で合格した。

①我学汉语学了**两年**。

②他来了好**几次**，你都不在。

③这种药一天吃**三次**，一次吃**一片**。

④从西门出去，走**两三分钟**就能到了。

⑤我每天坐**一个半钟头**的电车来学校。

⑥上星期她发高烧，住了**三天**医院。

⑦今天我睡了**两个小时**午觉，可是还觉得很困。

⑧他一天打**四个小时**（的）工。

⑨你学英语学了**多长时间**了？

⑩他考了**三次**没考上，可她考了**一次**就考上了。

要点

◎数量補語には、回数を表す動量詞を伴う動量補語と、時間を表す時量詞を伴う時量補語がある。

※時量詞を置く位置は動量詞（第3課参照）と同様に動詞の後ろである。

時間を表す補語「時量補語」を伴った動詞の目的語の位置は3通りある。

1）他搬了两个小时（的）椅子。「彼は2時間イスを運んだ」 主 ＋ 動 ＋ "了" ＋時量詞＋ 目

2）他搬椅子搬了两个小时。「彼はイスを2時間運んだ」 主 ＋ 動 ＋ 目 ＋ 動 ＋時量詞

3）他去中国两年了。「彼は中国に行って2年になる」 主 ＋ 動 ＋ 目 ＋時量詞＋ "了"

1）と2）はある動作がどれだけの時間にわたって続いたかを表し、3）はある動作が完了してから現在までどのくらいの時間が経過したかを表す。

習題

1）私は午後2時間〈コマ〉だけ講義を聴講してすぐに家に帰り寝ました。

2）ゆうべ、先生は1時間半しか寝ていないのに今朝は8時からもう仕事をしている。

3）彼女はもう5ヶ月あまりも自動車の運転を習っていますが、まだ終わりません。

4）彼のお兄さんは1ヶ月入院し足の怪我もやっと良くなり、1人でも歩けるようになりました。

5）私達はもう8時間も歩いていますが、麓に着きません。道に迷ったのではないでしょうね。

6）昨日僕は彼女を2時間も待ったのに、今日彼女は僕を15分も待たずに行ってしまった。

7）君は6年も英語を学んだのに話せないし聞けない。僕は中国語を1ヶ月学んだがもう少しは話せる。

8）私は毎週土曜日、2時間電車に乗って学校へ行くが、たった1コマ講義を受けるだけで、また2時間かけて家に帰る。

9）私はコーヒーを連続2杯飲みましたがまだ眠い。そこでちょっと横になりに行きました。

10）彼は経済学のレポートを3回も書き直して提出したが結局合格せず、単位がとれませんでした。

98　第四部

V 可能補語

①『北京晩報』を読んでわかりますか。

②この教室にはこんなにたくさんの学生は入りきれない。

③今頃並んだって君までは回ってこないよ！

④このタイプの乗用車のパーツは日本では買うことができない。

⑤先生の話がよく分からなくて困る事があります。

⑥こんなに小さい字では、前列の人でなければよく見えないでしょう。

⑦もう何度も聞きましたがやはり覚えられません。

⑧平日彼は忙しくて時間がとれず出て来られない。

⑨教室はうるさくて先生の話が聞こえない。

⑩最近彼女は何か心配事があって寝付かれない。

①你看**得懂**《北京晚报》吗？

②这个教室容纳**不下**这么多学生。

③现在排队，也排**不到**你了！

④这种轿车的零件在日本买**不着**。

⑤有时因为听**不懂**老师的话而伤脑筋。

⑥这么小的字，只有前排的人才看**得清（楚）**吧！

⑦已经听了好几遍，还是记**不住**。

⑧平日他太忙，抽**不出**时间也出**不来**。

⑨教室里太吵了，听**不见**老师的话。

⑩最近她好像有什么心事总睡**不着**觉。

要点

※可能を表す表現には"能""可以""会"など以外に、可能補語を用いる。

　動詞と結果補語、方向補語の間に可能の場合は"得"、不可能の場合には"不"を入れる。可能補語の大半は、もとは結果補語或いは方向補語である。

　その他に専ら可能補語として使われるものがある。

(例)

• "了" liǎo：単純な可能性の有無を示す。

• "动"：移動の意味を含んだ動作について、力の有無によりその動作ができるか否かを示す。

• "下"：場所の余裕によって、できるかできないかを示す。

習題

1）土曜日の課外活動、私は参加できますが、彼は参加できません。本当にがっかりです。

2）彼は成績も普通ですし、真面目でないので大学院合格などは考えられません。

3）あと1日しかないのだから、彼1人では絶対書き終えることはできないが、手伝える人もいない。

4）このジーンズはどう洗ってもきれいに洗えない。

5）彼は毎晩寝るのが遅いので、朝はいつも起きられず、遅刻ばかりしている。

6）乗りかかった船だ。彼は目をつぶってでもやり通すしかない。

7）外は風が強く吹き、雨も強く降っており、暗くなってきたので今日は出発できそうもない。

8）Jリーグのチケットは高いし手に入れにくい。試合を見たくてもチケットが買えない。仕方ないのでテレビで観戦しよう。

9）彼女は日本に来て、日本料理は口に合わず、本場の上海料理も食べられないので、マクドナルドでハンバーガーを食べている。

10）深夜コンビニへ買い物に行くと、1万円で釣り銭がないことがあると聞きましたが、本当ですか。

第24課　99

"得""不"を使う表現——可能補語

◎"吃"を用いた「食べる」に関する可能表現

吃得下 ←→ 吃不下「満腹で食べられない」〈スペース〉

吃得上 ←→ 吃不上「食にありつけない、支障があり食べられない」

吃得了 ←→ 吃不了「分量が多くて食べ切れない」〈分量・完了〉
  liǎo

吃得起 ←→ 吃不起「お金がなくて食べられない」〈経済〉

吃得惯 ←→ 吃不惯「食べ慣れていない、食べつけない」〈習慣〉

吃得来 ←→ 吃不来「食べ慣れていない、口に合わないので平気では食べられない」〈感情〉

吃得服 ←→ 吃不服「食べて腹に収まらない、受けつけられない」〈承服〉

吃得饱 ←→ 吃不饱「満腹しない」

吃得好 ←→ 吃不好「満足しない」

吃得完 ←→ 吃不完「食べ終わらない」〈時間〉

吃得到 ←→ 吃不到「食べ物が回ってこない」

吃得着 ←→ 吃不着「物がなくて食べられない」
  zháo

吃得出来 ←→ 吃不出来「食べてみて味や材料が何であるか分からない」

吃得 ←→ 吃不得「腐っているとか、有毒とか、衛生上食べられない」

舍得吃 ←→ 舍不得吃「もったいなくて食べられない」

省得吃 ←→ ―
 ex.「しなくてもすむように」"省得再看一遍。"

免得吃 ←→ ―
 ex.「しないように」"免得白跑一趟。"
 cf. A 以免 B〈書面語〉「A して B を免れる」"加强安全措施以免发生事故。"

用得着吃 ←→ 用不着吃「食べる必要がない」

来得及吃 ←→ 来不及吃「食べるのには時間が足りない」〈時間〉

赶得上吃饭 ←→ 赶不上吃饭「食事の時刻に間に合わない」〈時刻〉

◎"吃"を用いたその他の可能表現

吃得开 ←→ 吃不开「歓迎されない、相手にされない、盛り上がらない、
       にぎわわない、幅が利かせられない」

吃得准 ←→ 吃不准「生活がおぼつかない、事をなす自信がない」

吃得住 ←→ 吃不住「支えきれない、耐えられない」

吃得消 ←→ 吃不消「閉口する、持て余す、堪えきれない」〈消化不良〉

◎その他の可能表現

赶得出来 ←→ 赶不出来「急いでやったが間に合わせられない」

咬得动 ←→ 吃不动「かみ切れない」

搬得动 ←→ 搬不动「重くて動かせない」〈持ち上げて移動〉

挪得开 ←→ 挪不开「重くて動かせない」〈引きずって移動〉

第25課　離合詞

①彼はいつ頃からやり始めたのですか。
②彼らには大変お世話になりました。
③今日会えなければ、次の機会を待ちましょう。
④僕はパソコンのキーボードを壊してしまい、打てなくなりました。
⑤先学期、先生は私達に2回補習をしてくれました。
⑥彼は追試を受け終わるとスキーをしに出かけた。
⑦開業して何日も経っていないのに、こんなにいろいろなトラブルが起きるなんて、全くひどい。
⑧君がどうしても泳ぎに行くというのなら、勝手にしなさい。
⑨彼女は1人でしばらく怒っていましたが、そのまま眠ってしまいました。
⑩彼は軽く会釈しただけで、何も言わずに行ってしまった。

①他是什么时候**动**的**手**？
②他们给我**帮**了很多**忙**。
③今天**见**不了**面**就等下一次机会吧。
④我把个人电脑的键盘弄坏了，**打**不了**字**了。
⑤上学期老师给我们**补**了两次**课**。
⑥**补**完**考**他就滑雪去了。
⑦刚开业没几天，就**出**了这么多**事**，真够呛！
⑧你非要去游泳的话，就**随**你的**便**！
⑨她一个人**生**了半天**气**就睡了。
⑩他只是**点**了个**头**，什么也没说就走了。

习题

1）その言葉が彼の口から出るとは思わなかった。
2）君は朝どれくらいの時間散歩しますか。
3）そんなことくらいで何のけんかだ。
4）二十数年車の運転をしていますが、事故を起こしたことはない。
5）ほとんどできたので、署名すれば出来上がりです。
6）私は去年のクリスマスに彼と会いました。
7）家を買うためにあんなに沢山借金をして、何時になったら返済できるのだろう。
8）私の育てているサボテンは何時か分からないが小さく黄色い花をつけた。
9）君たち2人はいつまでおしゃべりをしているつもりですか。もうすでに深夜の2時ですよ！
10）彼は大手町で2回ほど道に迷った事がある。

※次ページの表は巻末の離合詞表から抜粋したものである。
※詳しくは巻末の表を参照し、よく学習すること。

第 25 課　101

第二十五课　离合词

離合詞とは二音節以上、２つ以上の形態素〈意味を持つ最小単位〉で構成される単語ABの間に、例えばアスペクトの"了""过""着"や補語の"得""不"…等Cを挿入することができる単語を言う。

つまり、"见面"という単語に"过"や"不了"と言った成分を挿入し、"见过面"や"见不了面"となる場合を言うのである。

$$\boxed{\begin{array}{c}见面\\AB\end{array}} + \boxed{\begin{array}{c}过\\不了\\C\end{array}} = \boxed{\begin{array}{c}见\\见\\A\end{array}}\boxed{\begin{array}{c}过\\不了\\C\end{array}}\boxed{\begin{array}{c}面\\面\\B\end{array}}$$

```
×见面 过
×见面 不了
ＡＢＣは不可！
```

〈挿入できる成分「C」については下記表右の「C」①〜⑱を、ABの組み合わせ方法については下記の表及び表下の組み合わせを参照〉

「A」と「B」には下記のような関係があり分類される	「C」には下記の成分が入る　注）
1「動詞＋目的語」関係 　　　　A　B　　　　　　　　　A C B 1）動詞＋名詞：报名、熬夜、走路　　1）报 了 名 2）動詞＋形容詞：帮忙、吃苦　　　　2）帮 了 忙 3）動詞＋動詞：发烧、认输　　　　　3）发 了 烧	**◎可能／不可能を表す場合** ①可能を表す"得""得了" ②不可能を表す"不""不了" ③"得"/"不"＋結果補語 　"着""开""住" ④"得"/"不"＋方向補語
2「動詞＋補語」関係 　　　　A　B　　　　　　　　　A C B 4）動詞＋動詞：超过、打败　　　　　4）超 不 过 5）動詞＋形容詞：抓紧、提高　　　　5）抓 不 紧 ◎動補関係の離合詞「AB」の間「C」に挿入できるのは可能不可能を表す"得""不"のみ。 ◎不可能を表す"不"を用いる場合の方が多い。	"上""下""出来" ⑤結果補語 　"完""好""开" ⑥方向補語 　"上""起…来""下…来" ⑦アスペクト 　"过""了""着" ⑧"（是）…的"構文
3「並列」関係 　　　　A　B　　　　　　　　　A C B 6）動詞＋動詞：记录、拍照、游泳　　6）拍 过 照 　　　　　　　　　　　　　　　　　游 完 泳 ◎２つの動詞的な語素が並列されて構成されている。	⑨人称代名詞＋"的" 　"我的""你的""他的" ⑨動作の対象 　"谁的""哪个的" ⑩目的語を連体修飾（指示・限定） 　"这个""那个" ⑪目的語の内容〈不要・不可能〉 　（的）"什么"
4「主述」関係 　　　　A　B　　　　　　　　　A C B 7）名詞＋動詞：口服、心服　　　　　7）心 不 服 8）名詞＋形容詞：心软、心慌　　　　8）心 不 慌 ◎その数は極めて少なく使われる頻度も高くない。 　挿入される成分「C」も限られている。	⑫人称代名詞：動作の相手 　"我什么""你什么""他什么" **◎数量を表す場合** ⑬"一"：短時間・簡単な動作 ⑭"个"：始める・短時間 ⑮多数多量／高レベル 　"这么多""那么多" 　"这么大""那么大" ⑯数・少量／低レベル 　"（一）点儿""（一）些" ⑰動作の分量・継続時間を訊ねる 　"多少""多长时间" ⑱"（一）会儿""（一）下儿"

注）1．上記の離合詞ABの間に挿入する成分Cをその働きによって分類したもの。大きく２つに分類可。

　　2．①〜⑱は次頁の①〜⑱に対応する。

102　第四部

◎それではここで離合詞とその間に入れる成分とを組み合わせて１つ１つの働きを考えてみよう。　　　　　ＡＢ　　　　　　　　　Ｃ

①抓得**紧**～「～を切り詰める」
②**熬**不了**夜**「徹夜できない」
③**睡**不着**觉**「眠ることができない」
④**报**不上**名**「申し込めなくなる」
⑤**帮**完**忙**「手伝いを終える」
⑥**发**起**烧**来「熱が出てくる」
⑦**出**了**气**「鬱憤をはらした」
⑧**记**的**录**「記録した」
⑨(**我**)**走**我的**路**「我が道を行く」

⑩**受**这个**罪**「こんなひどい目に遭う」
⑪**插**什么**嘴**「(何の)口をはさむ(のか)」
⑫**说**我什么**话**「私の何の話をする(のか)」
⑬**转**一次**车**「１回乗り換える」
⑭**开**个**会**「会議を開く」
⑮**唱**那么多**歌**「あんなに沢山歌う」
⑯**吃**点儿**苦**「少し苦労する」
⑰**走**了多长时间**路**「何時間も歩いた」
⑱**熬**会儿**夜**「ちょっと夜更かしする」

第 25 課　103

常用副詞

※中国語の副詞は主に動詞や形容詞を修飾するのに用いられる。
　動作、性質や状態などの程度、肯定や否定、重複や頻度、時間、範囲、語気などを説明する。

B　百般：あれこれと／いろいろと
　　比較：比較的／割と
　　必然A：必然的にAする／である
　　別～：～するな〈禁止〉
　　不A：Aしない／でない
　　不断：いつも／常に／絶え間なく
　　不要：～するな／してはいけない
　　不用［甬］：～するに及ばない
C　差点儿：もう少しで
　　常常：しょっちゅう／よく
D　大概：おおよそ／たぶん
　　大肆：臆面もなく／欲しいままに〈悪意〉
　　大約：おおよそ／おそらく／たぶん
　　単：ただ／単に
　　当然：言うまでもなく／もちろん
　　倒：ところが／反対に／むしろ
　　到底：ついに／とうとう
　　的確：確かに／本当に
　　都：みんな／すべて
　　多：どんなに／何と
　　多么：なんと／どんなにか
F　反復：何度も
　　反正：どっちみち
　　非常：きわめて／非常に
G　赶快：急いで／素早く
　　格外：ことのほか／とりわけ
　　更：この上なお／更に
　　更加：一層／もっと
　　怪：たいへん／とても／なかなか
　　光：ただ～だけ／ばかり
　　果然：案の定／果たして
H　还：①依然として②更に③その上③結構
　　还是：①なおも②さすがに／やはり
　　好：程度が大きいこと〈感嘆〉
　　好容易：やっとのことで／ようやく
　　好像～（似的）：どうやら～（のようだ）
　　好在：折良く／幸い
　　很：とても／大変に
　　互相／相互：互いに
J　極：極めて／この上なく
　　几乎：①ほとんど／ほぼ②もう少しで
　　極其〈書面語〉：極めて／この上なく

簡直：実際／まったく
漸漸：次第に／だんだん
接着：すぐ後に／引き続いて
仅仅：たった／わずかに
経常：しょっちゅう
浄：ただ～だけ／～ばかり
究竟：①結局のところ②所詮は
居然：驚いたことに／なんと
K　可：実に／まったく
　　肯定：確実に／必ず／きっと
　　恐怕：恐らく
L　另外：別に／他に
　　屡次：たびたび／何度も
M　没（有）A：Aしなかった／でなかった
　　猛然：いきなり／突然
　　明明：明らかに／はっきり
N　难道：まさか～ではあるまい
P　偏偏：①あくまで／どうしても②あいにく
Q　悄悄：①音もなく／ひっそりと②内密に
　　悄然：①悲しげに②音もなく／ひっそりと
　　親自：自分で／自ら
　　全：完全に／すべて／全く
　　却：〈逆接の関係を表す〉
R　仍然：依然として／元通り
S　稍微：少し／ちょっと／やや
　　十分：十分に／非常な
　　順便：ついでに
　　似乎～：のようだ／～らしい
T　太：余りにも～だ／極めて
　　特別：格別に／とりわけ
　　特地：特に／わざわざ
　　挺：かなり／とても
　　統統：一切／すべて
　　偸偸：こっそり／秘かに
W　完全：全面的に／まったく
　　万一：仮に／万が一
　　往往：往々にして／たまたま
　　唯独：ただ～だけが～だ
　　未必A：必ずしもAしない／ではない
X　先：先に／前もって
　　幸亏：幸いにも／～のおかげで
　　相当：かなり／相当

104　第四部

Y　也：～も
　　也许：もしかしたら～かもしれない
　　依然：昔のまま／元のまま
　　一道：連れだって／ともどもに
　　一定Ａ：必ずＡする／である
　　一概：一律に／ことごとく
　　一共：合わせて／合計で
　　一块儿：一緒に／連れだって
　　一下子：いっぺんに／すぐに
　　一会儿：Ａしたかと思うとＢする
　　一齐：一斉に／同時に
　　一起：一緒に
　　一同：一緒に
　　尤其：とりわけ
　　有(一)点儿：いささか／少し
　　又：①重ねて／また②更に／その上
　　越发：一層／ますます
　　越加：いよいよ／ますます

Z　再：また／再び／その上で
　　再三：再三／たびたび
　　真：確かに／本当に
　　正／在／正在：ちょうど、正に〈進行・継続を
　　　表す〉
　　只：ただ～だけ／わずかに
　　只好：～するほかない／やむなく～する
　　只是：ただ～に過ぎない
　　只有：～するしかない／やむなく～する
　　至少：少なくとも
　　终于：遂に／とうとう
　　逐步：一歩一歩／次第に
　　逐渐：徐々に／次第に／少しずつ
　　准Ａ：必ずＡする／Ａに違いない
　　总共：すべて／全部
　　总算：①やっと②どうやら
　　最：一番／最も

※なお、時間を表す副詞については巻末の時間詞語表を参照。

第 25 課　105

第 五 部

やや複雑な表現から複雑な表現へ

　簡単な"造句"から、ムードのあるやや複雑な"造句"に入り、更に実際の日常生活に則した"造句"まできました。大変だったことと思います。

　ここで最後の難関「複合句型」に入ります。

　沢山のかかり言葉"常用格式"を駆使しないとスッキリとしたスマートな知的表現はできません。ここを突破すれば堂々と立派に話す言葉も書く文章もマスターしたといえるのです。ご研鑽を期待します。

第26課　複合句型(1)「彼女は焼酎さえも飲めるんだから、ビールなんかは当たり前」

① 彼女は焼酎**さえも**飲めるんだから、ビール**なんか**は当たり前。
② 間食ばかりしていれば、御飯は食べなく**てもやっぱり**太ってしまう。
③ このホテルにお泊まりいただけるのならディスカウントさせていただき、**食事込みで**300元で結構です。
④ 北京は**言うまでもなく**、チベットへ**も**行ったことがあります。
⑤ 私ひとり**でも**行かなければなりません。
⑥ 彼女は本当に怠け者だ。掃除をしないのは**勿論のこと**、洗濯**さえも**しない。
⑦ 1000元**どころか**10元もない。
⑧ 兄貴の面子のために、昨晩彼は飲ん**で**食べ**て全部で**十数万円使ってしまった。
⑨ 彼は2年間中国語を学んだのに簡単な文**さえ**作れない。
⑩ もう夜中の2時ですから、タクシーを呼ぶ**か**、私が車で送って行きましょう。
⑪ 私が中国に来た目的はビジネス**ではなくて**留学**です**。
⑫ 今日はバスで行く**か**自転車に乗って行き**ます**。どちらにしてもタクシーには乗りたくないのです。

习题

1) お金のためならやつらは命さえ惜しまない。
2) 1年間中国語を学んだのに、ピンインさえも分からない。
3) そんなことは聞くのも嫌だ。
4) 喫煙が自分の身体に有害なことは言うまでもないが、周囲の人達の健康にも影響を与えることさえあるのだ。
5) ここは道も狭く複雑で一方通行も多いので、地元の人でもよく分からない。まして君のような外国人にとっては（難しすぎる）ね。
6) この写真屋さんは同時プリントが30元でできる。
7) この文は言うまでもなく、『紅楼夢』さえも彼はきちんと解釈できる。
8) 夏はもちろん冬でも寒中水泳に行きます。
9) 彼は破産しました。洋服を買うのはもちろん、御飯を食べるのにも困っています。
10) 今季のJリーグの優勝チームは、横浜F.マリノスでなければ、浦和レッズ〈レッドダイヤモンズ〉でしょう。
11) このエアコンは日本製ではなく、（中国）国内で組み立てられたものです。
12) 現在の北京にはマクドナルドやケンタッキーはもちろん、ロッテリアや吉野家もあります。

108　第五部

第二十六课　复句(1)"她连白酒都敢喝，何况啤酒呢。"

①她**连**白酒**都**敢喝，**何况**啤酒呢。
②老吃零食的话，**就是**不吃饭**也**会发胖。
③你想住这家饭店的话，我给你打折扣，**连**住**带**吃一共三百块钱就行。
④**不要说／不用说**是北京，**连**西藏**都**去过。
⑤**就是**我一个人**也**得去。
⑥她那个人太懒了，**别说**打扫，**就连**衣服**都**不洗。
⑦**别说**是一千块钱，**就连**十块钱**也**没有。
⑧为了大哥的面子，昨晚他**连**吃**带**喝一共花了十几万日元。
⑨他学了两年汉语，可是**连**简单的造句**都**不会。
⑩已经半夜两点了，**要么**坐出租汽车回去，**要么**开车我送您回去。
⑪我来中国的目的**不是**做生意，**而是**留学。
⑫今天**或者**坐公共汽车去，**或者**骑自行车去，（反正）我不想打的。

要点

※"连Ａ也／都Ｂ"：「Ａさえも Ｂ」。①⑨
※"何况Ａ"：「ましてＡにおいてはなおさらである」。①
※"就是Ａ也Ｂ"：「たとえＡであっても Ｂ」。②⑤
※"连Ａ带Ｂ"：「ＡからＢまで一切合切」。③⑧
※"不要说／不用说"：「言うまでもなく、勿論のこと」。④
※"别说Ａ就Ｂ"：「Ａは言うまでもなく Ｂさえも」。⑥⑦
※"要么Ａ要么Ｂ"：「ＡでなければＢにする」。⑩〈ＡＢどちらか１つを必ず選択〉
※"不是Ａ而是Ｂ"：「ＡではなくてＢなのだ」。⑪
※"或者Ａ或者Ｂ"：「Ａあるいは（または）Ｂ」。疑問句には用いない。⑫

第 26 課　109

第27課　複合句型(2)「彼女が私にあんなに良くしてくれる
　　　　　　　　　　　　　　とは思いませんでした」

①彼女が私にあんなに良くしてくれる**とは思いませんでした**。
②私達が大阪で再会できる**とは思いませんでした**。
③あの人がマフィアの一員であるとは**誰も想像できませんでした**。
④彼が私のことを騙すなんて**思いもよらない**。
⑤誰が私の心の苦しみ／痛みを**分かってくれる**のか。
⑥彼がいきなりレギュラーメンバーになるなんて**誰が予想できただろうか**。
⑦彼のあの一言に別の意味があったなんて**誰が考えたであろうか**。
⑧**意外なことに**今日の首都高湾岸線は渋滞していない。
⑨**予想に反して**マイケル・チャンは無名選手に負けてしまった。
⑩馬さんがまだ私のことを怒っているなんて**思ってもみなかった**。

习题

1）北京の街がこんなにも変わっているとは思わなかった。
2）天安門広場がこんなにも広いとは思わなかった。
3）８才の子供が飛行機を操縦して太平洋を越えることができるとは思わなかった。
4）ノーベルは恐らく、自分の偉大な発明が人類自身の殺戮兵器になるとは想像していなかったに違いない。
5）世界テニス界の名プレーヤーである伊達公子選手が、選手としてピークの状態で活躍中に引退声明を発表するなんて、誰が予想できたでしょう。
6）彼らが新婚旅行が終わるとすぐに離婚するとは誰も想像できなかった。
7）病人本人以外、誰が病気の苦痛を知ることができるのだろうか。
8）この度の火災でたくさんの家屋が焼失してしまったが、死傷者は意外にもほとんどいなかった。
9）若い人だけあって、彼の怪我は意外にも早く回復した。
10）でかける時は晴れていたのに、途中で突然雨が強く降り出した、本当についていない。

第二十七课　复句⑵"真没想到她对我那么好。"

①真**没想到**她对我那么好。

②真**没想到**，我们又能够在大阪见面。

③谁也**没想到**那个人是个黑社会的成员。

④怎么也**想不到**他会骗我。

⑤**谁能知道**我心里的苦处？

⑥**谁能想到**他一下子成了/能成主力队员。

⑦**谁料**到他说的那句话竟有弦外之音/是话中有话。

⑧**出乎意料**地今天"首都高速公路湾岸线"没有堵车/塞车。

⑨真**出乎意料**，张德培被无名选手打败了。

⑩**不料**小马还在生我的气呢。

要点

※"没想到"：「思いつかなかった」「気がつかなかった」「思いもよらなかった」。①②③

※"想不到"：「思いもよらない」「予想できない」「考えつかない」④

※"谁知(道)Ａ"：「Ａとは誰が知ろう(誰も知らない)」。⑤

※"谁想(到)Ａ"「Ａとは誰が思うだろう(誰も思わない)」。⑥

※"谁料Ａ"：「Ａだとは誰が予想しようか」。⑦

※"出乎意料"：「予想外」。⑧⑨

　　　　　　"出乎意表""出乎意料之外""奇出意"とも言う。

※"不料"：「思いがけなく」「図らずも」「思いもよらず」。⑩

第28課　複合句型(3)「コンビニエンス・ストアは便利な上、価格もちょうど良いので、お客さんの評判がいい」

①君も知って**て**、彼女も知っている**なら**それでいいじゃないか。

②私の友達には中国人**も**インド人**も**ドイツ人**も**アメリカ人**も**いる。

③彼女は毎日勉強**も**アルバイト**も**しなければならず、夜になると話をしたくないほど疲れてしまう。

④あの女の子は頭**も**いいし美人だけれど、1つだけ残念なのは背が高すぎることで、180cm**も**あります。

⑤コンビニエンス・ストアは便利な**上**、価格もちょうど良い**ので**、お客さんの評判がいい。

⑥外国語を習得すると直接その国の人々と交流できます**し**、視野を広げることができます。

⑦君は首を縦**にも**横**にも**振らないけれど、一体同意するのかしないのかどっちなんだい。

⑧上海に行きたくない理由は、上海語は分からない**し**、上海人の友達もいない**から**です。

⑨外国語を学ぶ秘訣は、間違いを恐れずたくさん練習することです。

⑩日本料理の特徴は**一**に材料の吟味、**二**に形と色彩の組み合わせです。

习題

1）君もいいと言うし、彼もいいと言う、僕も悪くないと思うので、みな万々歳だね。

2）君も知っているし、彼らも知っているのだから、これが秘密だなんて言えるのかい。

3）彼女はお茶を持って来たり、煙草を勧めたり、果物の皮を剥いたり、お客様が休むひまがないくらい一生懸命だった。

4）あの温泉旅館はサービスも良く、値段もちょうど良いので、お客さんが後を絶たない。

5）ジャッキー・チェンの映画はアクションも凄く、ユーモアもたっぷりだ。道理でこんなに多くの人が喜んで観る訳だ。

6）スポーツの試合は体力の勝負の他に頭脳の競争でもある。

7）君の22才の誕生日と、希望通りに就職が決まったことを祝って乾杯！

8）社交ダンスは身体を鍛えることができるし、たくさんの友達と知り合うこともできるので、特に中高年者の愛好者が増えている。

9）このような新しい食品は栄養も豊富で、カロリーも高くないので、若い女性に特に人気が高い。

10）この種の新薬は効果が早く表れるし、副作用も少ない。

第二十八课　复句(3)"'二十四小时店'既方便价格又合理,
很受顾客的欢迎。"

①你**也**知道，她**也**知道，那就行了！
②我的朋友里有中国人，**也**有印度人，有德国人，**也**有美国人。
③她每天**又**要学习**又**要打工，到了晚上累得连话也不想说。
④那个女孩子**又**聪明**又**漂亮，美中不足的是个子太高，有一米八。
⑤"二十四小时店"**既**方便价格又合理，很受顾客的欢迎。
⑥学好外语**既**能直接跟外国朋友交流，**又**能开阔视野。
⑦你**既**不摇头**也**不点头，到底是同意还是不同意？
⑧不想去上海的理由是**一来**我不懂上海话，**二来**我没有上海朋友。
⑨学习外语的秘诀**一则**是不怕错，**二则**是多练习。
⑩日本菜的特点**一则**是讲究用料，**二则**是注重造型和色彩搭配。

要点

"A也、B也(…)"：「Aも、Bも、…」。①②
　　　　　　　　並列関係を強調する場合に用いる。
"又A又B"：「AでもあるしBでもある」「AもするしBもする」。③④
　　　　　　　　形容詞をつないだり、動詞(フレーズ)をつなぐ場合に用いる。
"既A又/且/也B"：「Aである上にまたBである」。⑤⑥⑦
　　　　　　　　2つの状況が同時に存在する場合に用いる。
"一来A二来B"：「一つにはA、二つにはB」。⑧
　　　　　　　　項目などをあげ、原因や理由を説明する場合に用いる。
"一則A二則B"：「第一にA、第二にB」。⑨⑩
　　　　　　　　項目などをあげ説明する場合。書き言葉に用いられる。

第 28 課　113

第29課　複合句型(4)「中村君はお父さん似ですか、お母さん似ですか」

①中村君はお父さん**似**ですか、お母さん**似**ですか。
②この絵に描かれているのは君ですよね。
③この曲を聞くと、晴れ渡った空の下に広がる美しい海が目に浮かぶ**よう**です。
④豊田君が予想した**ように**オリックスが優勝しました。
⑤彼らは話がとても合って、**まるで**古い友人**のよう**だった。
⑥西安は中国の古都で、**ちょうど**日本の京都**と同じ**です。
⑦篠原さんのピアノは**まるで**ショパンかモーツァルト**のよう**です。
⑧僕も後藤君や井上君**と同じように**ビートルズの音楽が特に好きなんだ。
⑨「富永君」と何度も呼んだのだけれど、彼は聞こえていない**みたい**だった。
⑩菊地さんのものまねはとても似ていて、**まるで**第二のテレサ・テン**のよう**だ。

习题

1）今日は本当に暖かく、少しも冬らしくないばかりか、まるで春みたいだ。
2）これらの写真を見る度に、また大学時代に戻ったみたいな気がする。
3）本当に自分が第1位になったことが信じられず、まるで夢の中にいるようだ。
4）外は大雪が降っていますが、部屋の中はまるで春のように暖かです。
5）大久保さんはその話を聞くと、いささか意外だったようです。
6）この富士山の絵を見ると、まるで日本に帰ったようです。
7）初めて会ったのですが、昔からの友人のように意気投合した。
8）上海は東京と同様に、夏は特に蒸し暑い。
9）西村君は歌を唄い出すとまるで大スターのようになって〈入って〉しまう。
10）川村さんの描いた小犬はまるで生きているように可愛い。

第二十九课　复句(4)"中村像他爸爸还是像他妈妈？"

①中村**像**他爸爸还是**像**他妈妈？
②这张画儿画的**好像**是你嘛！
③一听这首乐曲，就**仿佛**看到了一片晴空下美丽的大海。
④**正如**丰田(所)预料的那样，奥利克斯队取得了冠军。
⑤他们谈得很投机，**好像**老朋友**一样**。
⑥西安是中国的古都之一，就**像**日本的京都**一样**。
⑦筱原弹起钢琴来就**像**肖邦或者莫扎特**一般**。
⑧我**和**后藤、井上**一样**，也特别喜欢披头四／披头士的摇滚乐。
⑨叫了富永好几声，他却**像**没听见**似的**。
⑩菊地模仿得像极了，**简直**是第二个邓丽君。

要点

"像A"：「Aに似る/似ている」「Aのような」「あたかもAのようである」。①
"好像A"＝"好像A似的/一样"：
      1) 比喩「ちょうどAのようである」。⑤⑥⑨
      2) 不確かな判断や感じ。「Aらしい」「Aのような気がする」。②
"仿佛A"：「あたかもAのようだ」「まるでAらしい」。③
"正如A"＝"恰如A"：「まさにAのようである」。④
               書面語。口語では"好像A"を用いる。
"似乎A"：「Aのようである」「Aらしい」。
"像A一般/一样"：「ちょうどAのように」。⑦
"和/同A一样"：「Aと同じように/同様に」。⑧
"简直"：「まるで/すっかり」。⑩

第 29 課 115

第30課　複合句型(5)「引き受けたからには、
最後までやり通すべきだ」

①引き受けた**からには**、最後までやり通すべきだ。
②参加する**以上**は、どうしても優勝したい。
③皆がみな賛成した**以上**、我々はそのようにすることに決めよう。
④スティーブン・スピルバーグを崇拝している**ので**、映画監督になりました。
⑤彼は株で損をし、家を手放した。
⑥彼がはるばる北京まで行った**のは**、数十年前の同級生に再会するためです。
⑦月末までにこの仕事を完成させる**ために**、彼は連日深夜まで仕事をしている。
⑧飛行機に遅れない**ように**、4時半にはもう起き出した。
⑨吹雪に**よって**、札幌発東京行きの飛行機はキャンセルになった。
⑩新年を迎える**ために**、一家総出で家中を隅から隅まできれいにしました。

習題

1）今日は期末試験とあって、学生たちは真面目に問題に取り組んでいる。
2）初めて試合に出場するので、緊張して話をすることもできない。
3）通勤の途中で交通事故に遭い、遅刻した。
4）運転免許を取得したばかりなのだから、運転は恐らくあまり上手くない。
5）台風のため花火大会は中止になりました。
6）雹〈ひょう〉でリンゴが大きな被害を受けた。
7）子供を育てるために彼は頭を痛めている。
8）新製品を開発するため彼女は知恵を絞った。
9）彼の誕生日を祝うために友人達はパーティーを開いた。
10）彼が早々と上野公園にやって来たのは、お花見の場所を確保するためだ。

第三十课　复句(5)"既然答应了，就该履行诺言。"

①**既然**答应了，**就**该履行诺言。
②**既然**参加比赛，**就**要争取，无论如何我**也**要拿冠军。
③**既是**大家都同意，我们**就**这样决定了。
④**因为**崇拜导演史蒂芬·斯皮尔伯格，**所以**当了电影导演。
⑤他作股票赔了本，**因此**把房子卖掉了。
⑥他千里迢迢赶到北京去，**为的是**和几十年前的老同学重逢。
⑦**为了**要在月底完成这个项目，这些天他天天干到深夜。
⑧**为了**赶飞机，我四点半就爬了起来。
⑨**由于**暴风雪，札幌飞往东京的航班取消了。
⑩**为要**过新年，全家人一起把家里彻底清扫了一遍。

要点

"既然A就/也/还/又B"：「AしたからにはB」「Aである以上はB」。①②
"既是A就/则B"：「AであるからにはB」「Aである以上はB」。③
"因为A所以B"：「AによりB」「AのためにB」「AであるからB」。④
　　　　　　　　　　　原因・理由を提起する。結果を表す。
"因此"：「だから」「これによって」「このために」。⑤
"为的是A"：「Aのために」「Aの故に」。⑥
"为了A"＝"为着A"：「Aするために」「Aしたいので」。⑦⑧
　　　　　　　　　　　原因を表す時には一般に"因为"を用いる。
"由于A"＝"因为"：「Aによって」「Aのために」。⑨
"为要A"：「Aのために」「Aの理由で」。⑩

第 30 課　117

第31課　複合句型(6)「十数年も一緒に仕事をしているのに、 お互いに十分には理解し合えていない」

①十数年も一緒に仕事をしてきた**のに**、お互いに十分には理解し合えていない。
②彼は１年間中国語を学んだだけ**なのに**、もう中国語で友達に手紙を書けるようになった。
③やるのは速い**が**間違いも多い。
④この映画は、ストーリーは人を魅了するし、俳優の演技も自然で、人を感動させる**が**、音楽が あまり良くない。
⑤時に人々は大きな代償を払っ**ても**望み通りの結果を得ることができないこともある。
⑥そうやればきちんとできる**が**、時間がかかりすぎます。
⑦この仕事は収入があまり多くない**けれども**、私は好きです。
⑧彼は日本人である**が**、多くの中国人よりも更に深く中国の歴史や文化を理解している。
⑨さっきから彼に説明しているのです**が**、彼は少しも分かってくれない。
⑩全部分かった訳ではない**が**、大体の意味はなんとか理解できた。

习題

1）東京で仕事をしているといっても忙しいので、お互い顔を合わせる機会は少ない。
2）このチョコレートはお店で売っている物ほど見かけは良くできていないが、彼女が自分 の手で作ってくれたので、味は特別に美味しい。
3）初めて国際大会に出場するのに、彼の演技は落ちついていて、実力を十分出し切ってい た。
4）交通事故に遭ったが、軽傷だけで済んだのは運が良かった／不幸中の幸い。
5）肥満は健康に害があると言っても、痩せれば痩せるだけいいということではない。
6）君の気持ちは理解できるが、このように失礼であってはならない。
7）コンピュータは素晴らしいものではあるが、人間の脳と同等に扱うことはできない。
8）彼はすでに70才を過ぎているが、仕事に対する情熱は多くの若者よりも強い。
9）ガンになっても彼は楽観的で、積極的に治療し、普段通り日常生活や仕事をこなしてい る。
10）たとえ当時の勉強が辛く苦しいものであったにせよ、自分の志望校に合格したので、今は ホッとしています。

118　第五部

第三十一课　复句⑹"虽然一起工作十多年了，
　　　　　　　　　可是互相并不十分了解。"

①**虽然**一起工作十多年了，**可是**互相并不十分了解。

②**虽然**他才学了一年中文，**可**已经能用中文给朋友写信了。

③**虽然**做得很快，**但是**错误也不少。

④这部电影**虽然**情节很吸引人，演员的表演也很自然、感人，**不过**音乐不太理想。

⑤有时人们**虽然**付出了很大代价，**然而**得不到理想的结果。

⑥这样做**固然**稳妥，**但**太费时间。

⑦**尽管**这份工作收入不太高，**但**我很喜欢。

⑧**尽管**他是个日本人，**却**比许多中国人更了解中国的历史、文化。

⑨**虽然**我解释了半天，他**却**一点儿也不明白。

⑩**虽然**没有全看懂，**但是**大体上的意思总算明白了。

要点

※"虽然Ａ可是／但是／不过／也／却Ｂ"：「ＡであるがＢ」「Ａとは言うもののＢ」。
　　①②③④⑤⑨⑩〈譲歩の意味を表す〉

※"Ａ固然Ｂ可是／但是Ｃ"：「Ａはもとより／無論のことＢだが／しかしＣ」。⑥

※"尽管Ａ但是／可是／然而／却Ｂ"：「ＡだけれどもＢ」「Ａに関わらずＢ」。⑦⑧

第31課　119

第32課　複合句型(7)「私の留学したいという考えは父が支持してくれているだけでなく、母も賛成してくれています」

①私の留学したいという考えは父が支持してくれている**だけでなく**、母も賛成してくれています。

②友人達は彼のために誕生パーティーを開いた**だけでなく**、たくさんのプレゼントを贈りました。

③彼の新居は部屋が広く、日当たりもよい**だけでなく**、駅からも余り遠くないので最高です。

④雨はやむ**どころか**、更に強くなってきた。

⑤理想的な就職先が見つかるということは本人が嬉しい**だけでなく**、両親にとっても嬉しいことです。

⑥彼は医者である**ばかりか**、有名な推理小説家でもある。

⑦マイケル・ジョーダンは私と一緒に写真を撮らせてくれた**だけでなく**、サイン入りのバスケットボールもプレゼントしてくれた。

⑧環境汚染はある国**だけ**の問題**ではなく**、世界的な問題でもある。

⑨私が中国語を学ぶのは1つの語学を習得するということ**だけでなく**、中国を更によく理解するためでもある。

⑩彼は中国語を中国人と同じように流暢に話せる**だけでなく**、京劇も唄うことができます。

习题

1) 私は彼の映画や歌が好きなだけでなく、彼の人柄も気に入っています。

2) 北京大学は中国の名門大学であるだけでなく、世界で名だたる最高学府です。

3) その中国料理店は味つけが本格的であるばかりか、インテリアも独特です。

4) 戦争を防ぎ、世界平和を守ることは、日本人の願いであるだけでなく、その他の国々の人々の願いでもあります。

5) そのようにするのはあなたにとって有利であるだけでなく、みんなにとってもよいことです。

6) この種の薬は糖尿病を治療することができ、ダイエットすることもできる。

7) 今日は私の誕生日であるばかりでなく、私の息子の誕生日でもあります。

8) 運動後は食欲が旺盛になり、その結果体重は減るどころかかえって増えた。

9) ドラえもんは日本の子供達のアイドルであるだけでなく、中国の子供達からもとても好かれています。

10) 彼はコンピュータをいじれるだけでなく、簡単なプログラムも組める。

120　第五部

第三十二课　复句(7)"我去留学的想法，不但爸爸支持，
　　　　　　　　　　　而且妈妈也赞成。"

①我去留学的想法**不但**爸爸支持，**而且**妈妈也赞成。
②朋友们**不但**为他开了生日晚会，**还**送给他许多礼物。
③他的新家**不但**房间大，光线好，**而且**离车站不太远，棒极了。
④雨**不但**没有停，**反而**更大了。
⑤找到理想的工作，**不但**本人高兴，父母**也**高兴。
⑥他**不仅**是个医生，**而且**是个有名的推理小说家。
⑦麦克·乔丹**不仅**跟我合了影，**而且**送给我一个他签了名的篮球。
⑧环境污染**不只**是一个国家的问题，**也**是世界性的问题。
⑨我学习中文**不独**为学会一种语言，**也**为能更好地了解中国。
⑩他**非但**中文说得像中国人一样流利，**而且**连京戏/京剧都会唱。

要点

　　※"不但Ａ而且/还/也/反而/又/更Ｂ"：「ただＡのみならずＢ」。①②③④⑤
　　※"不仅／不但／不止／不单"Ａ也Ｂ：「単にＡであるだけでなくＢ」。⑥⑦
　　※"不只是Ａ也／还Ｂ"：「ただＡばかりでなくＢ」。⑧
　　※"不独Ａ而且Ｂ"＝"不但Ａ而且Ｂ"：「ただＡのみならずＢ」。⑨
　　※"非但Ａ而且／并且／反而／还Ｂ"：＝"匪惟""非惟""非独"〈書面語〉「Ａであるばかりで
　　　なくＢ」。⑩

第 32 課　121

第33課　複合句型⑻「もしこのまま黙っていれば、
　　　　　現状は何も変わらないと思うよ」

①もしこのまま黙っていれば、現状は何も変わらないと思うよ。
②もし老舎が生きていたら、1度会って北京語で話をしてみたかった。
③君の都合がよかったら、僕は明日君と会ってこの件について話し合いたい。
④早く行かなければ、いい席をとることができませんよ。
⑤よい食材がなければ、いくら腕のよいコックでも一流の美味しい料理は作り出せません。
⑥役に立たないものは、いくら安くても私は買いません。
⑦このように難しい問題は、学生でなくて先生であろうとも眉をひそめるだろう。
⑧中国でもこんな本格的な麻婆豆腐を口にするのは難しい。
⑨君がいなかったら、僕はどうなってしまうだろう。
⑩私がどう言っても彼はとにかく聞く耳を持たない。

習題

1）北京に行って、万里の長城へ行ってみないのはとても残念なことです。
2）計算機さえあれば、こんな書類を片づけるのはもっと簡単だ。
3）彼女がこのニュースを知ったら、飛び跳ねて喜ぶに違いありません。
4）そう指さなければこの勝負〈将棋・"象棋"〉は負けです。
5）もしもう1度人生をやり直すことができたなら、私は俳優になっていろいろな役をやってみたい。
6）部屋の中は静かで針を落とした音さえ聞こえるくらいです。
7）どんなに冷酷な人でもこの映画を観れば感動で涙を流すでしょう。
8）こんなに美味しい餃子は更に10個追加してもまだ食べ足らない。
9）科学者の予測では、南極大陸の氷が完全に溶けると、海面は何十メートルも上昇するそうだ。
10）彼は本当にテレビ好きだ、どんなにつまらない番組でも、実に面白そうに観ている。

122　第五部

第三十三课　复句(8)"我认为如果这样默不作声，就改变不了现况。"

①我认为**如果**这样默不作声，**就**改变不了现状。
②**如果**老舍先生还在**的话**，我想跟他见一次面，用北京话聊聊天儿。
③**要是**方便**的话**，我想明天去找你谈谈这件事。
④**要不**早点去，**就**占不到好位子了。
⑤**倘若**没有好的材料，再好的厨师**也**做不出一流的美味佳肴。
⑥没有用的东西，**就是**再便宜，我**也**不买。
⑦这么难的问题，不要说学生，**即使**老师看了**也**会皱眉头。
⑧**就算**在中国**也**很难吃到这么地道的麻婆豆腐。
⑨**假使**没有了你，我会变成什么样？
⑩**任凭**我怎么劝，他**就是**不听。

要点

※"如果Ａ(的话)就Ｂ"：「かりにＡならば(その場合)Ｂ」。①②
　　　　　　　　　　　　　"要是"よりもやや強い仮定を表す場合。
※"要是Ａ(的话)就Ｂ"：「もしＡならば(その場合)Ｂ」。③
　　　　　　　　　　　　仮定の条件を表し、その結果を述べる。
※"要不Ａ就Ｂ"：「もしＡしなければＢ」。④
※"倘若Ａ也Ｂ"＝"假使Ａ"：いずれも書き言葉で用いられる。⑤
　　　　　　　　　　　　「もしＡならばＢ」
※"就是Ａ也Ｂ"：「たとえＡであってもＢ」。⑥
※"即使Ａ也Ｂ"：「たとえＡであろうともＢ」。⑦
※"就算Ａ也Ｂ"：「たとえＡでもＢ」。⑧
※"假使Ａ"＝"假如Ａ""假若Ａ"：「もしＡだとすれば」。⑨
※"任凭Ａ就是/也Ｂ"：＝"任管"「たとえＡでもＢ」。⑩

第 33 課 123

第34課　複合句型⑼「お金をたくさん出してこそ、
　　　　　　　　　　（初めて）良い物が買える」

①お金をたくさん出し**さえすれば**、良いものが買える。
②お金をたくさん出して**こそ**、（**初めて**）良いものが買える。
③お金をたくさん出さ**ない限り**、良いものは買えない。
④お金をいくら出し**ても**、良いものは買えない。
⑤知り合い**さえいれば**、コネを使って何でもできる。
⑥お腹が一杯になり**さえすれば**それでいい。
⑦あなたが自分でやら**なければ**埒は開かない／問題は解決しない。
⑧彼女**以外**、あなたには誰も似合わない。
⑨天気が良く**なければ**、旅行するのに何の意味があるのだろうか。
⑩電話に出ると彼の声だったので、彼女は**有無も言わせず**電話を切ってしまった。

习题

1）商品社会においては、需要があれば供給される。
2）子供を育てるようになって初めて、自分に対する両親の気持ちが分かるようになる。
3）病気の時以外、彼は毎日紫竹院公園へ来て散歩をします。
4）偽物は如何に本物に似ていようと、やはり偽物です。
5）電子マネーが普及したら、何を買うにもカード1枚さえ持っていればよくなるそうです。
6）彼はブランド品でありさえすればいいのです。
7）苦労を重ねてこそ、何が幸せであるかが分かるのです。
8）心が落ちついていてこそ、うまく太極拳をすることができるのだ。
9）お正月／新年でなければ彼はお酒を飲まない。
10）自分の好きなチームが負けそうになると、彼は有無も言わせずテレビのスイッチを切ってしまう。

124　第五部

第三十四课　复句(9)"只有花很多钱，才能买到好的。"

①**只要**多花点儿钱，**就**能买到好的。

②**只有**花很多钱，**才**能买到好的。／**除非**花很多钱，**才**能买到好的。

③**除非**花很多钱，**否则**买不到好的。

④**不管**花多少钱，**也**买不到好的。

⑤**只要**有熟人，**就**能开后门儿。

⑥**只要**吃饱了，**就**行了。

⑦**只有**您亲自出马，**才**能解决问题。

⑧**除非**是她，**才**能配得上您／谁都配不上您。

⑨**除非**天气好，**不然**去旅行有什么意思呢？

⑩一听是他的声音，她**不管三七二十一**就把电话挂断了。

要点

※"只要Ａ就Ｂ"：「ＡしさえすればＢ」。①⑤⑥

Ａという仮定が成立するならばＢという結果が生じる。

※"只有ＡオＢ"：「ただＡしてこそ(そこではじめて)Ｂ」。②⑦

Ａという唯一の特定条件により、はじめてＢという結果が生じる。

※"不管Ａ也Ｂ"：＝"不问"「Ａであろうと／に関わりなくＢ」。④

　"不管Ａ都Ｂ"：＝"不论""无论"「ＡであろうとなかろうとみなＢ」。

　"不管三七二十一"：「何が何でも」「委細構わず」「有無も言わせず」。⑩〈成語〉

※"除非Ａ"：「もしＡでなければ」。

　　　　　　「Ａを除いては／以外には／よりほかには」。③⑨

　"除非ＡオＢ"：「ＡしてこそはじめてＢ」。②⑧

　　　　　　"オ"と呼応して条件を表す。

　"除非Ａ否则／不然Ｂ"：「ＡしなければＢしない」。③⑨

第34課　125

第35課　複合句型⑽「たとえどうであろうとも、我々は仕事を最後までやり遂げなければならない」

①**たとえ**どう**であろうとも**、我々は仕事を最後までやり遂げなければならない。
②原因が**どうであれ**、私は必ず調べ上げてみせる。
③今回のボーリング大会は性別、年齢を**問わず**、希望者は誰でも参加できます。
④ディズニーランドのアトラクションは**どれも**みな遊んだことがある。
⑤日本人なら誰**でもみな**9年の義務教育を受けることができる。
⑥彼は**どんな**に忙しく**ても**必ず時間を作ってトレーニングに行く。
⑦彼のあのようなやり方には私は**どうしても**慣れ**ない**／合わ**ない**。
⑧彼は「テレビ狂」だから**どんな**番組**でも**見る。
⑨この子は〈恥ずかしがり屋だから〉見知らぬ人に会う**といつも**顔が赤くなる。
⑩どう**であろうと**この結果は**やはり**満足できるものです。

習題

1）このことは私はどうやってもやれない。
2）様々な方法を試してみたが煙草をどうしても止めることができない。
3）如何なる人でも生まれれば死ぬ。
4）バラであったらいつか必ず咲くでしょう。
5）どんなことがあっても今週中にこの論文を書き上げなければならない。
6）彼が言うにはどんな美味しい食べ物も刺身にはかなわない。
7）今回のスピーチコンテストには何年生であろうとも、学部学科を問わず誰でも参加自由です。
8）どんな季節であっても／いつでもここに観光に来る人はとても多い。
9）地球上の如何なる生物も水なしでは生きられない。
10）私にはどう見ても偽物にしか思えない。

第三十五课　复句⑽"无论如何我们都将把工作做到底。"

①**无论如何**，我们**都**将把工作做到底。
②**不论**原因是什么／**不论**其原因如何，我**都**要把它查清楚。
③这次保龄球比赛**不问**性别、年龄，志愿者都可以参加。
④迪斯尼乐园里的游戏，**不拘**什么，我都玩过。
⑤**任何**日本人**都**可以接受九年义务教育。
⑥他**无论**怎么忙**都**要抽时间去健身。
⑦他那种做法，我**怎么也**看不惯。
⑧他是个"电视迷"，（**无论**／**不论**）什么节目**都**看。
⑨这个孩子见到生人**总**是脸红。
⑩**不管**怎么说，这个结果**还是**令人满意的。

要点

> ※"无论A都B"：「Aを問わず、すべてB」。①⑥⑧
> "无论A也B"：「（たとえ）Aであろうとも、B」。
> "无论A总B"：「（たとえ）Aでも、依然としてB」。
> ※"不论A，都B"：「Aに関わらず、すべて／常に／同様にB」「Aにせよ、まったくB」「Aに関わらず、Bする／である」。②⑧
> "不论A，反正B"：「Aであろうと、（どうせ）Bである」「Aはいずれにせよ、Bである／する」。
> "不论A，还是／还不是B"：「どんなにAしても、やはりBだ」「Aであろうと、相変わらずBだ」。
> "不论A，总／老B"：「Aを問わず、必ずB」「Aであろうと、いつもB」「どんなにAでも、相変わらずB」。
> "不论A，也B"：「Aであろうと、すべてB」「Aに関わらず、まったく／常に／同様にB」。
> ※"不问A"：「Aに関わりなく」。③
> ※"不拘A"：「Aにとらわれずに」。④
> ※"任何A都B"：「いかなるAでもB」。⑤
> ※"怎么也A不B"：「どのようにAしても、Bしない」。⑦
> ※"不管A，都／也B"：「Aにも関わらず、すべてB」「Aにせよ、まったくB」「Aにも関わらず、Bする」。
> "不管A，反正B"：「Aであろうと、（どうせ）Bである」。
> "不管A，还是／总是B"：「Aしようとも、相変わらずBだ」「Aを問わず、いつもBだ」。⑨⑩
> "不管A，只要B，就（都）C"：「Aに関わらずBならCである／する」。

第 35 課 127

第36課　複合句型(11)「如何なる人にとっても健康は重要なことです」

①誰にとっても健康は大切です。
②昨日国会では金融改革について討議が行われた。
③今回の爆発の原因について現在調査中です。
④宇宙人が存在するか否かについて、現時点では結論が出ていない。
⑤政治問題に関しては彼は少しも興味がない。
⑥地球の歴史はすでに46億年にもなるそうだ。
⑦君は脱サラして会社を始めるそうですが、本当ですか。
⑧その話題についてみんなで一言二言意見を述べ始めた。
⑨彼は手紙の中で彼のシンガポール旅行での出来事を語った。
⑩わが社から今回の広州交易会に参加するメンバーは社長を含め計6名です。
⑪緊急の事態になればなるほど、頭脳を冷静に保たなければならない。
⑫このような状況に直面したら、速やかに有効な対策を行うことが急務である。

习題

1）近代史について現在の若い人が全然知らないのは非常に残念なことである。
2）領土問題に関しては少しの妥協も許されない。
3）サッカーワールドカップ共催問題について協議の結果日韓両国の間で基本的な認識の一致をみた。
4）経済問題について、私と我が家の「財務大臣」は3時間にわたる交渉の結果合意をみた。
5）報道によりますとこの度のインドにおける航空機空中衝突墜落の事故原因について現在調査中との事です。
6）香港の物価が急騰しているとの事ですが、その原因は何でしょう。
7）彼の話の中には言葉では表すことができない彼の苦しみが滲み出ていた。
8）決勝に直接参加できるチームは開催国チームを合わせて12チームです。
9）私達は作文にもう少し時間を割かねばならない。
10）身体に障害があったり、行動が不便な人たちに対して、我々は積極的に手助けをしなければならない。
11）人口の増加、環境汚染の急激な悪化により、人類の生存と発展が危機に直面している。
12）人がものを考える時には、現実離れしては失敗するので、現実的でなければならない。

第三十六课　复句⑾"对于任何人来说，健康都是很重要的。"

①**对于**任何人来说，健康都是很重要的。
②昨天国会**就**"金融改革"问题进行了辩论。
③**对**这次爆炸的原因正在进行调查。
④**有关**外星人是否存在的问题，目前还没有定论。
⑤**关于**政治问题，他一点儿也不感兴趣。
⑥**据说**地球的历史已有四十六亿年了。
⑦**听说**您打算辞职，自己开公司，是真的吗？
⑧**围绕**这个话题，大家你一句我一句地议论了起来。
⑨**在**(他的)来信**中**，他详细地介绍了在新加坡旅行的见闻。
⑩我们公司参加这次"广交会"的人员包括总经理**在内**一共六个人。
⑪越是**面临**危紧情况，越要保持冷静的头脑。
⑫**面对**这种形势尽快拿出有效的对策是当务之急。

要点

"对于Ａ"：「Ａについて」「Ａにとっては」。①
"就Ａ(问题)"：「Ａ(の問題)について」。②
"对Ａ"：「Ａに対して」。③
　　　　　　　　誰／何に対して動作が行われるかを示す。
"有关Ａ"：「Ａに関する」「Ａについて」。④
"关于Ａ"：「Ａに関する」「Ａに対して(は)」。⑤
"据说Ａ"：「言うところによればＡだとのことである」。⑥
"听说Ａ"：「聞くところによるとＡだそうだ」。⑦
"围绕Ａ"：「Ａをめぐって」。⑧
"在Ａ中/内/上/中间/里/方面"：「Ａにおいて」「Ａを含んで」。⑨⑩
"面临Ａ"：「Ａに直面する」具体的な事物を指すことが多い。すでに直面したこと、または間もなく直面することを表わす。⑪
"面对Ａ"：「Ａに直面する」抽象的な事物や目の前の人物を指す。句首に用いてある条件や状況を表わす。⑫

第37課 複合句型⑿「雨はますます激しくなり、
風もだんだん強くなってきた」

①雨は**ますます**激しく**なり**、風も**だんだん**強く**なってきた**。
②焦るな！ 焦れば焦る**ほど**チャンスはなく**なっていく**。
③彼女の唄う歌は聞け**ば**聞く**ほど**味がある。
④中秋節を過ぎると、**いよいよ**涼しく**なってくる**。
⑤時代の変化と**ともに**、中国語を学ぶ人は**ますます**増えてきた。
⑥先生は黒板を指し**ながら**文法の説明をしています。
⑦携帯電話を使い**ながら**運転するのは、とても危険です。
⑧彼女らは唄い**ながら**踊り、まるで宝塚のようです。
⑨あのタクシー会社は「呼べ**ばすぐ**来る」サービスで有名です。
⑩彼女はマニュアルを**片手に**ビデオの操作をしている。

习題

1）中国語の学習は学べば学ぶほど奥が深い。たったの３、４年ではどうしてマスターできよ
  うか。
2）僕の胃袋は一体どうなってしまったのだろう。食べれば食べるほど食欲が出る。まるで底
  なしだ。
3）買った物が多くなればなるほど、財布の中身は軽くなる。
4）先生の話は機関銃のように速く、聞けば聞くほど分からなくなる。
5）彼の拳法は「酔拳」といって酒を飲めば飲むほど強くなるそうだが本当だろうか。
6）音楽を聴きながらキーボードを打つと、仕事の能率が上がる。
7）彼のように物を食べながら歩くのはみっともないのでまねしないように／やめなさい。
8）地図を手にキョロキョロしながら歩くのは外国では危ない。
9）お茶を飲みながら「点心」をつまみのんびりお喋りに興じる。それが「飲茶〈ヤムチャ〉」
  の醍醐味です。
10）話しながら歩いていたら、知らない間に袋小路に入り込み道に迷ってしまった。

第三十七课　复句⑿“雨越下越大，风也越刮越大了。”

①雨**越**下**越**大，风也**越**刮**越**大了。
②别着急！你**越**着急**越**没希望／没戏！
③她唱的歌，我觉得**越**听**越**有味儿。
④过了中秋节，天**越来越**凉快了。
⑤随着时代的变化，学习汉语的人**越来越**多。
⑥老师**指着**黑板讲解语法。
⑦**一面**打手机／大哥大／手提电话／移动电话，**一面**开车非常危险。
⑧她们**边**唱**边**跳，简直就像"宝冢歌舞团"。
⑨那家出租汽车公司的"**随**叫**随**到"服务很有名。
⑩她**一手**拿着说明书，**一手**操作录像机／录相机。

要点

　※"越Ａ越Ｂ"：「ＡすればするほどＢ」「Ａであればあるほど、ますますＢ」。①②③
　※"愈Ａ愈Ｂ"：〈書面語〉「ＡすればするほどＢ」「ＡであればあるほどＢ」。
　　　　　　　　意味は"越Ａ越Ｂ"と同じ。
　※"没戏(了)"：俗語「ダメになる」「ふいになる」「パアになる」。
　　　　　　　　→「チャンスがなくなる」。②
　※"Ａ越来越Ｂ"：「Ａはますます／いよいよＢ」「ＡすればするほどＢ」。④⑤
　※"愈来愈Ａ"：〈書面語〉「ますますＡ」。意味は上に同じ。
　※"Ａ着"：「Ａ（し）ながら」。⑥
　※"一面Ａ一面Ｂ"：「Ａする一方ではＢする」「Ａ（し）ながらＢする」。⑦
　※"(一)边Ａ，(一)边Ｂ"：「Ａ（し）ながらＢする」。⑧
　※"随Ａ随Ｂ"：「Ａする端からＢする」。⑨
　※"一手Ａ一手Ｂ"：「Ａを片手にＢをする」。⑩
　※"且Ａ且Ｂ"＝"(一)边Ａ(一)边Ｂ"：〈書面語〉「Ａ（し）ながらＢする」。

第 37 課　131

第38課　複合句型(13)「ウーロン茶以外にも中国には 何種類ものお茶があります」

①上海**以外**だったら私はどこへでも行ってみたい。

②私達のクラスは、私**以外**はみな欧米人です。

③こんな馬鹿なことは彼**以外**に誰もする訳がないでしょう。

④ウーロン茶**以外にも**中国には何種類ものお茶があります。

⑤大学時代は勉強**以外にも**テニスをしたり武術の練習をしたり、映画を見たり恋愛したり、毎日 とても楽しかった。

⑥中国**の他**にはどこの国へ行ったことがありますか。

⑦こんな事をしてしまっても、君は少しも恥ずかしくない**と言うのかい**。

⑧医学がこんなに発達しても、彼女を救うことはできない**のですか**。

⑨自殺以外に本当に方法はなかった**のだろうか**。

⑩あなた以外に彼のことを知っている人がひとりもいない**なんて**。

习题

1）大学卒業後の彼の行方を知っているのは彼女をおいて他にはいない。

2）彼は自分の専門以外のことは何も知らない。

3）君以外はみんな準備ができましたよ。

4）私達のクラスでは欠席の3人以外は全員合格した。

5）僕はこのウィルソン"威尔逊"のラケット以外は（何も）いりません。

6）本業以外にあなたは何かご趣味をお持ちですか。

7）奨学金以外に彼は毎月10万円のアルバイト収入がある。

8）北京語以外に彼女は広東語にもとても精通している。

9）昨日彼のクラスは彼以外全員サボったそうだ。本当にお話にならない。

10）君はまさか大学に入ったら勉強をしなくてもよいと思っているのではないだろうね。

第三十八课　复句⒀"除了乌龙茶以外，中国还有好多种茶。"

①**除了**上海**以外**我哪儿**都**想去看看。
②我们班上**除了**我**以外都**是欧美人。
③这种傻事儿**除了**他**以外**，没有人会去做。
④**除了**乌龙茶**以外**中国**还**有好多种茶。
⑤上大学的时候，**除了**学习**以外**，我**还**打网球、练武术、看电影、谈恋爱，每天都过得挺愉快。
⑥**除了**中国**以外**，你**还**到过哪些国家？
⑦干出这种事来，你**难道**一点也不觉得惭愧**吗**？
⑧医学这么发达，**难道**真的无法挽救她**吗**？
⑨**除了**自杀**以外**，**难道**真的没有其他办法了**吗**？
⑩**除了**你**以外**，**难道**没有一个人认识他**吗**？

要点

※"除了Ａ以外，都Ｂ"：「Ａ以外は／Ａを除いてはＢ」。①②③
　　　　　　　　　　　　Ａは含めないで考える場合。

※"除了Ａ以外，还／再／又／也Ｂ"：「Ａの他に、Ｂも」「Ａであるばかりか、Ｂも」。④⑤⑥
　　　　　　　　　　　　　　　　　Ａも含めて考える場合。

※"难道Ａ吗？"：「まさかＡなんてことはないでしょうね」。⑦⑧⑨⑩
　　　　　　　　反語形式で逆接的に表現する。〈詳しくは第40課参照〉。

第 38 課　133

第39課　複合句型(14)「人に頼むくらいだったら自分でやった方がましだ」

①人に頼む**くらいだったら**自分でやった**方がましだ**。
②途中で止める**くらいなら**、**むしろ**やらない**方がいい**。
③あちこちいじくり回して直す**より**、新しいのを買った**方がよい**。
④自分で作る**よりもむしろ**できあいのを買った**方が**安い。
⑤死ん**でも**屈服し**ない**。
⑥**たとえ**自転車に乗って行く**としても**、混んだ電車に乗って行く**のは嫌だ**。
⑦**いくら**たくさん薬を飲もう**とも**、注射はし**たくない**。
⑧朝御飯を食べなく**ても**、少しでも朝寝坊し**たい**。
⑨**たとえ**量は少なく**ても**、質の良いものを(求める)。
⑩１人になった**としても**最後までやり抜く。

习題

1）若い時には美味しく食べるというよりはお腹いっぱいたくさん食べることが優先だ。
2）彼女は倹約家というよりはケチと言う方が正しい。
3）混雑したバスに乗るくらいなら、歩いていった方がましだ。
4）ぼやっとしながら本を読む／勉強をするくらいなら、ちょっと睡眠をとってからもう１度読んだ／やった方がよい。
5）「西北の風を飲む」〈空き腹を抱えること〉くらい貧しくても、東京を離れたくない。
6）本は買うよりも借りた方がいいと言う人もいますが、私はそうは思いません。
7）やつらなんかと一緒に講義を受けるくらいだったら、自習した方がましだ。
8）たとえ何軒か余計に店を回ろうとも、気に入った物を買いたい。
9）あんな人と結婚するくらいなら(むしろ)一生独身でいる方がましだ。
10）たとえ海を越え、山を越えてでも私は彼女を捜し出す。

第三十九课　复句⒁"与其求人，不如自己做。"

①**与其**求人，**不如**自己做。
②**与其**半途而废，**不如**不做。
③**与其**修来修去，**不如**买（个）新的。
④**与其**自己做，还**不如**买现成的便宜。
⑤**宁可**死**也**不屈服。
⑥**宁可**骑车去，**也**不愿意挤电车。
⑦**宁可**多吃点儿药，**也**不愿意打针。
⑧**宁可**不吃早饭，**也要**多睡会儿懒觉。
⑨**宁可**少些，**也要**好些。
⑩**哪怕**只有我一个人**也**干到底。

要点

> ※"与其Ａ，不如Ｂ"：「Ａよりも、むしろＢである」。①②③④
> 　　　　　　　この文型はＡの部分を否定し、Ｂの部分を肯定する。客観的状況に対す
> 　　　　　　　る判断や見方を示し、Ｂの部分の方がより正しく、適当であることを示
> 　　　　　　　す。

> ※"宁可Ａ，也不Ｂ"：「たとえＡでも、Ｂしようとしない」。⑤⑥⑦
> 　　　　　　　この文型はＡの部分を肯定し、Ｂの部分を否定する。
> 　　　　　　　ＡＢ２つの事柄を比べ利害得失を考える。

> ※"宁可Ａ，也要/也得/但要Ｂ"：「たとえＡでも、Ｂしなければならない」。⑧⑨
> 　　　　　　　ＡＢとも選ぶ事柄を提示するが実際には取捨関係を表す。
> 　　　　　　　ＢはＡの取捨目的であることを強調している。

> ※"哪怕Ａ，也Ｂ"：「たとえＡでも、Ｂである」。⑩
> 　　　　　　　話し言葉としてよく使われる。
> 　　　　　　　"就是"や"即使"に相当する。
> 　　　　　　　仮定の譲歩を表す反語。

第 39 課　135

第40課　反語句「こんなに遅くに誰が来るものか」

①それは言うまでもないだろう。
②こんなに遅くに誰が来るものか。
③君はさっきご飯を食べたばかりではなかったのですか。
④今さらどうしようと言うのです。
⑤勝手にしなさい。誰も止めはしませんよ。
⑥どうしてお腹を空かせたままあなたを帰すことができましょう。
⑦このことは誰でも知っているのに、あなたは知らないのですか。
⑧三日坊主でダイエットができるのかい。
⑨あなたは彼と約束したのではなかったのですか。どうしてまた気が変わったのですか。
⑩今になってまだ話があるのかい。

習題

1）２人の親友が喧嘩を始めようというのに、私はどうして手をこまねいて見ていることができようか。
2）誰が君の悪口を言おうか。
3）すでに約束したことだ、彼女はどうして来ないはずがあるのか。
4）お金を渡したじゃないですか、どうしてまた！
5）大騒ぎをしたくせに君はまだ行かないのか。
6）君に言いませんでしたか、今日は行きません！
7）彼は大学院生です、この分野では読まない本はありません。
8）学生がどうして講義に出ないことがあるのか。
9）彼は留学に行きたかったのではないですか。どうしてまた行かないと言うのですか。
10）父の中国語はこんなに上手なのに、私が駄目なはずはないでしょう。

第四十课　反问句"这么晚了，谁还会来？"

①那**还**用说**吗**？

②这么晚了，**谁**还会来？

③你刚才**不是**吃过饭了**吗**？

④事到如今，你**还**想干什么？

⑤随你的便！**谁**不让你走了？

⑥**哪儿能**让您饿着肚子走？

⑦这件事谁都知道，**难道**你还不知道**吗**？

⑧你这个人三天打鱼两天晒网的，**哪能**减肥？

⑨你**不是**跟他说好了**吗**？怎么又变卦了！

⑩到了现在，你**还**有什么话说？

要点

※陳述句と各種の疑問句に「反語の語気」を表す語句を加えると、反語句となる。

※反語句は明らかな道理や事実に対して、「反語の語気」を用いて、肯定または否定の強調を表す。形式が肯定形の場合は否定の強調であり、否定形の場合は肯定の強調となる。

※反語句の文末には、反語の語気が強ければ疑問符を、感嘆の意味が強ければ感嘆符をつける。

「反語の語気」を表す語句例

※"还A吗？"：「どうしてAなのか」。①⑩

※"谁A？"：「だれがAしようか」。②⑤

※"不是A吗？"：「Aではないんですか」。③⑨

※"A什么？"：「何がAなものか」。④

※"难道A吗？"：「まさかAではないですね」。⑦

※"怎么能/哪能A"：「どうしてAできるのでしょうか」。⑥⑧

付　録

　　標点符号と時間詞語と離合詞の表と“习题”練習問題の単語表
をつけました。

　　気がつかずに簡単なミスをするのが外国人の常套です。日本人
のよくおかす“病句”をまとめて「不該集」としました。

　　忘れないようにたえず読み返して反省し誤りない表現をマスタ
ーしましょう。

biāo diǎn fú hào
标 点 符 号

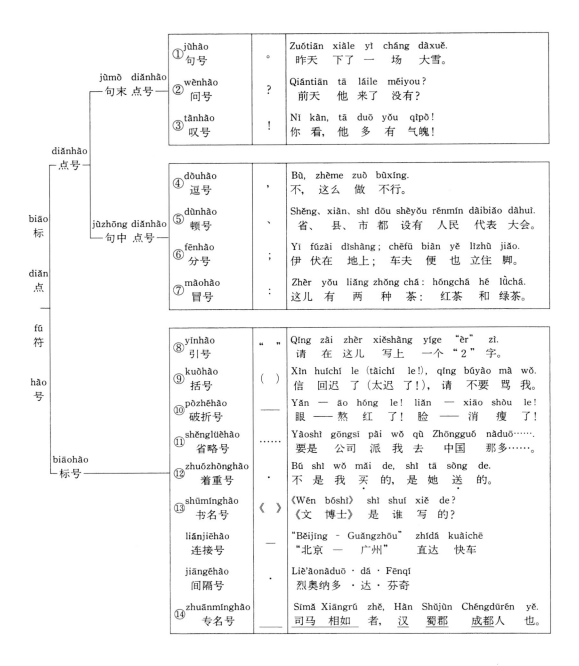

標点符号 〈中国語の句読点〉

①"句号"：ピリオド。1つの文が終わった所に用いる。

②"问号"：疑問や反語を示す。

③"叹号"：感嘆・祈願・命令・呼びかけなどに用いる。

④"逗号"：コンマ。1つの文の中で文の構成上、または発音上の区切る所に用いる。

⑤"顿号"：文の中で並列した語と語の間や、句と句の間に用いる。

⑥"分号"：複文の中の並列した節や、並列した句を区切るのに用いる。

⑦"冒号"：引用文の前に置いたり、例示・説明・補足などを示す。

⑧"引号"：引用文や重要語句などの前後に用いる。

⑨"括号"：(＝括弧) カッコ。文中の注釈の部分の前後に用いる。

⑩"破折号"：文中で、この次には注釈の部分があるということを示す。

⑪"省略号"：文中の省略した部分の代わりに用いる。

⑫"着重号"：文中で、特に重要な言葉の下に用いる。

⑬"书名号"：本や雑誌・新聞の名を記す符号。

⑭"专名号"：文中の人名・地名・団体名などの固有名詞に用いる。縦書きの場合は左、横書きの場合は下に用いる。

◎まとめ

次のように"标点符号"「句読点」の付け方により何通りもの意味を持った文章ができる。

〈例句〉老刘小王散步去了你去不去

①老刘、小王散步去了，你去不去？
　「劉さんと王さんは散歩に行きました。あなたは行きませんか」

②老刘！ 小王散步去了，你去不去？
　「劉さん！　王さんは散歩に行きましたよ。あなたは行きませんか」

③老刘："小王！ 散步去了，你去不去？"
　劉さんが (言いました)：「王さん！　散歩に行きますよ。あなたは行きませんか」

④老刘："小王散步去了，你去不去？"
　劉さんが (言いました)：「王さんが散歩に行きました。あなたは行きませんか」

不該集

×は誤り、○は正しい文。例文中※は**問題の部分**や**ポイント**を表す。

- 私達は**1時間半**テレビを見た。

  ×我们看了**一半个小时**的电视。　　　　　○我们看了**一个半小时**的电视。

  ※"半"と量詞を用いる場合、

  ①他の数詞と一緒に用いない場合は"半"は量詞の前に置く。

  "半年""半个月""半天""半个小时"

  ②他の数詞と一緒に用いる場合は整数を表す量詞は前に、"半"は量詞の後に置かねばならない。

  "一个半小时""一年半""两个半月"

- 姉は私より**2つ**年上です。

  ×我姐姐比我大**二**岁。　　　　　　　　○我姐姐比我大**两**岁。

  ※量詞（名量詞・動量詞）の前の数には一般に"两"を用い、"二"は用いない。

- この体育館は少なくとも**2千人**は収容できる。

  ×这个体育馆至少坐得下**二千人**。　　　○这个体育馆至少坐得下**两千人**。

  ※「千」や「万」の位の時、前の「2」は一般に"两"を用い、"二"は用いない。

- 我がクラスには**20人**の学生がいる。

  ×我们班有**两十**个学生。　　　　　　　○我们班有**二十**个学生。

  ※十の位の数には"二"を用い、"两"は用いない。

- 私は彼に10元渡すと、彼は私に**2元32銭**おつりを寄越した。

  ×我给他十块钱，他找我**两块三毛两(分)**。　○我给他十块钱，他找我**两块三毛二(分)**。

  ※何桁もある場合、"两"は最初の一桁だけに用いる。

- 机の上に何冊かの本がある。

  ×桌子上有一些**本**书。　　　　　　　　○桌子上有一些书。

  ※"些"は不特定の少量の数を表す場合、"个"を除いて、他の量詞は用いない。また、"些"の前の数詞は"一"のみが用いられる。

- 彼女の写真の中で、ある写真は写りが悪くない。

  ×她有的**张**照片照得不错。　　　　　　○她有的照片照得不错。

  ※"有的"は定語として人や事物の一部分を表し、その中心語には量詞をつけることはできない。

- この万年筆はいくらですか。

  ×这**种支**钢笔多少钱？　　　　　　　　○这**种**钢笔多少钱一支？

  　　　　　　　　　　　　　　　　　　　○这**支**钢笔多少钱？

  ※1つの名詞には1つの量詞しか用いることができない。

142　付録

- 右側のそのベッドは私のです。

  ×右边**张**床是我的。　　　　　　　　　　　○右边那**张**床是我的。

  ※量詞は重ね型以外は単独で名詞を修飾できない。その前には数詞や指示代名詞、疑問代名詞や一部の形容詞を必要とする。量詞の前の数詞が"一"の場合、限定された目的語であれば"一"は省略することができる。

  （例）"他买了（一）本书。"彼は本を買った。

- 彼らの間には**いささかの**あつれきが生じた。

  ×他们之间发生了**有一些**矛盾。　　　　　　○他们之间发生了**一些**矛盾。

  　　　　　　　　　　　　　　　　　　　　　　○他们之间有**一些**矛盾。

  ※一定の数量を表す場合の"一些"は名詞の前で定語にしかなれない。動詞や形容詞の前で状語になることはできない。

  ※"有一些"は数量が大きくないことを表し、その場合は述語として用いることができ、動詞や形容詞の前で状語としても用いることができる。その場合は「少々、幾らか」という意味になる。定語としては用いることができない。

- 君はどうしてこの（3本の）テープが僕のだと分かったのですか。

  ×你怎么知道这**些**三盘磁带是我的？　　　　○你怎么知道这**些**磁带是我的？

  　　　　　　　　　　　　　　　　　　　　　　○你怎么知道这三盘磁带是我的？

  ※"些"は不特定でかつ少量の数を表す量詞であるので、具体的な数量と一緒に用いることはできない。

- 私は広東語が**少し**話せる。

  ×我会说广东话**一点儿**。　　　　　　　　　○我会说**一点儿**广东话。

  ※"一点儿"は不特定の数量を表す量詞であり、語感からいうと"一些"よりその量は少ない。名詞の前に置き、定語として用いる。

  動詞の前で状語として用いたり、「動詞＋目的語」フレーズの後に用いることはできない。

- 今日私は気分が**少々**良くない。

  ×今天我**一点儿**不舒服。　　　　　　　　　○今天我**有一点儿**不舒服。

  ※一定の数量を表す場合の"一点儿"は通常名詞の前に置き、定語として用いる。動詞と形容詞の前には「少々、幾らか」という意味を表す"有一点儿"を状語として用いるべきである。

- 彼女の身体は**少し**良くなった。

  ×她的身体**有一点儿**好。　　　　　　　　　○她的身体好**一点儿**了。

  ※不特定の数量を表す場合の"一点儿"は定語として名詞を修飾しなければならない。「少々、幾らか」という意味を表す"有一点儿"は動詞と形容詞の前で状語として用いられるが、多くは思い通りにいかない時に用いられ"好"を修飾することはできない。"好"の程度が「少々、幾らか」の場合、"一点儿"を"好"の後ろに置き、補語として用いる。

不该集　143

- 今は 5 時15分前です/今は 4 時45分です。

 ×現在差一刻**分**五点（钟）。   ○现在差一刻五点（钟）。
              ○现在四点三刻。
              ○现在四点四十五分。

 ※時刻の表し方は15分を"一刻（钟）"という。"十五分（钟）"でもよい。45分は"四十五分（钟）"または"三刻（钟）"という。"刻"と"分"の併用は不可。

- 今から20分間休憩にします。

 ×现在休息二十分。   ○现在休息二十分钟。

 ※"分钟"の用法：例文は"钟"はあってもなくてもよく、前に"点钟"があったら普通は"钟"は用いず、"分"のみでよい。単独で用いて状語や補語になる場合は"分钟"を用いなければならない。

- 私達は毎朝、太極拳をしています。

 ×每**个**天早上我们都打太极拳。 ○每天早上我们都打太极拳。

 ※"年""天""季""国""省""夜""层""户"等の名詞は"准量词"とも呼ばれ量詞の特徴を持っており、量詞を用いなくても数詞や指示代名詞に直接続けて用いることができる。

- 10月1日私達は西安に着き、10月3日には彼も来ました。

 ×十月一号我们到了西安**了**，十月三号他也 ○十月一号我们到了西安，十月三号他也来
 来了。   了。

 ※意味の続いている 2 つの文の場合、 1 番目の文の文末には"了"を用いる必要はない。

- 今日我がクラスは会議がある。

 ×今天我们班**有**开会。   ○今天我们班开会。

 ※一般動詞の述語句または形容詞述語句では"有"を伴う構文にする必要はない。一般に"有"を伴う構文は"有"が述語になる文で、主に「所有」「具備」「存在」「発生」「出現」等を表す。

- 私達は毛先生に中国語を教えていただきました。

 ×我们**被**毛老师教中文。   ○毛老师教我们中文。

 ※"我们"は述語"教"の動作の対象であるから間接目的語とすべきで、"被"を用いた受け身句で表現すべきでない。

- これしきの困難、私達は克服できる。

 ×这些困难都**被**我们克服得了。   ○这些困难我们都克服得了。

 ※"被"を用いる受け身では可能補語をとることができない。

 ※"被"を用い可能を表したい時には"被"の前に能願動詞"能"を用い表せばよい。

           ○（只要有决心,多想办法,）这些困难就都**能**
             被我们克服。

- 私達のチームは背水の陣になった。
  - ×我们队**被**背水一战。　　　　　　　　○我们队背水一战。
  - ※四文字熟語の形容詞が述語となった場合、"被"を用いることはできない。

- 美術館の見学後、我々は国立博物館を見学した。
  - ×美术馆**的**参观以后，我们又参观了国立博　　○参观了美术馆以后，我们又参观了国立博
    物馆。　　　　　　　　　　　　　　　　　　物馆。
  - ※「美術館の見学」は「美術館」を「見学する」ことなので、「動詞＋目的語」フレーズにすべきである。

- 日曜日にはどの公園にもたくさん遊びに行く人がいます。
  - ×星期日**的**所有的公园都有很多去玩的人。　　○星期日所有的公园都有很多去玩的人。
  - ※時間詞語が状語になっているので、その後には"的"を用いるべきでない。

- 姉が嫁いだ後、家には父と母と私の3人だけです。
  - ×姐姐出嫁以后，家里只有爸爸、妈妈和我　　○姐姐出嫁以后，家里只有爸爸、妈妈和我
    的三个人了。　　　　　　　　　　　　　　三个人了。
  - ※同格の語の間には"的"は用いるべきではない。

- 鈴木さんが話す中国語はますます上手くなっている。
  - ×铃木**的**说中文越来越好。　　　　　　　　○铃木说中文说得越来越好。
  - ※"铃木"は主語である。主語と述語の間には"的"を用いるべきでない。
  - cf.　铃木说的中文说得越来越好。「鈴木さんの話す中国語はますます上手くなっている」
  - ※この場合の主語は"中文"。

- 料理が塩辛かったので、私はお茶を何杯も飲みました。
  - ×因为菜太咸，所以我喝了不少**的**杯茶。　　○因为菜太咸，所以我喝了不少茶。
  - ※一般的な形容詞フレーズが定語となる時、中心語との間には"的"を必要とする。しかし、形容詞の"多""少"は例外であり、"很多""不少"等が定語として用いられる場合は中心語との間に"的"は用いるべきではない。

- 彼女は東北〈黒龍江省・吉林省・遼寧省を「東北三省」と呼ぶ〉の出身です。
  - ×她是个东北**的**人。　　　　　　　　　　　○她是(个)东北人。
  - ※名詞が定語になり修飾関係を表す時は、中心語との間に"的"は必要ない。もし"的"がある場合は所属関係を表し、ある場合とない場合では両者の表す意味は異なってくる。
  - cf.　他是中国留学生。〈修飾関係〉 彼は中国人の留学生です。
    他是中国的留学生。〈所属関係〉 彼は中国の留学生です。〈中国から派遣された或いは中国へ留学した〉

- 私は買い物に全部で百元余り使いました。
  - ×我买东西一共花了一百多块**的**钱。　　　　○我买东西一共花了一百多块钱。
  - ※数量詞が定語になり制限関係を表す場合、中心語との間に"的"を用いるべきではない。

不该集　145

- 周先生は料理を美味しく、見栄えも良く作る。

　　×周師傅做菜得又好吃又好看。　　　　　　○周師傅把菜做得又好吃又好看。

　　※処置文に該当するので"把"を用いて処置を受ける対象を引き出し、状語として動詞を修飾する。状態を表す語〈程度補語〉を動詞の後に置く。

- 君は中国語の本を読んで分かりますか。

　　×你把中文书看得懂吗?　　　　　　　　○你看得懂中文书吗?
　　　　　　　　　　　　　　　　　　　　　○中文书你看得懂吗?

　　※"把"字句構文の述語動詞には可能補語を用いることができない。

- 福田がひとけりでボールをゴールにけり入れた。

　　×福田一脚踢球进了球门。　　　　　　　○福田一脚把球踢进了球门。

　　※処置文に該当するので"把"を用いて目的語を引き出し状語として動詞を修飾する。処置後の場所を表す語は動詞の後に置き、"到""在""进"等の補語成分は動詞と処置した場所を表す語との間に置く。

- 私達はすぐにその手紙を大統領に送り届けなければならない。

　　×我们应该立刻送那封信给总统。　　　　○我们应该立刻把那封信送给总统。

　　※事物に関する授受表現は以下の公式を用いるとわかりやすい。

　　　A ──→ B　　A ハ B ニ C トイウモノ ヲ D スル

　　　　C（D）　　　　　　　トイウコトヲ

　　　A＋"把"＋C＋D＋"给"＋B

　　　私達　　手紙 送る　　大統領

- 佐藤さんは2年かけてあの中国語の小説を日本語に翻訳した。

　　×佐藤用了两年时间，翻译那本中文小说成　　○佐藤用了两年时间，把那本中文小说翻译
　　　了日文的。　　　　　　　　　　　　　　　成了日文。

　　※処置文に該当するので"把"を用いて処置を受ける対象を引き出し、状語として動詞を修飾する。"成"や"做"等の処置の結果を表す語〈結果補語〉を動詞の後に置く。

- 橋本さんは練習を真面目にやった。

　　×桥本把练习作得很认真。　　　　　　　○桥本作练习作得很认真。

　　※「真面目にやった結果」ではないので処置文にすることはできない。よって、程度補語を伴う一般的な動詞述語句で表現すべきである。

- 先生は男子学生と女子学生を分けて立たせた。

　　×老师把男同学站在一边，女同学站在一边。　○老师让男同学站在一边，女同学站在一边。

　　※例文中の"站"は目的語自身の動作であり、行為者の目的語に対する処置や処置の結果にはならず、処置文の要件を満たしていない。よって、使役を表す兼語文〈第一の述語の目的語が意味の上で第二の述語に対する主語となるもの〉を用い表現すべきである。

• 久米さんは六本木であの人を見かけた。
　×久米先生在六本木**把**那个人看见了。　　　　　○久米先生在六本木看见那个人了。
　※"听见""见""知道""看见"等の知覚・聴覚・感覚等を表す動詞は処置文の述語動詞として
　　は用いることができない。

• 先生は空港から私達を連れて学校まで戻って来た。
　×老师从机场**把**我们回到学校里。　　　　　○老师带我们从机场回到了学校里。
　※"去""来""回""进"等の方向を表す動詞が場所を表す目的語フレーズをともなっている場
　　合は"把"をともなう処置文を用いて表現すべきでない。

• 私はコーラを1杯だけ飲んですぐに出かけた。
　×我只**把**一杯可乐喝就出去。　　　　　○我只喝了一杯可乐就出去了。
　※意味には処置の意味がないので、一般の動詞述語句を用い、動作の行われる順番を表すべき
　　で、処置文を用いるべきでない。

• 明日には君はこのレポートを書き終えることができるね。
　×明天你把这份报告**可以**写完了吧?　　　　　○明天你可以把这份报告写完了吧?
　※能願動詞は"把"の前に置かなければならない。

• 西岡君はあの本をまだ図書館に返していないんだよ。
　×西冈把那本书还**没**还回图书馆呢。　　　　　○西冈还**没**把那本书还回图书馆呢。
　※一部の熟語表現を除き、否定副詞"不""没(有)"は"把"の前に置かなければならない。

• あんなに長い作文、私は2日目の朝になってやっとそれを書き終えた。
　×那么长的一篇作文,我好容易第二天早晨　　　　　○那么长的一篇作文,我好容易第二天早晨
　　把它**才**写完。　　　　　　　　　　　　　　　　　　**才**把它写完。
　※時間詞語は一般に"把"の前、または句首に置く。副詞の"才""就""再"も普通は"把"
　　の前に置く。

• 私は神田さんに松田さんの近況を話した。
　×我把神田告诉了的松田的近况。　　　　　○我把松田的近况告诉了神田。
　※例文中の"告诉"は二重目的語をとることができる動詞である。処置を受ける対象として
　　"把"によって引き出されるのは直接目的語であるべきで、間接目的語は"把"で引き出し
　　てはいけない。

• 君は部屋の窓を開けて下さい。
　×请你开开**把**房间里的窗户。　　　　　○请你**把**房间里的窗户开开。
　※"把"字句構文は主語の後ろ、述語動詞の前に置かなければならない。

• 私達は教室をきれいに掃除しなければなりません。
　×我们应该把打扫教室干净。　　　　　○我们应该把教室打扫干净。
　※処置や処置の結果、影響を表す処置文は3つの部分によって構成される。

不该集　147

①主語（処置の実行者、影響の行使者）

②"把"字句（処置や影響を受ける対象）

③"把"字句構文（処置文）の後半部分（"把"の目的語に対して如何に処置したか影響を及ぼしたか、或いは処置や影響の結果はどうであるか）

　例文中の"教室"は処置を受けた対象であるので、"把"のすぐ後に目的語として置かねばならず、また述語動詞の前に置かれるべきである。

- 私はバッグを机の上に置いた。
  ×我把书包在桌子上了。　　　　　　　○我把书包**放**在桌子上了。
  ※"把"の目的語を処置する述語動詞はなくてはならず、文意に合わせて"拿""放""搬""寄""带""送"等の動詞を補う必要がある。

- あなたはあなた自身の体験を文章にする必要がある。
  ×你应该把你的体会写。　　　　　　　○你应该把你的体会写**出来**。
  ※"把"字句構文の述語動詞は動詞の重ね型、補語や目的語、アスペクト等のその他の成分を伴わなければならない。

- 君はあのポスターを壁に貼ってはいけない。
  ×你不要把那张海报贴**往**墙上。　　　○你不要把那张海报贴**在**墙上。
  　　　　　　　　　　　　　　　　　　○你不要把那张海报往墙上贴。
  ※"把"字句構文の後ろには"把"の目的語が処置された結果がなければならないので"海报"は貼られた結果"在墙上"でなければならない。また、"往墙上贴"のように介詞を用いて貼られる場所を明示してもよい。

- 私達は一生懸命学ぶ決心をしました。
  ×我们把决心好好学习。　　　　　　　○我们决心好好地学习。
  ※"把"は「を」に訳すことができるが、「を」が"把"に訳せるのは処置文の場合である。例文は処置の意味がないので"把"を用いることはできない。

- 北京の春にはよく風が吹きます。
  ×北京的春天常常**地**刮风。　　　　　○北京的春天常常刮风。
  ※副詞の"常常"が状語となる場合、中心語との間には"地"を用いる必要はない。

- 彼女は感動して涙を流しました。
  ×她**非常**感动得掉下眼泪来。　　　　○她感动得掉下眼泪来。
  ※程度補語を用いる場合、その前には程度副詞の"非常"や"很"は用いてはならない。

- 毎週土曜日彼はいつも半日間テニスをする。
  ×每个星期六他都打**了**半天的网球。　○每个星期六他都打半天的网球。
  ※習慣的に行われる動作や行為の場合、述語動詞の後ろにアスペクトの"了"を用いてはならない。

- 私達はそのことを皆知らなかった、彼が私達に知らせてくれなかったから。
  ×那件事我们都不知道，他没通知**了**我们。　　○那件事我们都不知道，他没通知我们。
  ※動詞の前に"没"を置き、動作が実現や完成しなかったことを表す場合、動詞や動詞と補語の後ろにはアスペクトの"了"は用いてはならない。

- 私はよく見なかったので、もう一度見なければ駄目だ。
  ×我没看清楚，应该再看**了**看。　　　　　　○我没看清楚，应该再看一看。
  ※述語部分に"应该""可以""要""想"等の能願動詞を用いる場合、述語動詞の表す動作は実現していないことや未完成のことなので、動詞の後ろにアスペクトの"了"を用いてはならない。

- 彼は私に、このことを君に伝えないように言った。
  ×他叫**了**我不要把这件事告诉你。　　　　○他叫我不要把这件事告诉你。
  ※使役を表す兼語文では使役を表す動詞"叫""使""让"の後ろにはアスペクトの"了"は用いてはならない。
  　もし"了"を用いる場合は兼語の後ろの方の動詞の後に用いるべきである。
  　cf.　老师让他替老师去了一趟北京。「先生は彼を先生の代わりに北京に行かせた」

- 彼女の妹は振り向いて私に微笑んだ。
  ×她的妹妹回**了**头对我笑了一笑。　　　　○她的妹妹回头对我笑了一笑。
  ※連動文では方法を表す一番目の動詞の後ろにはアスペクトの"了"を用いてはならない。

- 通知を受け取った後、彼はおかしいと感じた。
  ×接到通知以后，他感到**了**很奇怪。　　○接到通知以后，他感到很奇怪。
  ※"感到""希望""盼望""感觉""打算"等具体的な動作を表さず、完成の意味を持たない動詞の後ろにはアスペクトの"了"は用いてはならない。

- 私達は君が来ないと思ったので待っていなかったのです。
  ×我们以为**了**你不来了，所以没有等你。　　○我们以为你不来了，所以没有等你。
  ※"以为""认为""看"等は判断を表す動詞でその後ろにはアスペクトの"了"を用いてはならない。

- 私は彼が卒業後大阪に帰ったことを聞いた。
  ×我听说**了**他毕业以后就回大阪去了。　　○我听说他毕业以后就回大阪去了。
  ※述語動詞の目的語部分は主述フレーズから成っている。
  　この場合"忘""忘记"等の動詞を除いて、一般に主述フレーズからなる目的語部分を持つ述語動詞の後ろにはアスペクトの"了"を用いない。

- 彼は私を助けることに同意してくれた。
  ×他同意**了**帮助我。　　　　　　　　　　○他同意帮助我。
  ※述語動詞の目的語部分は「動詞＋目的語」フレーズから成っている。
  　この場合"忘"や"忘记"等の動詞を除いて、一般に「動詞＋目的語」フレーズからなる目

的語部分を持つ述語動詞の後ろにはアスペクトの"了"を用いない。

- 私達は中国人学生と一緒に学ぶ機会があってとても嬉しく思います。

  ×我们有**了**机会跟中国学生一起学习，非常高兴。　　○我们有机会跟中国学生一起学习，非常高兴。

  ※存在を表す動詞の"有"の後ろにはアスペクトの"了"は用いてはならない。

- 岡野君は走るのが速い。

  ×冈野跑步跑**了**得很快。　　○冈野跑步跑得很快。

  ※述語動詞には程度補語が用いられており、動詞の後ろにはアスペクトの"了"を用いることはできない。

- 彼女は私達のクラスで勉強が一番できる。

  ×她在我们班学习**了**最好。　　○她在我们班学习最好。

  ※例文は主述述語句で、"学习"は述語部分の小主語であるので、後ろにはアスペクトの"了"を用いてはならない。

- デパートの中には人が非常に多く、賑やかでした。

  ×百货公司里的人非常多**了**，热闹极了。　　○百货公司里的人非常多，热闹极了。

  ※形容詞述語句で、述語になる形容詞の後ろにはアスペクトの"了"を用いてはならない。

- 週末は、私達はお茶を飲みながら音楽を聞いている。

  ×周末我们一边喝**着**茶，一边听**着**音乐。　　○周末我们一边喝茶，一边听音乐。

  ※習慣的に行われる動作や行為の場合、述語動詞の後にアスペクトの"着"を用いてはならない。

- 私達は皆努力して中国語に取り組んでいる。

  ×我们都努力**着**学习汉语。　　○我们都努力学习汉语。

  ※"努力"は形容詞が状語になっているので、後ろには"着"を用いてはならない。

- 雨が強く降っているので、誰も外に出たがらない。

  ×雨下**着**很大，谁也不愿意出去。　　○雨下得很大，谁也不愿意出去。

  ※"大"は"雨"の状態がどのような程度になっているかを補充説明し、述語動詞の程度補語になっているので、程度補語と動詞は"得"で連結しなければならない。よって動詞の後ろには"着"を用いてはならない。

- 私と友人達は舞台に立って歌を歌う。

  ×我和朋友们一起站**着**舞台上唱歌。　　○我和朋友们一起站在舞台上唱歌。

  ※動詞"站"の目的語フレーズは方位詞によって構成されている。"站"という動作の持続を表しているのではなく、"站"の場所を示しているので動詞の後ろには結果補語の"在"を用いるべきで、"着"は用いてはならない。

- 彼はソファーに座りテレビを見ている。

　　×他坐**着**在沙发上看电视。　　　　　　　　○他坐在沙发上看电视。

　　※動詞の後ろに結果補語の"在"や方位詞によって構成される目的語フレーズが来る場合は
　　　"着"を用いてはならない。

- 私達は15分間話していた。

　　×我们谈**着**一刻钟了。　　　　　　　　　○我们谈了一刻钟了。

　　※持続なので"着"を用いたくなるが、時量補語をともなう場合には"着"を用いてはならない。

- 先週から私は書道教室に通っています。

　　×从上星期开始，我参加**过**书法讲座。　　　○从上星期开始，我参加书法讲座。

　　※「先週」に惑わされて"过"を用いてしまったが、例文では過去に始まり現在も続けている
　　　動作を表しているので、動詞の後に"过"を用いてはならない。

- 中国に来る前、私はときどき中国映画を見ました。

　　×来中国以前，我有时候看**过**中国电影。　　○来中国以前，我有时候也看看中国电影。

　　※"过"は不確かな時間には用いない。

- 北京に来てから私は一度も病気をしていない。

　　×来北京以后，我从来没生病**过**。　　　　　○来北京以后，我从来没生过病。

　　※"过"は動詞の後、目的語の前に置かなければならない。

- 私達は首都体育館で〈へ行き〉コンサートを見たことがある。

　　×我们去**过**首都体育馆看演唱会。　　　　　○我们去首都体育馆看过演唱会。

　　※例文は連動句であるので、"过"は最後の動詞の後ろに用いなければならない。

- 彼らは嬉しそうに帰って行った。

　　×他们**很**高高兴兴地回去了。　　　　　　　○他们高高兴兴地回去了。

　　　　　　　　　　　　　　　　　　　　　　　○他们很高兴地回去了。

　　※形容詞の重ね型は文中どのような成分として用いられても、いずれも程度副詞の修飾を受
　　　けることができない。

- 誕生日プレゼントを買うために私は沢山お金を使った。

　　×为了买生日礼物，我花了多钱。　　　　　　○为了买生日礼物，我花了很多钱。

　　※形容詞の"多"は単独では文中の定語になれない。定語として用いる時は副詞の"很"と組
　　　み合わせる必要がある。この時"很"が表す程度は通常の意味より弱くなる。

- 彼らは今ちょうど試験を受けている。

　　×现在他们正在**考试考试**。　　　　　　　　○现在他们正在考试。

　　※現在進行中の動作を表す場合、動詞は重ね型にしてはならない。

• 行く時には必ず私に一声掛けて下さい。
　　×**走走**的时候，一定要告诉我一声。　　　　○走的时候，一定要告诉我一声。
　　※動詞が定語または状語として用いられる時は通常重ね型にはしない。

• 花火が始まってから、私達は15分間見物しました。
　　×烟火开始以后，我们**看一看**一刻钟。　　　○烟火开始以后，我们看了一刻钟。
　　cf.〈重ね型にするなら〉
　　　　　烟火开始以后，我们看了看就回去了。「ちょっと見るとすぐ帰りました」
　　※動詞が重ね型の時には通常、数量補語を用いない。

• 私はもう一度彼女に会うことを心から望んでいる。
　　×我盼望再**见面**她。　　　　　　　　　　○我盼望再**跟**她**见面**。
　　※"见面"は「動詞＋目的語」の構造を持つ動詞なので、直接目的語をとることができない。
　　　介詞を用いる必要がある。

• 彼らは北京に来てから、他にはどこへ行きましたか。
　　×他们来北京以后，还**来**什么地方？　　　○他们来北京以后，还去了什么地方？
　　※"什么地方"は場所を尋ねる疑問代名詞で、話し手はどこへ行くのかと聞いているので、そ
　　　の場所は必ず話し手の所在地ではないことが分かるので動詞は"来"を用いずに"去"を用
　　　いなければならない。

• 私は故宮博物院を見学してみたい。
　　×我**想想**去参观故宫博物院。　　　　　　○我想去参观参观故宫博物院。
　　※「能願動詞＋動詞」の連動句では能願動詞を重ね型にすることはできない。

• あなたは卓球ができますか。
　　×你打**会**乒乓球吗？　　　　　　　　　　○你**会**打乒乓球吗？
　　※能願動詞は動詞の前、主語の後に置かなければならない。

• 君は試合に参加すべきかどうか考えてみなさい。
　　×你想想你应该参加不参加比赛？　　　　　○你想想你应该不应该参加比赛？
　　　　　　　　　　　　　　　　　　　　　　○你想想你应该参加不应该参加比赛？
　　　　　　　　　　　　　　　　　　　　　　○你想想你应不应该参加比赛？
　　※動詞の前に能願動詞が置かれている場合には、能願動詞を「肯定＋否定」の形にするか、ま
　　　たは「能願動詞＋動詞」を「肯定＋否定」の形にする。目的語をともなう場合には、能願動
　　　詞を「肯定＋否定」にするのが普通である。"应该""愿意""可以"等の複音節（2文字の漢
　　　字によって構成）の場合は次のようになる場合も多い。
　　　"应不应该？""愿不愿意？""可不可以？"

• 私はビデオを借りに行きたい。
　　×我去**要**借录相带。　　　　　　　　　　○我**要**去借录相带。
　　※連動句では能願動詞は1番目の動詞の前に置かれなければならない。

152　　付録

- 決心さえすれば、中国語をマスターすることができる。
  ×只要下决心，就把汉语学好。　　　　　　　○只要下决心，就**能**把汉语学好。
  ※可能性を表している文なので、述語部分には"能"や"会"を用いるべきである。

- 私は他に何も要求はありません。ただ遊びたいだけです。
  ×我没有别的要求，就是玩儿。　　　　　　　○我没有别的要求，就是**要**玩儿。
  ※「～したい」を表す能願動詞が必要。

- 今、彼は上海語さえも聴きとれるようになった。
  ×现在他连上海话都**会**听懂了。　　　　　　○现在他连上海话都**能**听懂了。
  ※能願動詞"能""会"は共にある能力を有していることを表しているが、ある程度のレベルやある成果に達した時には"能"を用い"会"は用いない。

- 風が強すぎるので洗濯物を干せない。
  ×风太大了，不**会**晾衣服。　　　　　　　　○风太大了，不**能**晾衣服。
  ※主観的にある能力を持っていたり、客観的にある条件を有していることを表す場合、"会"ではなく"能"を用いるべきである。

- 君は食事に行きたくないのなら、家でインスタントラーメンを食べなさい。
  ×你不**会**去吃饭，就在家里吃方便面吧。　○你不**愿意**去吃饭，就在家里吃方便面吧。
  ※個人の主観的な願望を表す場合、述語部分に用いられる能願動詞は"愿意"や"想"を用い、"会"を用いるべきではない。

- 彼女は以前からずっと日曜日には出かけたがらない、家で本を読むのが好きだ。
  ×星期天她从来**不要**出去，她喜欢在家里看书。　　　　　　　　　　　　　　　○星期天她从来**不愿意**出去，她喜欢在家里看书。
  ※能願動詞の"要"は"想""愿意"と同じく個人の主観的意志を表すが、否定の場合には"不愿意""不想""不肯"を用い、"不要"とは言わない。

- 汚い物〈衛生的でない物〉を食べるとお腹が痛くなるよ。
  ×吃不干净的东西**应该**闹肚子的。　　　　○吃不干净的东西**要**闹肚子的。
  ※道理の上で当然すべきことを表す"应该"ではなく、必要上しなければならないことを表す"要"を用いるべきである。

- 講義が終われば私達はすぐに家に帰れる。
  ×下了课，我们就**会**回家了。　　　　　　○下了课，我们就**可以**回家了。
  ※客観的な環境により、することができるということを表す場合、"会"ではなく"可以"を用いるべきである。

- 付近にはレストランもなく、食べる所が見つからない。
  ×附近没有餐厅，**不可以找到**吃饭的地方。　○附近没有餐厅，**找不到**吃饭的地方。
  ※"可以"は"能"と同じく客観的にある条件を具備していることを表すが、陳述句の中で否

不该集　153

定を表す場合は可能補語の否定形を用い"不可以"とは言わない。

• ハルビンの冬はとても寒く、出かける時にオーバーを着なければ風邪を引く。

×哈尔滨的冬天很冷，出去不穿大衣就**可以**感冒。　　○哈尔滨的冬天很冷，出去不穿大衣就**会**感冒。

※事実上実現の可能性があることを表す場合、"会"を用いるべきで、主観や客観的条件が許すことを表す"可以"を用いるべきではない。

• 君は君の考えをみんなに話すべきだ。

×你**应该要**把你的想法告诉大家。　　○你**应该**把你的想法告诉大家。

○你**要**把你的想法告诉大家。

※能願動詞の"应该"と"要"はともに必要であることを表すが、"应该"は道理の上で当然すべきこと、"要"は必要上しなければならないことを表すので、同時に1つの動詞の前に用いることはできない。

• 君は必ず今回の活動に参加しなければならない。

×你一定**必须**参加这次活动。　　○你必须参加这次活动。

○你一定要参加这次活动。

※「必ず～しなければならない」は"必须"或いは"一定要"で表す。"一定"を二人称に用いた場合には相手に対して強い要求を表す場合に用いられるので、後ろには能願動詞"要"或いは"得"を用いるべきである。

• 僕は今、ヒマとお金がない。

×我现在**不有**时间和金钱。　　○我现在**没有**时间和金钱。

※"有"を否定する場合は"没"を用いるべきで、"不"は用いない。

• 台所の窓は開いていなかった。

×厨房的窗户**不**开着。　　○厨房的窗户**没**开着。

※すでに発生したり完成したりしたこと、結果の出たことや持続している動作や行動を否定する場合には"没(有)"を用いるべきで、"不"は用いない。

• 選手達は毎日午後に練習があり、授業は受けない。

×每天下午运动员们都有训练，**没**上课。　　○每天下午运动员们都有训练，**不**上课。

※日常性や習慣性を表す動作や行為、状況を否定する場合には"不"を用いるべきで、"没(有)"は用いない。

• ここ数日彼は忙しくないので、毎日ゴルフの練習ができる。

×这几天他**没有**忙，每天可以打高尔夫球。　　○这几天他**不**忙，每天可以打高尔夫球。

※性質や状態を否定する場合には"不"を用いるべきで"没(有)"は用いない。

• 以前、私は北京大学にこんなに留学生がいることを知らなかった。

×以前我**没有**知道北大有这么多留学生。　　○以前我**不**知道北大有这么多留学生。

154　付録

※非動作性の動詞を否定する場合には"不"を用いるべきで"没（有）"は用いない。

- 彼女は歌を歌うのは好きではなく、ただ音楽を聞くのが好きなのです。
  ×她**没**爱唱歌，只爱听音乐。　　　　　○她**不**爱唱歌，只爱听音乐。
  ※趣味嗜好〈好み〉や可能性を否定する場合には"不"を用いるべきで、"没（有）"は用いない。

- 今朝の気温は10度ですが、さほど寒くはありません。
  ×今天早上的温度是十度，但是**并**冷。　　　○今天早上的温度是十度但是**并不**感到冷。
  ※副詞"并"は"不"や"没（有）"等の否定を表す副詞の前に用い、否定の語気を強める。ある考えの否定を表し、真実の状況を説明する意味を持つ。
  　"并"の中心語は否定の形のみで用いられ、肯定の形では用いられない。

- 彼はみんなが帰るのを待ってからやっと家に帰る。
  ×等大家都走了，**才**他回家。　　　　　○等大家都走了，他**才**回家。
  ※副詞の"才"は状語となる場合、述語部分の中心語の前に用いるべきで、中心語の後ろ、或いは主語の前に用いるべきではない。

- もし用事があればいつでも電話をかけて来て下さい。
  ×如果有事，**什**么时候可以打电话来。　　○如果有事，**什**么时候**都**可以打电话来。
  ※"哪""什么"を疑問代名詞として用いる場合には後ろに"都"を呼応させ、例外がないことを表す。

- あの大学の先生方はみな学生に対して熱心です。
  ×那所大学**都**老师对学生非常热情。　　　○那所大学的老师**都**对学生非常热情。
  ※副詞"都"は文中、状語となり、総括〈まとめ〉を表す。
  　陳述句において"都"はまとめる人や事物の後ろにおくべきである。

- この文章を私は1週間かかってやっと書いたのに、彼はものの5分で読み終えた。
  ×这篇文章我写了一个星期才写完，他看了　○这篇文章我写了一个星期才写完，他看了
  　五分钟**才**完。　　　　　　　　　　　　五分钟**就**看完了。
  ※この文の意味のポイントは彼が読むのが「速い」ということなので"看完"の前の状語は「速い、早い、スムーズ」を表す副詞である"就"を用いるべきである。
  　また、反対に、"写完"の前の状語は「やっと」ということなので「ゆっくり、遅い、スムーズでない」ことを表す"才"を用いるべきである。

- 君が行っても行かなくても私は行く。
  ×你去还是不去，我去。　　　　　　　　　○**不管**你去还是不去我**都**去。
  ※例文は「どちらにしても」の意味を表しているので、"不管"に"都"を用いて呼応させ、例外がないことを表す。

- 彼の話してくれた話はみなとても面白かった。
  - ×他讲的**每**一个故事是很有意思的。　　　　○他讲的**每**一个故事**都**很有意思的。
  - ※“每”は全体の中のいずれもということを指す。例文中にある主語の連体修飾語にある“每”はその後ろに総括を表す副詞の“都”を用い呼応させなければならない。

- 今日は私達のチームの全員が試合に参加します。
  - ×今天我们队的**都**队员参加比赛。　　　　○今天我们队的队员**都**参加比赛。
  - 　　　　　　　　　　　　　　　　　　　　○今天我们队**所有**的队员**都**参加比赛。
  - ※“所有”は定語として名詞を修飾できるが“都”は副詞であり、定語として名詞を修飾できない。“都”の位置を変えるか、“所有”を用いる。主語フレーズに定語として“所有”を用いる場合、後ろには“都”を用いる。

- 私の家は父と母と私の3人家族です。
  - ×我们家**都**有三口人：父亲、母亲和我。　　○我们家有三口人：父亲、母亲和我。
  - ※“都”は総括を表す副詞で、その総括する成分は一般的に“都”の前に置かれ、その内容が複数であることを表す。例文中の“家”は一つの集団の概念であるから“都”は用いない。尚、疑問句の場合に限り、その総括する成分を“都”の後ろに置くことができる。
  - (例)你家**都**有什么人？「あなたの家族構成は」

- 一切の政治活動に彼は関与しない。
  - ×**一切**政治活动他不参与。　　　　○**一切**政治活动他**都**不参与。
  - ※“所有的”とか“一切”等の語句は“都”と呼応させなければならない。

- この試合はなんて緊張感のある試合なんだろう。
  - ×这场比赛打得多么**非常**紧张啊！　　　　○这场比赛打得多么紧张啊！
  - ※感嘆句の“多么～啊”の“多么”は程度副詞になり、中心語の“緊张”の程度が甚だしいことを強調する。よって、“多么”の後に“非常”のような程度を表す副詞を状語として用いてはならない。

- もう冬です。ますます寒くなってきました。
  - ×已经是冬天了，天气**反而**越来越冷了。　　○已经是冬天了，天气越来越冷了。
  - ※副詞の“反而”は状語として用い、実際の状況と予想した結果や結論がまるで反対であることを表す。また文中では話題の転換を表す。例文では“反而”を用いる前提が存在しないので“反而”を用いる必要がない。

- あなたに会えて私は非常に嬉しいです。
  - ×见到您我**非常很**高兴。　　　　○见到您我**非常**高兴。
  - 　　　　　　　　　　　　　　　　　○见到您我**很**高兴。
  - ※副詞“非常”“很”とも程度が高いことを表すが、その表す程度は同じでない。“非常”は非常に高い程度を表し、“很”は一般水準よりも高いことを表す。尚、述語になる形容詞を修飾する場合には“很”の程度は弱くなる。“非常”と“很”を同時に1つの語の修飾に用いることはできない。

- その話を聞いて、私はとても不愉快だった。

  ×听到那句话，我**不**非常高兴。　　　　　　○听到那句话，我非常**不**高兴。

  ※否定副詞の"不"は"非常"の前に用いてはならない。

- 日本に来たばかりの頃、ジョンはまだ箸を使えなかった。

  ×**刚才**到日本来的时候，约翰还不会用筷子。　○**刚**到日本来的时候，约翰还不会用筷子。

  ※"刚才"はその話の少し前の時間を表す名詞。例文はあることが起きてからあまり時間の経過していない時という意味なので、"刚才"ではなく"刚"を用いる。

- このことを彼はすべて知っている。

  ×这件事他**根本**知道了。　　　　　　　　　○这件事他**全都**知道了。

  ※"根本"を状語として用いる場合の用法の１つとして否定の副詞"全然"「全然／全く～しない」の意味を表す用法がある。中心語は通常否定形で用いられ、肯定の場合は"全都"が用いられる。

- ビッグマック２つと、フライドポテトのＭ１つ、その他にコーラのＬ１つ下さい。

  ×我要两个巨无霸、一个中薯条，**还**一个大　　○我要两个巨无霸、一个中薯条，**还要**一个
  杯可乐。　　　　　　　　　　　　　　　　　　大杯可乐。

  ※副詞の"还"が文中で状語になる場合、述語になる名詞を除いて、その中心語は名詞であってはならないので、"还"の中心語として動詞を加える。

- 私の部屋には左側に本棚があり、右側にももう１つ本棚がある。

  ×我的屋子里左边有一个书架，**还**右边有一　　○我的屋子里左边有一个书架，右边**还**有一
  个书架。　　　　　　　　　　　　　　　　　　个书架。

  ※副詞の"还"を状語として用いる場合、修飾される述語部分の前に用いなければならない。

- 達也には３人の弟の他にも、妹が２人いる。

  ×达也除了三个弟弟以外，有两个妹妹。　　　　○达也除了三个弟弟以外，**还**有两个妹妹。

  ※"除了～以外"を用いて添加関係の意味を表す場合、後半部分には副詞の"还"を用いて呼応させ、補充があることを表す。

- 私は新出単語をみな覚えた。

  ×我都**很**记住生词了。　　　　　　　　　　○我都记住生词了。

  ※副詞の"很"を状語として用い、その程度が一般レベルより高いことを表す場合、中心語は必ず程度の異なる、形容の意味を持つ語句でなければならない。例文中の"记"にはそのような意味はないし、結果補語をともなっているので、"很"を用いて修飾することはできないし、文意からも"很"を用いる必要がない。

- 何で僕の給料はこんなに少ないのですか。

  ×为什么我的工资这样**很**少？　　　　　　　○为什么我的工资这样少？

  ※指示代名詞"这样"が形容詞を修飾し程度を表す時、修飾される形容詞には程度を表す副詞の"很"を重ねて用いてはならない（"那么"を用いた否定文を除く）。

不该集　157

- このところテスト勉強に忙しく、すぐにご返事を書きませんでしたことをお詫び致します。

  ×这些天因为**很**忙于准备考试，我没有马上　　○这些天因为忙于准备考试，我没有马上给
  给您回信，很抱歉。　　　　　　　　　　　您回信，很抱歉。

  ※形容詞の後に介詞の"于"を用いる時、その前には程度を表す副詞の"很"を用いることは
  できない。

- 私はあの英国ロイヤルバレエ団の公演を見たい。

  ×我**很**要看那场英国皇家芭蕾舞团的演出。　　○我要看那场英国皇家芭蕾舞团的演出。
  　　　　　　　　　　　　　　　　　　　　　　　○我**很**想看那场英国皇家芭蕾舞团的演出。

  ※能願動詞の"要""得"は"很"の修飾は受けない。

- 彼は私の手の爪が長すぎることを嫌がる。

  ×他嫌我的指甲**很**长。　　　　　　　　　○他嫌我的指甲**太**长。

  ※"很"は一般レベルより程度が高いことを表し、客観的状況を表す場合に用いる。文中の"嫌"
  は主観的な感情を表しているので、"长"の前には"很"を用いるべきでなく、"太"を用い
  るべきである。

- 彼は変な奴だ。我々が帰ってくるなり、出て行ってしまった。

  ×他那个人很奇怪，我们一回来，**就**他出去　　○他那个人很奇怪，我们一回来，他**就**出去
  了。　　　　　　　　　　　　　　　　　　　了。

  ※"就"を文中に状語として用いる場合、特別な場合を除き、一般には名詞を修飾することは
  できないので、"就"は主語の後ろに置くべきである。

- 岡崎君は朝5時にもう家を出た。

  ×冈崎早上五点钟出来了。　　　　　　　　　○冈崎早上五点钟**就**出来了。

  ※"早"「はやい」という意味を表す場合、文中には副詞の"就"を状語として用いるべきであ
  る。

- もう2時ですよ。こんなに遅いのにまだ寝ないのですか。

  ×已经两点了，这么晚，你**就**还没睡觉？　　○已经两点了，这么晚，你还没睡觉？

  ※"晚"「遅い」を表す場合、文中には"早"「はやい」を表す"就"を状語に用いるべきでは
  ない。

- 映画を見終えると私達はみなバスに乗って学校に帰った。

  ×看完电影以后，我们都坐面包车**就**回学校　　○看完电影以后，我们**就**都坐面包车回学校
  了。　　　　　　　　　　　　　　　　　　　了。

  ※"就"は方法を表す状語や総括を表す状語の前に置く。

- 期末試験が終わると、我々は「長征」食堂へ行き、栄養をつけたものだった。

  ×每次期末考试一结束，我们去"长征"餐　　　○每次期末考试一结束，我们**就**去"长征"
  厅**就**改善伙食。　　　　　　　　　　　　　餐厅改善伙食。

  ※"就"は連動句の1番目の動詞の前に用いるべきである。

158　付録

- 値段が高かったので、彼女は考えた末やっと買った。
  ×因为价钱很贵，她考虑了半天**就**买了。　　　　○因为价钱很贵，她考虑了半天**才**买。
  ※“买”の前には“快”「はやい」を表す“就”ではなくて、“慢”「遅い」を表す“才”を用いるべきである。

- 中国人学生が日本の歌を１曲歌い、僕らも中国の歌を１曲歌った。
  ×中国学生唱了一首日本歌曲，**也**我们唱了　　○中国学生唱了一首日本歌曲，我们**也**唱了
  　一首中国歌曲。　　　　　　　　　　　　　　　一首中国歌曲。
  ※副詞の“也”は状語として用いられ、述語になる名詞を除き、名詞や代名詞は修飾しない。例文中の“也”は主語の前に用いるべきでなく、主語の後、述語の前に用いるべきである。

- 武井先生はお酒も煙草も好きです。
  ×武井老师喜欢喝酒和**也**烟。　　　　　　　　○武井老师喜欢喝酒，也喜欢抽烟。
  ※同じような動作行為や嗜好があることを表す場合、“也”は前半部分と同類の述語の前に用いる。

- 私達は**更に**チベットへ**も**行こうと思っている。
  ×我们**还**想**也**去西藏旅行呢。　　　　　　　○我们**还**想去西藏旅行呢。
  ※例文ではある１つの状況しかなく、“也”を用いて同類の事物の並列関係を表す必要がないので、“也”を用いるべきではない。“也还”の形では用いることがあるが、それ以外では“也”と“还”は同時に用いることができない。

- 私達の学校には３つの講義棟があり、その後ろには事務棟と体育館と図書館があり、その他に生協や売店もあります。
  ×我们学校有三座教学楼，楼后边有办公楼、　　○我们学校有三座教学楼，楼后边有办公楼、
  　体育馆和图书馆，**也**有福利社和小卖部。　　　体育馆和图书馆，**还**有福利社和小卖部。
  ※“也”は同類事物の並列関係を表す場合に用い、ある程度の上に更に増加したり、ある範囲の外を補充したりすることを表す場合は“还”を用いるべきである。

- 矢野君はどんな仕事をやっても早いし、上手い。
  ×矢野什么工作都作得**也**快**也**好。　　　　　○矢野什么工作都作得**又**快**又**好。
  ※１つの文に同時に２つの“也”を用い、２つの動作や行為または状況が同時に存在する場合、一般に２つの並列した述語に用いる。程度補語として用いる場合には“又～又～”を用いるべきである。

- 近藤君は中沢君と同じで**特に**「三国志演義」を読むのが好きです。
  ×近藤和中泽一样，**特别**也喜欢看《三国演　　○近藤和中泽一样，也**特别**喜欢看《三国演
  　义》。　　　　　　　　　　　　　　　　　　　义》。
  ※“特别”は“也”の修飾の範囲内に用いるべきである。

- 谷村さんは頭痛だけでなく、発熱**も**しています。
  ×谷村除了头疼以外，**又**发烧。　　　　　　　○谷村除了头疼以外，**还**发烧。

※同類の状況や動作の重複を表すのでなければ"又"は用いるべきでなく、この例文の場合には補充の意味を表す"还"を用いるべきである。

- 僕のルームメイトは背が低くて、痩せている。
  ×我的同屋又矮又**很瘦**。　　　　　　　　○我的同屋又矮又**瘦**。
  ※"又～又～"で2つの成分を修飾する場合には一般に程度副詞を状語として用いない。

- 去年上杉君は甲子園に出ましたが、今年も**再び**甲子園に出ました。
  ×去年上杉去甲子园棒球场参加过全国高中　　○去年上杉去甲子园棒球场参加过全国高中
  棒球赛，今年他**再**去参加了。　　　　　　棒球赛，今年他**又**去参加了。
  ※副詞の"又""再"ともに動作の重複を表す。両者の違いは"又"はすでに起きたことに、"再"はこれから起こることに用いられる。
  例文はすでに重複した事柄なので"又"を用いるべきで、"再"は用いるべきでない。

- あの先生は講義**以外**に課外授業をしに来てくれる。
  ×那位老师**除了**上课**以外**，来辅导我们。　　○那位老师**除了**上课**以外**，**还**来辅导我们。
  ※"除了…外／以外／之外／而外"の表す意味は後ろに用いる副詞によって異なる。
  ①"还""也"等の副詞を用いる場合は補充があることを表す。
  ②"都""全"等の副詞を用いる場合は排除を表す。
  cf. 除了腿伤**以外**，他**都**没有问题。「足の怪我**以外**、彼はどこも悪くない」
  　　除了腿伤**以外**，他**还**有问题。「足の怪我**以外にも**、彼は悪いところがある」

- 松田さんは宮川先生がそこを通るのを見かけたので、慌てて挨拶しました。
  ×松田看见宫川老师这儿经过，就连忙打招　　○松田看见宫川老师**从**这儿经过，就连忙打
  呼。　　　　　　　　　　　　　　　　　　招呼。
  ※場所詞語や方位詞が文中で状語となる場合、起点や出所、過ぎる場所や時間を表す。その場合には介詞の"从"を用いるべきである。

- わが社は新宿駅西口**からは**遠くない。
  ×我们公司**从**新宿火车站西口不远。　　　　○我们公司**离**新宿火车站西口不远。
  ※"从"は起点を表し、動詞述語句に用いられる。例文は形容詞述語句なので介詞を空間距離を表す"离"に変えて用いるべきである。

- 市原君はサッカー**にとても興味がある**。
  ×市原非常**感兴趣**足球。　　　　　　　　　○市原**对**足球非常**感兴趣**。
  ※"感兴趣"は「動詞＋目的語」フレーズなので、直接"足球"という目的語をとることはできない。対象である目的語には介詞の"对"を用いて前に出すべきである。

- 僕は彼女の意見**に**同意しなかった。
  ×我**对**她的意见不同意。　　　　　　　　　○我不同意她的意见。
  ※"意见"は直接"同意"の目的語になれるので、介詞の"对"を用いてはならない。

- 2人の先生が私達に中国語を教えてくれます。1人は中国人の先生で、もう1人は日本人です。
  - ×两位老师**对**我们教汉语，一位是中国老师，　　○两位老师教我们汉语，一位是中国老师，
    另一位是日本老师。　　　　　　　　　　　　　　　　另一位是日本老师。
  - ※動詞の"教"は二重目的語をとることができるので、"对"を用いてはならない。

- 栄養は人々の健康に密接な**関係がある**。
  - ×营养**对**人们的健康**有**密切的**关系**。　　　　○营养**跟**人们的健康**有**密切的**关系**。
  - ※介詞の"对"と"跟""和""同"との違いは"对"が一方向〈単方向〉のことを表し、"跟"
    "和""同"が両方向〈双方向〉のことを表す場合に用いられることが多い。
    "跟／和／同有关系"はすでに比較的決まった言い方になっているので、"对〜有关系"と
    は言わない。

- これらの写真は私が鶴田さんの**ために**撮ったものです。
  - ×这些照片是我**对**鹤田小姐拍的。　　　　　　○这些照片是我**给**／**为**鹤田小姐拍的。
  - ※ある人のためにあることをするという場合、"对"ではなく"给"か"为"を用いるべきで
    ある。

- 私達が中国語を学ぶ上で、漢字は私達日本人学生**にとって**それほど難しくない。
  - ×我们学习中文的时候，**对**汉字**来说**我们日　　○我们学习中文的时候，汉字**对**我们日本学
    本学生不太难。　　　　　　　　　　　　　　　　生**来说**是不太难的。
  - ※"对〜来说"は「〜の角度／立場 からあることを観る」と言うことを表す。"不太难"は"我
    们日本学生"にとってなので、"对〜来说"は"我们日本学生"に用いる。

- 神宮寺さんはこの小説の内容**に**ちょっとがっかりした。
  - ×**对**这本小说的内容**来说**，神宫寺有一点失　　○神宫寺**对**这本小说的内容有一点儿失望。
    望。
  - ※例文は「神宮寺さん」の「角度／立場からあることを観る」と言うことを表しているのでは
    ないので、"对〜来说"を用いるべきではない。対象物に"对"を用いるべきである。

- 先生は土屋君に勉強の様子**について**たずねました。
  - ×老师问了土屋同学**关于**学习情况。　　　　　○老师问了土屋同学**关于**他学习的情况。
    　　　　　　　　　　　　　　　　　　　　　　○**关于**学习情况老师问了土屋同学。
  - ※"关于"を定語として用いる場合にはその後ろには必ず中心語がなければならず、また中心
    語との間には"的"を用いる必要がある。
    状語として用いる場合には必ず文頭の主語の前に用いる。

- 先生方はこの大学の概要を私達に説明してくれる。
  - ×老师们给介绍我们这所大学的概要。　　　　　○老师们给我们介绍这所大学的概要。
  - ※"我们"はしてもらう対象〈受け手〉であり、"给"の目的語になるべきである。
    "给"を用いて「介詞＋目的語」フレーズを形成し、動詞の前に状語の形で用いられる。

不该集　161

- 先生は1週間に2回、私達の課外勉強をみてくれる。
  - ×老师一个星期两次辅导**给我们**。　　　　　　○老师一个星期两次**给我们**辅导。
  - ※"给"とその目的語によって構成された「介詞＋目的語」フレーズは文中において状語となるので、中心語の前に用いられなければならない。

- 阿部君は私達にアルバイトの状況を話した。
  - ×阿部谈我们打工的情况。　　　　　　　　　　○阿部**给我们**谈了打工的情况。
  - ※"谈"は二重目的語をとることができないので、その対象を直接"谈"の後ろに用いることはできない。"给"を用いて「介詞＋目的語」フレーズを形成し状語として用いるべきである。

- 山口君は私達に良い知らせを教えてくれた。
  - ×山口给我们告诉一个好消息。　　　　　　　　○山口告诉我们一个好消息。
  - ※"告诉"は二重目的語をとることができるので、対象を動詞の後ろに直接用い、間接目的語とする。"给"を用いる必要はない。

- この件は上司**と**相談した方がいいと私は考えます。
  - ×我认为这件事最好商量上司。　　　　　　　　○我认为这件事最好**跟**上司商量一下。
  - ※動詞の"商量"は対象を直接目的語としてその後ろに用いることができないので、"跟""和""同"などの介詞を用いる必要がある。

- 何かわからないところがあれば、すぐに先生**に**質問しなさい。
  - ×有什么不懂的地方应该立刻**跟**老师问。　　　○有什么不懂的地方应该立刻问老师。
  - ※動詞の"问"は対象を直接目的語としてその後ろに用いることができるので、"跟"を用いる必要がない。

- あの映画会社は私**に**映画のチケットをよく送って来る。
  - ×那家电影公司常常**跟**寄来电影票。　　　　　○那家电影公司常常**给**寄来电影票。
  - 　　　　　　　　　　　　　　　　　　　　　　○那家电影公司常常**给**寄电影票来。
  - ※介詞"跟"で表すのは活動の対象であり、例文では「授受」の対象であるから、"跟"ではなく、"给"を用いるべきである。

- 沢田さんはキャンディーを1つ口に放り込んだ。
  - ×泽田拿了一块糖就往嘴放。　　　　　　　　　○泽田拿了一块糖就往嘴**里**放。
  - ※"往"が介詞として動作の方向を表す場合、その目的語は必ず場所、方向、方位を表す語でなければならない。よって"嘴"には方位を表す"里"を加えなければならない。

- その日、彼は観客**のために**沢山の出し物を準備しました。
  - ×那天他准备了很多节目**为观众**。　　　　　　○那天他**为观众**准备了很多节目。
  - ※"为"は介詞であり、目的語とともに構成された「介詞＋目的語」フレーズは文中で状語として用いられ、中心語の前に置かれるべきである。

- お互いのことを更に理解する**ために**、私達は何回も話し合った。
  ×我们谈了好几次**为**更了解互相之间的情况。　　○**为了**更了解互相之间的情况，我们谈了好几次。
  ※"为了"は目的を表し、その目的語は文中の活動の目的である。
  　一般に文頭に用いるが、主語の後ろ、述語の前に用いてもよい。
  　目的を達成するために行うことは"为了"によって達成された「介詞＋目的語」フレーズの後ろになければならず、それは文の主要な成分である。

- これは日本人学生の**ために**作られたテキストです。
  ×这是**为了**日本学生编的课本。　　　　　　○这是专**为**日本学生编的课本。
  ※"为"を用いる場合は目的や対象どちらでも表すことができるが、"为了"の場合は活動目的に用いることができるが、対象には用いることができない。
  　よって、"为了"ではなく、"为"を用いるべきである。

- 中国語をマスターしようと心に決めた**ので**、私は一生懸命学ぶ。
  ×**为了**我决心掌握中文，我努力学习。　　　○**因为**我决心掌握中文，(所以)我努力学习。
  ※例文の意味は因果関係を表そうとしているので、目的を表す"为了"を用いるべきでない。
  　因果関係を表すには"因为～所以～"を用いるべきである。
  　cf. **为了**掌握中文，我决心努力学习。〈"为了"は目的を表す。〉
  　「中国語をマスターする**ため**、私は一生懸命学ぶ決心をした。」

- エジソンの発明は科学の発展の**ために**大きな貢献をした。
  ×爱迪生的发明**为了**科学发展有很大的贡献。　　○爱迪生的发明**对**科学发展有很大的贡献。
  ※述語の主要部分は動作を表していない。また、介詞部分も活動の目的を表していないので、この文では"为了"を使うべきでなく、描写の対象を表す"对"を用いるべきである。

- 我々は上級生を見習わなければならない。
  ×我们要向高年级的同学。　　　　　　　　　○我们要向高年级的同学学习。
  ※"向"は介詞であり、その目的語とともに文中では状語になる。文の述語にはなれないので述語動詞を補う必要がある。

- 1機のヘリコプターは東南の方向**に**飛び去った。
  ×一架直升飞机**到**东南方向飞去了。　　　　○一架直升飞机**向**东南方向飞去了。
  ※"到"は到達を表し、方向は表さない。活動の方向は介詞の"向"を用いて、表すべきである。

- 真っ赤なポルシェが飛ぶように新宿方向**に**走り去った。
  ×红色的鲍许牌高级跑车飞快地新宿方向开　　○红色的鲍许牌高级跑车飞快地**向**新宿方向
  过去了。　　　　　　　　　　　　　　　　开过去了。
  ※動作の方向を表す場合、方向を表す言葉を介詞の"向"によって引き出し、状語にする。

不该集　163

- 氏名をこの用紙に書いて下さい。

  ×请把自己的姓名写**在**张表格。　　　　　　○请把自己的姓名写**在**张表格**里**。

  ※"在"はその目的語と「介詞＋目的語」フレーズを形成し、文中では状語または補語として用いられ、活動の場所、時間、範囲などを表す。

  場所や時間を表す場合、その目的語は場所や方位を表す名詞であることが必要なので、状語に合わせて"上"または"里"をつけ加える必要がある。

- 安齋さんと武石さんは休み**には**一緒に名所旧跡を観光するのが好きです。

  ×安斋和武石**在**放假喜欢一起去参观名胜古迹。　　○安斋和武石**在**放假的**时候**，喜欢一起去参观名胜古迹。

  ※"在"は状語として用いられ、時間を表す。"在"は時間詞語と組み合わせて用い、その場合には"在～的时候"と続けると時間がよりはっきりする。

- 小林君は手紙を書いている時に書き間違えた所があった。

  ×小林在写信**中**，有些地方写错了。　　　　　○小林在写信**的时候**，有些地方写错了。

  ※"在～"は状語として用い、時間を表す。"在"は時間詞語と組み合わせて用い、その場合には"中"を"～的时候"に書き換えるべきである。

- 僕たちは毎日午後は閲覧室で自習をする。

  ×我们每天下午都阅览室**里**自习。　　　　　○我们每天下午都**在**阅览室**里**自习。

  ※場所や範囲を表す場合にも"在"を用いて「介詞＋目的語」フレーズを形成し、状語として用いるべきである。

- 北京大学に留学する前、私は台北で中国語を学んでいました。

  ×去北大留学以前，我台北师大学中文。　　　○去北大留学以前，我**在**台北师大学中文。

  ※場所詞語には"在"を用いて「介詞＋目的語」フレーズを形成し、状語として用いるべきである。

- 北京大学**には**「未名湖」と言う名前の大きい池があります。

  ×**在**北大有一个很大的池塘，名字叫"未名湖"。　　○北大有一个很大的池塘，名字叫"未名湖"。

  ※場所を表す固有名詞が主語となる場合、その前には"在"を用いる必要がない。

- 長島監督の熱心な指導の**もとで**高橋選手は数々の困難を克服し良い成績をあげた。

  ×长岛总教练的热情指导**下**，高桥选手克服了许多困难，取得了好成绩。　　○**在**长岛总教练的热情指导**下**，高桥选手克服了许多困难，取得了好成绩。

  ※条件を表す詞語には"在"を用いる必要があり、「介詞＋目的語」フレーズを形成する。"在～下"は条件を表す。

- 私達はみなあの橋を通って学校へ行く。

  ×我们都**在**那座桥上过去上学。　　　　　○我们都**从**那座桥上过去上学。

  ※通過する場所を表す場合、場所詞には介詞の"在"ではなく"从"を用いなければならない。

- 昨日私は街に出て、吉祥劇場へ行き京劇を観ました。
  - ×昨天我进城**和**去吉祥戏院看京剧了。　　　　〇昨天我进城去吉祥戏院看京剧了。
  - ※連動句の動詞の間には"和"を用いてつなぐことはできない。その動作、行為の行われた順番に並べればよい。

- 北京大学のキャンパスは清潔で、綺麗です。
  - ×北大的校园很干净**和**很好看。　　　　〇北大的校园很干净、很好看。
  - ※共通の状語がない場合、述語になる形容詞は"和"を用いてつなぐことはできない。並列した形容詞の間は"、"を用いることができる。
  - ※形容詞が程度副詞の修飾を受けない時、"又～又～"を用いることができ、性質や状態などが同時に存在することを表す。
  - cf. 北大的校园又干净、又好看。

- 私は頭と歯が痛い。
  - ×我头疼**和**牙疼。　　　　〇我头和牙疼。
  - ※共通の状語がない場合、主述フレーズは"和"でつなぐことはできない。文中の小述語は共通なので、"和"を用いて並列する小主語をつなぐことができる。

- 藤野さんは鼻も目も眉毛もみな、お兄さんに似ています。
  - ×藤野的鼻子**和**眼睛、眉毛都长得像他哥哥。　〇藤野的鼻子、眼睛**和**眉毛都长得像他哥哥。
  - ※2つ以上の単語が並列して主語や目的語になる時は"、"でつなぎ、最後の語の前に"和"を用いなければならない。

- あなたはビールを飲みますか、**それとも**ワインにしますか。
  - ×你喝啤酒**或者**喝葡萄酒？　　　　〇你喝啤酒**还是**喝葡萄酒？
  - ※連語の"或者""还是"とも選択を表すが、"或者"は疑問句には用いない。

- 吉田さんが中国語を学ぶのは中国を理解する**ため**です。
  - ×**以便**了解中国吉田学习汉语。　　　　〇吉田学习汉语，**以便**了解中国。
  - ※連語の"以便"は後半部分の一番はじめに用い、後半部分の目的が実現しやすいことを表す。前半部分はその目的を実現しやすくするための方法であるべきである。

- 小玉さんの毛筆はとても上手です。
  - ×小玉的毛笔字写得可漂亮！　　　　〇小玉的毛笔字写得可漂亮了！
  - ※述語になる形容詞或いは補語の前には誇張や強調の程度を表す副詞の"可"を用いて、状語にする場合、形容詞の後ろには語気助詞"了"を用いるべきである("呢"或いは"啦"等でも可)。

- 細川さんと城谷さんは早くからここに来ていました。
  - ×细川和城谷早就来这儿。　　　　〇细川和城谷早就来这儿**了**。
  - ※ある状況がすでに発生したことを肯定したり、状況の変化がある場合には文末に語気助詞の"了"を用いる必要がある。

- 勝浦さんはすでに五百余りの新出単語をマスターしました。
  ×胜浦**已经**掌握五百多个生词。　　　　　　　○胜浦**已经**掌握五百多个生词**了**。
  ※"已经"が状語となる場合、ある状況がすでに発生したことを説明し、文末には一般に語気
  　助詞の"了"を用いる必要がある。そうしなければ語気が終わらず、まだ文を続けなければ
  　ならない。

- バレンタインデーは**もうすぐ**です。みんなチョコレートを準備しています。
  ×情人节**快要**到，大家都在准备巧克力。　　　○情人节**快要**到**了**，大家都在准备巧克力。
  ※"要～了／就要～了／快要～了"は動作や状況がまもなく発生することを表す。"要"は「間
  　もなく～しようとする」を表し、"了"は語気助詞を表す。"快要""就要"の"要"は省略
  　することができるが、"了"は省略できない。

- 私達は**まもなく**卒業する。
  ×**就要**我们毕业**了**。　　　　　　　　　　○我们**就要**毕业**了**。
  ※"要～"は動作や状況が間もなく発生することを表す。"要""就要""快要"は主語の後ろ、
  　述語となる動詞或いは形容詞の前に用いる。"了"は語気助詞で語尾に用いる。

- 私達は明日試験です。
  ×我们明天**快要**考试**了**。　　　　　　　　○我们明天**就要**考试**了**。
  ※"快要～了"の前には時間詞語を状語として用いることができない。"就要～了"はそのよ
  　うな制限を受けない。

- 北京大学の多くの先生は南方出身です。
  ×北大有不少老师**们**是南方人。　　　　　　○北大有不少老师是南方人。
  ※語尾の"们"は人称代名詞や人を指す名詞の後に用いて複数を表すが、すでに定語があり、
  　その語が複数の場合には、その語尾には"们"を用いることはできない。

- 私達はみんな柯先生の学生です。
  ×我们都是柯老师的学生**们**。　　　　　　　○我们都是柯老师的学生。
  ※"是"を用いた構文の主語が複数の人称代名詞の場合、目的語も必ず複数なので後ろには
  　"们"を語尾に用いることはできない。

- 今年は、当ホテルの来客の総数は以前**に比べて**倍増えた。
  ×今年我们饭店的来客总数**是**增加了以前的　　○今年我们饭店的来客总数**比**以前增加了一
  　一倍。　　　　　　　　　　　　　　　　　　倍。
  ※人や事物の性質、状況、数量などの程度上の差を表す場合、"比"を用いて表現すべきであ
  　る。その句型は"A＋(不)比＋B＋比較の結果或いは差"となる。

- 私は卓球をするのが彼**より**ちょっと下手である。
  ×我打乒乓球打得**比**他一点儿。　　　　　　○我打乒乓球打得**比**他差一点儿。
  ※"比"を用いた構文の後ろの"一点儿"はただ単に「格差」を説明することを補う働きの補
  　語で、その前には必ず"差""劣っている"のようにどういう「格差」があるのかを表す動

166　付録

詞や形容詞がなければならない。

- 関さんはぼく**より**勉強ができる。
  ×关同学学习好**比**我。　　　　　　　○关同学**比**我学习好。
  ※"比"は目的語と共に「介詞＋目的語」フレーズを形成し、状語となる。比較される対象の前に用いるべきである。

- 北京の冬は東京の冬より**かなり**寒い。
  ×北京的冬天比东京**非常**冷。　　　　　○北京的冬天比东京冷**得多**。
  ※比較の結果の前には高い程度を表す"很""非常""特別""十分""太"等を状語として用いることができない。
  　例文ではその「寒さ」の差がかなり大きいことを表しているので、比較の結果の形容詞の後ろに"得多"を用いる。

- 兄は弟より**3才**年上です。
  ×哥哥比弟弟**三岁**大。　　　　　　　　○哥哥比弟弟大**三岁**。
  ※具体的な「差」を補充説明する数量詞は"大"の後ろに用いるべきである。

- 僕はサッカーの中国代表チームのレベルが日本代表チーム**に比べて**劣っているとは思わないよ。
  ×我认为中国国家足球队的水平**比**日本国　　○我认为中国国家足球队的水平**不比**日本国
  　家足球队**不差**。　　　　　　　　　　　　家足球队差。
  ※"比"の否定形式は"比"の前に否定の副詞"不"を用いる。

- 私達は京都で前回よりも３日間**多く**滞在しました。
  ×这次我们在京都比上次呆**多**三天。　　　○这次我们在京都比上次**多**呆了三天。
  ※"多""早""晩"等は状語として述語動詞の前に用いるべきである。

- 北京の生活リズムは東京のそれ**とは完全に異なる**。
  ×北京的生活节奏**比**东京的完全**不同**。　　○北京的生活节奏**和**东京的完全**不同**。
  ※事物の性質や状態が同じであるか異なるかを表す場合には"A跟/和/同/B一样/相同//不一样/不同…"を用いて表現する。
  　異同を表す文には介詞の"跟""和""同"を用いるべきで、"比"は用いない。

- この本とあの本では内容が**同じではありません**。
  ×这本书**跟**那本书**不一样**内容。　　　　　○这本书**跟**那本书的内容**不一样**。
  　　　　　　　　　　　　　　　　　　　　　○这本书的内容**跟**那本书的**不一样**。
  ※"跟~不一样"は事物の性質や状態が同じでないことを表す。
  　"不一样"は文中では述語、状語、補語として用いることができるが、定語としては用いられない。例文では"不一样"は述語として用いられている。

不該集　167

- 他学部の状況もここと同じということです。
  ×听说别的系里的情况也这里**一样**。　　　　○听说别的系里的情况也**跟**这里**一样**。
  ※"跟/和/同～一样"は事物の性質や状態が同じであることを表す。
  　　この場合には介詞の"跟""和""同"を省略してはならない。

- ここの水は私の故郷の水ほど美味しく**ない**。
  ×这里的水**比**我们家乡的没有好喝。　　　　○这里的水**没有**我们家乡的（**那么**）好喝。
  ※"没有"を用いてAがBの程度に達していないことを表す場合、その句型は"A＋没有＋B＋
  　（那么）＋述語"となる。"那么"は"这么""那样""这样"に換えてもよい。"没有"を用い
  　た比較の文中で"比"や"跟"を用いてはならない。

- 飯尾さんは私みたいにこんなに音楽が好きなのですか。
  ×饭尾有我喜欢**这么**音乐吗？　　　　○饭尾有我**这么**喜欢音乐吗？
  ※"有"を用い、AがBの程度に達したことを表す場合、その句型は"A＋没有＋B＋（这么）＋
  　述語"となる。"这么"は"那么""那样""这样"に換えてもよい。しかし、用いる時には
  　述語の前に用いなければならない。"有"を用いる比較の文中には"一样"は用いること
  　ができない。

- この写真はあの写真ほどはっきり写っていない。
  ×这张照片照得清楚**不如**那张。　　　　○这张照片照得**不如**那张清楚。
  ※"不如"を用いてAはBに及ばないということを表す場合、一般的には"A＋不如＋B＋述
  　語"の句型を用いる。

- 私の英語は彼女にはかなわない。
  ×我**不如**她说英语。　　　　○我**不如**她说英语说得好。
  　　　　　　　　　　　　　　　　○我说英语**不如**她说得好。
  　　　　　　　　　　　　　　　　○我说英语说得**不如**她好。

  ※"不如"を用いてAはBに及ばないということを表す場合、比べてどうなのかということを
  　はっきりと明示しなくてはならず、その比較部分は一般的に積極的〈よい面〉を表す形容詞
  　が用いられる。例えば"好""流利""快"等で、"坏""结结巴巴""慢"というような消極
  　的〈悪い面〉を表す語句は用いない。

- だんだん寒くなって来た。服を1枚余計に着なさい。
  ×天气越来越**很**冷，你得多穿一件衣服。　　○天气越来越冷**了**，你得多穿一件衣服。
  ※"越来越～"を用いた場合、述語になる形容詞の前には程度を表す副詞の"很""比较""非
  　常"等は用いない。形容詞の後ろには一般に語気助詞の"了"を用いる。

- 他人の物に勝手に触れてはいけないことは誰でも知っている。
  ×谁都知道不应该随便别人的东西。　　　　○谁都知道不应该随便**动**别人的东西。
  ※病句には述語動詞が欠けている。

- 今学期、飯野君は**英単語**を全部で1000語覚えました。
  ×这学期饭野一共一千个**英文单词**背了。　　○这学期饭野一共背了一千个**英文单词**。

168　付録

※動詞と目的語の位置が誤っている。対比や強調を表す場合を除いて、動詞述語句の目的語は一般的に動詞の後ろに置かれる。

- 昨日の天気は良かったが、今朝の天気は更に良い。
  ×昨天天气**是**很好，今天早上天气**是**更好。　　○昨天天气很好，今天早上天气更好。
  ※ある特定の言語環境、例えば形容詞述語句の述語の前に"是〜的"を用いて、「確かにそうである」ことを表す場合以外、一般に述語になる形容詞の前には"是"を用いない。

- 彼女の買ったあのタイプの携帯電話は小さくて軽い。
  ×她买的那种大哥大又小又轻**的**。　　　　　○她买的那种大哥大又小又轻。
  ※形容詞述語句の述語の後ろには"的"を用いない。

- 今、松下君は**仕事が**忙しい。
  ×现在松下很忙**工作**。　　　　　　　　　○现在松下**工作**很忙。
  ※この例文は主述述語句で表すべきである。主述述語句の述語は主述フレーズになっており、小主語は前、小述語は後ろに置くべきである。

- 勺園 2 号楼**は** 1 号楼と 3 号楼の真ん中に**あります**。
  ×勺园二号楼**是**一号楼和三号楼的中间。　　○勺园二号楼**在**一号楼和三号楼的中间。
  　　　　　　　　　　　　　　　　　　　　　○勺园一号楼和三号楼的中间**是**二号楼。
  ※"是"と"在"はともに存在を表すことができる。
  　在：ある物／人がある場所に存在することを表す。「存在する物／人＋"在"＋場所詞語」
  　是：ある場所に存在する物／人が何なのかを説明する。「場所詞語＋"是"＋説明される物／人」

- あなたの故郷はどこですか。
  ×你的故乡**是**哪儿？　　　　　　　　　○你的故乡**在**哪儿？
  ※あるモノの存在がどこにあるのかを問う場合、述語になる動詞には"在"を用いる。「あるモノ＋"在"＋場所を表す疑問代名詞＋？」
  　cf."是"を用いて述語にする場合はどこにそのモノが存在するのかを説明する。
  　「場所を表す疑問代名詞＋"是"＋場所を表す名詞/名詞フレーズ」
  　哪儿**是**你的故乡？「どこがあなたの故郷ですか？」〈反語の意味になる〉

- 世界の強豪ブラジルサッカーチームは名実相伴う優勝チームです。
  ×世界劲旅巴西足球队名副其实一支冠军队。　　○世界劲旅巴西足球队**是**一支名副其实的冠军队。
  　　　　　　　　　　　　　　　　　　　　　○世界劲旅巴西足球队名副其实**是**一支冠军队。
  ※この文の述語は主語の属性を説明しており、主語に対する分類の働きをしている。
  　よって、"是"を用いた構文「主語＋"是"＋目的語」で表すべきで、述語としての"是"は欠くことができない。

不该集　169

- 我々のクラスには 3 人の「林」さんがいます。1 人は「はやし」さんで、もう 1 人は「リン」さん、あとの 1 人は「ラム」さんです。

  ×我们班有三个"林"同学，一个**叫**"Haya-shi"同学，一个**叫**"Lin"同学，还有一个**叫**"Lam"同学。

  ○我们班有三个"林"同学，一个**是**"Haya-shi"同学，一个**是**"Lin"同学，还有一个**是**"Lam"同学。

  ※文中の"同学"は名前ではないので、"叫"と組み合わせ目的語として用いることはできない。ここでは主語の属性を説明し、主語に対する分類の働きを表す述語である"是"を述語として用いるべきである。

- シベリアンハスキー（犬）は青い目です。

  ×西伯利亚哈斯基狗**是**蓝眼。

  ○西伯利亚哈斯基狗**是**蓝眼**的**。

  ※名詞、代名詞、形容詞、主述フレーズなどに"的"を加え、名詞フレーズにする場合、文中では"是"の目的語となり、"是"と"的"は両方とも欠くことができない。

練習問題語句表 〔 〕は量詞を表す

第1課

数	数目 shùmù
百	一百 yìbǎi
何百	几百 jǐ bǎi
千	一千 yìqiān
何千	几千 jǐ qiān
万	一万 yí wàn
何万	几万 jǐ wàn
億	一亿 yí yì／一万万 yí wànwàn
何億	几亿 jǐ yì
第〜番目	第〜个 dì 〜 gè
年・月・日	年 nián、月 yuè、日 rì
曜日	星期 xīngqī／礼拜 lǐbài／周 zhōu
郵便番号	邮政编码 yóuzhèng biānmǎ 〔**个** ge〕
電話番号	电话号码 diànhuà hàomǎ 〔**个** ge〕
いくつ	几个 jǐ ge 〈10未満〉、多少(个)duōshao(ge)〈10以上〉

第4課

竹	竹子 zhúzi 〔**根** gēn〕
箸	筷子 kuàizi 〔**双** shuāng〕
製	做的 zuò de／制造的 zhìzào de
木／木切れ	木头 mùtou 〔**块** kuài／**根** gēn〕
スプーン	勺子 sháozi 〔**把** bǎ〕
鍵／キー	钥匙 yàoshi 〔**把** bǎ〕
ミカン	橘子 júzi 〔**个** ge〕
中国料理	中国菜 Zhōngguó cài 〔**样** yàng／**道** dào〕／中餐 Zhōngcān 〔**顿** dùn〕
日本製(の)	日本制造(的) Rìběn zhìzào(de)
自動車	汽车 qìchē 〔**辆** liàng〕
4年間(の)	四年(的) sì nián(de)
大学生活	大学生活 dàxué shēnghuó
青い	蓝色的 lánsè de
空	天空 tiānkōng 〔**个** ge〕
白い	白色的 báisè de
雲	云彩 yúncai 〔**朵** duǒ／**块** kuài／**片** piàn〕
瓶／ボトル	瓶子 píngzi 〔**个** ge〕
〜の中	〜里面 〜lǐmiàn／〜里边 〜lǐbian／〜中 〜zhōng
シルク	丝绸 sīchóu
ワイシャツ／ブラウス	衬衫 chènshān／衬衣 chènyī 〔**件** jiàn〕
たくさん	很多 hěn duō／许多 xǔduō
問題	问题 wèntí 〔**个** ge〕
彼の	他(的) tā(de)
お母さん	妈妈 māma／母亲 mǔqin 〔**个** ge／**位** wèi〕
流行	流行 liúxíng／时髦 shímáo
ファッション	时装 shízhuāng
早い ⟷ 遅い	早 zǎo ⟷ 晚 wǎn

練習問題語句表　171

来る ←→ 帰る	来 lái ←→ 回 huí
出発する	出发 chūfā／动身 dòngshēn
ただちに	马上 mǎshàng／立刻 lìkè
ソファー	沙发 shāfā〔套 tào〕
猫	猫 māo〔只 zhī〕
寒い ←→ 暑い	冷 lěng ←→ 热 rè
少し	(有)一点儿 (yǒu)yìdiǎnr
午前 → 正午／昼 → 午後	上午 shàngwǔ → 中午 zhōngwǔ → 下午 xiàwǔ
勉強する	学习 xuéxí／看书 kàn shū
休む	休息 xiūxi
(たぶん)～でしょう	可能 kěnéng／大概 dàgài
全て	全 quán／全部 quánbù／完全 wánquán
OK	好了 hǎole／可以 kěyǐ
すでに	已经 yǐjing／已 yǐ
少し～(する)	稍微～一下 shāowēi～ yíxià
温める	热 rè
ぷんぷん怒りながら話す	气呼呼地说 qìhūhū de shuō

第5課

学校に行かなかった	没去学校 méi qù xuéxiào
家に帰る	回家 huí jiā
髪の毛	头发 tóufa〔根 gēn／绺 liǔ〕
長い	很长 hěn cháng
背	个子 gèzi
低い	矮 ǎi〈身长〉
風	风 fēng〔股 gǔ／阵 zhèn／场 cháng〕
雨	雨 yǔ〔场 cháng／阵 zhèn〕
強い	大 dà〈雨、風が強い〉
江戸っ子	老东京 lǎo Dōngjīng〔个 ge／位 wèi〕
北京っ子	老北京 lǎo Běijīng〔个 ge／位 wèi〕
大学院生	研究生 yánjiūshēng〔个 ge／位 wèi／名 míng〕
研究生	进修生 jìnxiūshēng〔个 ge／位 wèi／名 míng〕
友人／友達	朋友 péngyou〔个 ge／位 wèi〕
うさぎ	兔子 tùzi〔只 zhī〕
耳	耳朵 ěrduo〔对 duì〕、片方の場合は〔只 zhī〕
象	大象 dàxiàng〔头 tóu〕
鼻	鼻子 bízi〔个 ge／只 zhī〕
図書館	图书馆 túshūguǎn〔个 ge／座 zuò〕
花のある小さな庭	小花园 xiǎo huāyuán〔座 zuò／处 chù〕
妹	妹妹 mèimei〔个 ge〕
先週 → 今週 → 来週	上星期 shàng xīngqī → 这星期 zhè xīngqī → 下星期 xià xīngqī
ずっと	一直 yìzhí
工場長	厂长 chǎngzhǎng〔个 ge／位 wèi／名 míng〕
工場	工厂 gōngchǎng〔家 jiā〕
記念碑	纪念碑 jìniànbēi〔块 kuài／个 ge／座 zuò／方 fāng〕
広場	广场 guǎngchǎng〔片 piàn／个 ge〕
中央	中央 zhōngyāng

ベランダ／テラス／バルコニー　　阳台 yángtái

第6課

誰	谁 shéi／shuí
言う	说 shuō
始発	头班车 tóubānchē
終電／終バス	末班车 mòbānchē
何時	几点钟 jǐ diǎn zhōng
出る（出発する）	开 kāi／出发 chūfā
空港／飛行場	机场 jīchǎng／飞机场 fēijīchǎng〔个 ge／座 zuò〕
ご家族は何人ですか。	您家有几口人？ Nín jiā　yǒu jǐ kǒu rén？〈人数〉
どういう家族構成ですか。	都有什么人？ Dōu yǒu shénme rén？〈家族構成〉
食べない	不吃 bù chī
（身体の）具合いが悪い	不舒服 bù shūfu
富士山	富士山 Fùshìshān〔座 zuò〕
高さ	高（度）gāo（dù）
海抜何メートル	海拔多少米 hǎibá duōshao mǐ
中国語	中文 Zhōngwén／汉语 Hànyǔ
指導教官	指导老师 zhǐdǎo lǎoshī／导师 dǎoshī〔名 míng／位 wèi〕
先生	老师 lǎoshī〔名 míng／位 wèi〕
誕生日	生日 shēngri

第7課

新聞	报纸 bàozhǐ〔份 fèn〕／报 bào〔张 zhāng／份 fèn〕
アイスクリーム	冰激淋 bīngjīlín／冰淇林 bīngqílín／冰激凌 bīngjīlíng〔杯 bēi／盒儿 hér〕
牛乳	牛奶 niúnǎi〔杯 bēi／瓶 píng／盒儿 hér〕
万里の長城	长城 Chángchéng〔座 zuò／道 dào〕
付近／近く	附近 fùjìn
電話ボックス	电话亭 diànhuà tíng
公衆電話	公用电话 gōngyòng diànhuà
北京大学	北京大学 Běijīng Dàxué／〈略称〉北大 Běidà〔所 suǒ／个 ge〕
北京市	北京市 Běijīngshì
西の郊外	西郊 xī jiāo
五十余	五十多个／种 wǔshí duō ge／zhǒng
民族	民族 mínzú〔种 zhǒng／个 ge〕
財布	钱包 qiánbāo／钱包儿 qiánbāor〔个 ge〕
1万円札	一万块纸币 yí wàn kuài zhǐbì〔张 zhāng〕
1万円	一万日元 yí wàn Rìyuán
テレフォンカード	电话卡 diànhuà kǎ〔张 zhāng〕
クラス	班 bān／班级 bānjí〔个 ge〕
男子学生	男同学 nán tóngxué／男生 nánshēng〔个 ge／位 wèi〕
女子学生	女同学 nǚ tóngxué／女生 nǚshēng〔个 ge／位 wèi〕
合計	一共 yígòng
1週間	一周 yì zhōu／一（个）星期 yí (ge) xīngqī
13コマ講義	十三节课 shísān jié kè
家	家 jiā／家里 jiālǐ

練習問題語句表　173

両親	父母 fùmǔ
姉	姐姐 jiějie〔个 ge〕
弟	弟弟 dìdi〔个 ge〕
犬	狗 gǒu〔只 zhī／条 tiáo〕
金魚	金鱼 jīnyú〔条 tiáo〕
彼女 ⟷ 彼	她 tā、他 tā
彼・彼女〈男友達・女友達〉	男朋友 nán péngyou、女朋友 nǚ péngyou〔个 ge／位 wèi〕
背／身長	个子 gèzi
(背が)低い ⟷ 高い	矮 ǎi ⟷ 高 gāo
医学部	医学系 yīxué xì／医学院 yīxué yuàn
学部	系 xì／学院 xuéyuàn
cf. 総合大学	大学 dàxué〔个 ge／所 suǒ／座 zuò〕
単科大学	学院 xuéyuàn〔个 ge／所 suǒ／座 zuò〕
学費	学费 xuéfèi
cf. 奨学金	奖学金 jiǎngxué jīn
口が悪い	嘴巴刻薄 zuǐba kèbo
根／心が良い	心眼儿好 xīnyǎnr hǎo
このお店	这家店 zhè jiā diàn
値段	价钱 jiàqián
安い ⟷ 高い	便宜 piányi ⟷ 贵 guì
サービス	服务 fúwù
特に	特别 tèbié
良い ⟷ 悪い	好 hǎo ⟷ 坏 huài
高校	高中 gāozhōng／高级中学 gāojí zhōngxué
進学率	升学率 shēngxué lǜ
コンタクトレンズ	隐形眼镜 yǐnxíng yǎnjìng
ソフト ⟷ ハード	软性 ruǎnxìng ⟷ 硬性 yìngxìng
効果	效果 xiàoguǒ
ケア／アフターケア	保养 bǎoyǎng
面倒	麻烦 máfan
晴れのち曇り	晴转多云 qíng zhuǎn duōyún
cf. 晴れ時々曇り	晴间多云 qíng jiān duōyún
我が校	我们学校 wǒmen xuéxiào
創立記念日	校庆 xiàoqìng
平均	平均 píngjūn
年収	一年收入 yì nián shōurù／年收入 nián shōurù／年薪 niánxīn
～(学校)の出身／卒業	～毕业 ～bìyè
ex. 国立大学卒／出身	国立大学毕业 guólì dàxué bìyè

第 8 課

テーブル	桌子 zhuōzi〔张 zhāng〕
イス	椅子 yǐzi〔把 bǎ〕
先生	老师 lǎoshī〔位 wèi〕
大学院生	研究生 yánjiūshēng
パスポート	护照 hùzhào〔本 běn／册 cè／个 gè〕
ワープロ	文字处理机 wénzì chǔlǐjī〔台 tái〕／文书处理机 wénshū chǔlǐjī〔台 tái〕

パソコン	个人电脑 gèrén diànnǎo〔台 tái〕
ビデオカメラ	摄像机 shèxiàngjī〔台 tái／个 ge〕
（スチール）カメラ	照像机 zhàoxiàngjī／照相机 zhàoxiàngjī〔架 jià〕
シングルベッド	单人床 dānrénchuáng〔张 zhāng〕
ダブルベッド	双人床 shuāngrénchuáng〔张 zhāng〕
ライター	打火机 dǎhuǒjī
懐中電灯	手电筒 shǒudiàntǒng／手电 shǒudiàn〔个 ge／只 zhī〕
アジア人	亚洲人 Yàzhōurén
写真	照片 zhàopiàn／照片儿 zhàopiànr／相片 xiàngpiàn〔张 zhāng〕
撮る／写す	拍 pāi／照 zhào／拍摄 pāishè
写真を撮る	照相 zhàoxiàng／拍照 pāizhào
とても忙しい	很忙 hěn máng
ミッキーマウス	米老鼠 Mǐ Lǎoshǔ
ディズニーランド	迪斯尼乐园 Dísīní Lèyuán／狄斯奈乐园 Dísīnài Lèyuán
買う	买 mǎi
歌	歌 gē〔首 shǒu／支 zhī〕
詞を書く	作词 zuò cí
曲を作る／作曲（する）	谱曲 pǔ qǔ／作曲 zuò qǔ
歌う	唱 chàng
皆～という訳ではない	不都是～ bù dōu shì～
ヒマ	空 kòng／空闲 kòngxián
マンション	公寓 gōngyù／高级公寓 gāojí gōngyù〔座 zuò／所 suǒ／个 ge〕
オートロック	自动锁门设备 zìdòng suǒmén shèbèi
管理人	管理人员 guǎnlǐ rényuán
面接／口頭試問	面试 miànshì／口试 kǒushì
筆記試験	笔试 bǐshì
入り口	门口儿 ménkǒur
広告看板	广告牌儿 guǎnggào páir
交番／派出所	派出所 pàichūsuǒ〔个 ge〕
cf. 警察署	警察局 jǐngchájú／公安局 gōng'ānjú〔个 ge〕
十字路	十字路口 shízì lùkǒu
ニューヨーク	纽约 Niǔyuē
ロンドン	伦敦 Lúndūn
昨晩／昨夜	昨天晚上 zuótiān wǎnshang
家族	家人 jiārén／家里人 jiālǐrén
家にいる ←→ いない	在家 zàijiā ←→ 不在家 bú zàijiā
６時半になる	都／已经六点半了 dōu／yǐjing liù diǎn bàn le
受け付け	传达室 chuándáshì
申し込み受け付け	报名处 bàomíngchù
事務室	办公室 bàngōngshì
デパート	百货公司 bǎihuò gōngsī／百货大楼 bǎihuò dàlóu〔家 jiā〕
（地上）～階	（地上）～层／楼 (dìshàng) ~ céng／lóu
レストラン街	餐厅街 cāntīng jiē／食街 shí jiē
地下	地下 dìxià
駐車場	停车场 tíngchē chǎng
道路／道	马路 mǎlù
北側 ←→ 南側	北边儿 běibiānr ←→ 南边儿 nánbiānr

練習問題語句表　175

商業地区／商店街	商业区 shāngyè qū
住宅街	住宅区 zhùzhái qū／居民区 jūmín qū
週末	周末 zhōumò
いたるところ／あちらこちら	到处 dàochù
月曜日の早朝	星期一早晨／早上 xīngqīyī zǎochén／zǎoshàng
ゴミ	垃圾 lājī〔**堆 duī**〕
フライパン	平底锅 píngdǐguō／煎锅jiānguō〔**把 bǎ**〕
ハンバーグ	肉饼 ròubǐng〔**块 kuài**〕

第 9 課

絵を習う	学画画儿 xué huà huàr
知り合う	相识 xiāngshí／认识 rènshi
あまりたたない	不久 bùjiǔ／没多久 méi duōjiǔ
仲の良い友達	好朋友 hǎo péngyou
毎週土曜日	每个星期六 měi ge xīngqīliù／每个礼拜六 měi ge lǐbàiliù
一緒に	一起 yìqǐ
ゴルフをする	打高尔夫球 dǎ gāo'ěrfūqiú
印象が強い	印象很深 yìnxiang hěn shēn
何も印象がない	没(有)什么印象 méi(you) shénme yìnxiang
校門を入る	进校门 jìn xiàomén
真っ直ぐ(行く)	一直往前(走) yìzhí wǎng qián (zǒu)／
	一直向前(走) yìzhí xiàng qián (zǒu)
500メートル程	大约五百米 dàyuē wǔbǎi mǐ
道の西側	路西 lùxī／马路的西边 mǎlù de xībiān
哲学楼	哲学楼 zhéxué lóu
図書館の南側	图书馆南边 túshūguǎn nánbiān
時に	有时 yǒushí／有时候 yǒu shíhou
人に対して	对人 duì rén
良すぎる	太好 tài hǎo
重要なこと	重要的事 zhòngyào de shì
自分勝手に処理する	自作主张 zìzuò zhǔzhāng
勝手に	擅自 shànzì
上司の指示を仰ぐ	遵从领导的指示 zūncóng lǐngdǎo de zhǐshì
必要がある	要 yào／有必要 yǒu bìyào
今回	这次 zhè cì
国外旅行	出国／国外旅行 chūguó／guówài lǚxíng
主な目的	主要目的 zhǔyào mùdì
香港台湾地域	港台地区 Gǎng Tái dìqū／香港台湾地区 Xiānggǎng Táiwān dìqū
cf. 香港マカオ	港澳 Gǎng' Ào／香港澳门 Xiānggǎng Àomén
市場調査	市场调查 shìchǎng diàochá
関係資料の収集	收集有关资料 shōují yǒuguān zīliào
コーチ	教练 jiàoliàn〔**位 wèi**／**名 míng**〕
ペアを組む	配对儿 pèiduìr
ダブルスの試合に参加する	参加双打比赛 cānjiā shuāngdǎ bǐsài
予定	准备 zhǔnbèi／打算 dǎsuàn
我々の学校	我们学校 wǒmen xuéxiào
駅から(遠くない)	离车站(不远) lí chēzhàn (bù yuǎn)

駅の南口から（出て）	（出）车站南口 (chū) chēzhàn nán kǒu
武蔵野線沿い	顺着武藏野线 shùnzhe Wǔzàngyě xiàn
東に向かって	往东走 wǎng dōng zǒu／向东走 xiàng dōng zǒu
２つ目の信号	第二个红绿灯 dì èr ge hónglǜdēng
南に曲がる	往南拐 wǎng nán guǎi／向南拐 xiàng nán guǎi
橋を渡る	过桥 guò qiáo
すぐ見える	就能看见 jiù néng kànjian／就能看到 jiù néng kàndào

第10課

海南島	海南岛 Hǎinándǎo
休日を過ごす	度假 dùjià
会議	会议 huìyì 〔**个** ge／**次** cì〕
午後５時	下午五点 xiàwǔ wǔ diǎn
終わる	结束 jiéshù／完毕 wánbì
毎日	每天 měi tiān／天天 tiāntiān
自転車	自行车 zìxíngchē／脚踏车 jiǎotàchē 〔**辆** liàng／**部** bù〕
登校する	上学 shàng xué
（学生）募集定員	招生人数 zhāoshēng rénshù
～名で締め切る	限～名 xiàn ～ míng
服	衣服 yīfu 〔**件** jiàn〕
２日間	两天 liǎng tiān
仕上がる	～好 ～ hǎo
クリーニングする	洗 xǐ
ドライクリーニング	干洗 gānxǐ
水洗い	水洗 shuǐxǐ
この講義	这堂课 zhè táng kè／这节课 zhè jié kè
自由討論方式	自由讨论方式 zìyóu tǎolùn fāngshì
～で行う	以～进行 yǐ ～ jìnxíng
お酒が飲めない〈体質・体調〉	不能喝酒 bù néng hē jiǔ
お茶でお酒の代わりに	用茶代替酒 yòng chá dàitì jiǔ／以茶代酒 yǐ chá dài jiǔ
前方	前面 qiánmian
工事中	（正在）施工 (zhèngzài) shīgōng
通行止め	不能通行 bù néng tōngxíng
北京飯店へ行く	去北京饭店 qù Běijīng Fàndiàn
王府井	王府井 Wángfǔjǐng
～で（車・電車を）降りる	在～下车 zài ～ xià chē
～で（車・電車に）乗る	在～上车 zài ～ shàng chē
有名な、著名な	著名 zhùmíng／有名 yǒumíng
映画監督	电影导演 diànyǐng dǎoyǎn
黒澤明	黑泽明 Hēizé Míng
氏	先生 xiānsheng 〔**位** wèi〕
82才	八十二岁 bāshí'èr suì
亡くなる	逝世 shìshì／去世 qùshì
享年	享年 xiǎngnián

第11課

落とす	弄丢 nòngdiū／丢 diū

練習問題語句表　177

ノート	笔记本 bǐjìběn／本子 běnzi〔个 ge／本(儿) běn(r)〕
お金	钱 qián／金钱 jīnqián
～を重く見過ぎる	把～看得太重 bǎ ～ kànde tài zhòng
いけない	不要 búyào
眼中にない	没有放在眼里 méiyou fàngzài yǎnli
赤いコップ	红色的杯子 hóngsè de bēizi
割る	打碎 dǎsuì／弄碎 nòngsuì／打破 dǎpò
マオタイ酒	茅台酒 máotáijiǔ〔瓶(儿) píng(r)〕
一気に	一口气 yì kǒu qì
飲み干す	喝干 hēgān
スーツケース	旅行箱 lǚxíngxiāng〔个 ge／只 zhī〕
開ける	打开 dǎkāi
パスポート	护照 hùzhào〔本 běn／册 cè〕
航空券	机票 jīpiào／飞机票 fēijī piào〔张 zhāng〕
無くさないように	请不要弄丢 qǐng búyào nòngdiū
印鑑	图章 túzhāng〔颗 kē／方 fāng〕／印章 yìnzhāng〔个 ge／枚 méi〕
～に置く	搁在～ gēzài～／放在～ fàngzài～
どこに置いたか	搁在哪儿了 gēzài nǎr le／放(在)哪儿了 fàng(zài) nǎr le
世界地図	世界地图 shìjiè dìtú〔张 zhāng〕
壁に掛ける	挂在墙上 guàzài qiáng shang

第12課

明日はよりよい日である	明天会更好 míngtiān huì gèng hǎo
信じる	相信 xiāngxìn
このままで行く	这样下去 zhèyàng xiàqu
どのような結果になる	结果会是什么 jiéguǒ huì shì shénme／
	结果会是什么样的 jiéguǒ huì shì shénme yàng de
夜の12時過ぎ	晚上十二点以后 wǎnshang shí'èr diǎn yǐhòu
電話をかける	打电话 dǎ diànhuà
1人で	一个人 yí ge rén
何杯くらい	大概几碗 dàgài jǐ wǎn
麺	面 miàn／面条 miàntiáo〔碗 wǎn〕
少しぐらい話す	说两句 shuō liǎng jù
できあがる	做完 zuòwán／作完 zuòwán
明日	明天 míngtiān
1日休む	休息一天 xiūxi yì tiān
クリスマスパーティー	圣诞晚会 shèngdàn wǎnhuì〈夜〉／圣诞会 shèngdàn huì 〈昼夜問わず〉
買い物上手	很会买东西 hěn huì mǎi dōngxi
～にお願いする	请～ qǐng ～
一緒に行ってもらう	一块儿去 yíkuàir qù／一起去 yìqǐ qù
～といい	就行 jiù xíng／就好 jiù hǎo
たった2、3日で	只用两、三天 zhǐ yòng liǎng sān tiān
スケートができるようになる	学会滑冰 xuéhuì huábīng
もう1点とれば	再得一分 zài dé yì fēn
チーム	队 duì〔支 zhī／个 ge〕
勝つ	赢 yíng／胜利 shènglì／获胜 huòshèng

～ができる	能～ néng ～／能够～ nénggòu ～

第13課

上野公園	上野公园 Shàngyě Gōngyuán
～へ行く	去～ qù～
桜を見る	看樱花 kàn yīnghuā
君の意見	你的意见 nǐ de yìjiàn
聞く	听 tīng
日曜日	星期天 xīngqītiān／星期日 xīngqīrì、礼拜天 lǐbàitiān／礼拜日 lǐbàirì
1人で	一个人 yí ge rén
家にいる	在家呆着 zài jiā dāizhe
嫌だ	不愿意 bú yuànyì／不喜欢 bù xǐhuan
寂しい	寂寞 jìmò
何度も	多少次 duōshao cì
お願いする	求 qiú
OKする	答应 dāying
1日も早く	早日 zǎorì
私のもと	我的身边 wǒ de shēnbiān
帰って来る	回到 huídào／回来 huílái
待っている	等待 děngdài／希望 xīwàng
チョウ・ユンファ	周润发 Zhōu Rùnfā 〈香港の映画スター〉
会う	见到 jiàndào／见面 jiànmiàn
記念写真を撮る	合影留念 héyǐng liúniàn／拍纪念照 pāi jìniàn zhào
太極拳	太极拳 tàijíquán
習う	学 xué／学习 xuéxí
北京大学中文系	北京大学中文系 Běijīng Dàxué Zhōngwén xì／北大中文系 Běidà Zhōngwén xì
合格する	考取 kǎoqǔ／考进 kǎojìn／考入 kǎorù
一生の願い	今生的愿望 jīnshēng de yuànwàng
品物が揃う	货很齐全 huò hěn qíquán
買いたい物は何でもある	想买什么有什么 xiǎng mǎi shénme yǒu shénme
保証する	保／包 bǎo／bāo
ご満足いただけること請け合います	保／包您满意 bǎo／bāo nín mǎnyì
満足する	满意 mǎnyì
休みの日	假日 jiàrì／休息天 xiūxi tiān
自分の時間	自己的时间 zìjǐ de shíjiān
やりたいことをやる	想做什么就做什么 xiǎng zuò shénme jiù zuò shénme
行きたいところへ行く	想去哪儿就去哪儿 xiǎng qù nǎr jiù qù nǎr

第14課

秘密にする	保密 bǎomì
絶対に～ないで	千万别～ qiānwàn bié ～／绝对不～ juéduì bù ～
話さない	不告诉 bú gàosu／不说 bù shuō／不讲 bù jiǎng
許可無しで	未经许可 wèi jīng xǔkě
やってあげる	给你办 gěi nǐ bàn
そこまでとする	得了 déle 〈口語〉／算了 suànle

練習問題語句表　179

自分で手続きをする	自己办手续 zìjǐ bàn shǒuxù
～する必要がない	不用 búyòng／不必 búbì／没(有)必要 méi(you) bìyào
心配する	担心 dānxīn／耽心 dānxīn
過ぎてしまったこと	过去的事 guòqù de shì
くよくよする	发愁 fāchóu
しょうがない ←→ 役に立つ	没(有)用 méi(you) yòng ←→ 有用 yǒu yòng
並んでいる	(在)排队(zài) páiduì
割り込み	夹塞儿 jiāsāir／加塞儿 jiāsāir
わざわざ出向く	特意跑一趟 tèyì pǎo yí tàng
自動車及びオートバイによる通学禁止	禁止开车或骑摩托车上学 jìnzhǐ kāichē huò qí mótuōchē shàngxué
私と彼との問題	我和他的问题 wǒ hé tā de wèntí
口をはさむ	插嘴 chāzuǐ
アルバイト	打工 dǎgōng
捜す	找 zhǎo／寻找 xúnzhǎo
人を馬鹿にする	欺负别人 qīfu biéren
からかう	嘲笑 cháoxiào
(立ち)止まる	站住 zhànzhù
動く	动 dòng
金を出す	出钱 chū qián／出费 chū fèi
許可なくして入るべからず	未经允许／许可不得入内 wèi jīng yǔnxǔ／xǔkě bù dé rù nèi

第15課

東京に来る／上京する	来东京 lái Dōngjīng
およそ	大概 dàgài／大约 dàyuē
10年になる	有十年 yǒu shí nián
様子から見て	看样子 kàn yàngzi
(仕事が)長くは続かない	干不长 gàn bù cháng
辞めてしまう	辞职 cízhí
最近	最近 zuìjìn
元気がない	垂头丧气 chuí tóu sàng qì／没有精神 méiyou jīngshén
ふられた、失恋した	失恋 shīliàn
オーナー／店長	老板 lǎobǎn／店长 diànzhǎng
怒る	发火 fāhuǒ／生气 shēngqì
口答えする	顶嘴 dǐngzuǐ
誰も～者はいない	谁也不敢～ shéi yě bù gǎn～／没有人敢～ méiyou rén gǎn～
綺麗な	美 měi／美丽 měilì／漂亮 piàoliang／好看 hǎokàn
夕焼け	晚霞 wǎnxiá
いい天気	大晴天 dà qíngtiān／好天气 hǎo tiānqì
すでに	已经 yǐjing／已 yǐ
十分に／充分に	充分 chōngfèn
準備する	(做)准备 (zuò) zhǔnbèi
今度／今回	这次 zhè cì
必ず／きっと	一定 yídìng／肯定 kěndìng
成功する	成功 chénggōng
～するはずだ	会～的 huì ～ de
現在の状況	现在的情况 xiànzài de qíngkuàng／现况 xiànkuàng

〜から見れば	从〜来看 cóng 〜 lái kàn
貴乃花	贵乃花 Guìnǎihuā
しばらく	好长时间 hǎo cháng shíjiān／好久 hǎojiǔ／
	很长时间 hěn cháng shíjiān／很久 hěn jiǔ
一緒にいる	在一起 zài yìqǐ／在一块儿 zài yíkuàir
見かけない	没看到 méi kàndào
別れる	吹 chuī／分手 fēnshǒu
卒業後	毕业后 bìyè hòu
どんな仕事をする	找什么工作 zhǎo shénme gōngzuò／
	做什么工作 zuò shénme gōngzuò
討論会	讨论会 tǎolùn huì
どんなことを話す	谈(些)什么 tán (xiē) shénme

第16課

困っている	遇到困难 yùdào kùnnan
助ける	帮助 bāngzhù
肺	肺 fèi
病気がある	有病 yǒu bìng
タバコをやめる	戒烟 jiè yān
次	下面 xiàmian
意見を発表する番	该发表意见 gāi fābiǎo yìjiàn
新年	新年 xīnnián
会社で仕事をする	上班儿 shàngbānr／(在)公司工作 (zài) gōngsī gōngzuò
子供の面倒をみる	照顾孩子 zhàogu háizi
この仕事	这(些)工作 zhè (xiē) gōngzuò
金曜日以前に	星期五之前 xīngqīwǔ zhīqián／星期五以前 xīngqīwǔ yǐqián
仕上げる	完成 wánchéng／做完 zuòwán
どんなに忙しくても	不管多忙 bùguǎn duō máng
時間を作る	抽时间 chōu shíjiān
家族に手紙を書く	给家人写信 gěi jiārén xiě xìn
いい仕事を見つける	找一份好工作 zhǎo yí fèn hǎo gōngzuò
コンピュータの知識	计算机知识 jìsuànjī zhīshi／电脑知识 diànnǎo zhīshi
多少	有些 yǒuxiē／多少 duōshao
〜なりとも	总得 zǒngděi／哪怕 nǎpà／不管 bùguǎn
始発に間に合うように	赶头班车 gǎn tóubānchē
五時前に	五点以前 wǔ diǎn yǐqián
家を出る	出门儿 chūménr
このような	这么 zhème／这样 zhèyàng
大きな過ち	严重的错误 yánzhòng de cuòwù
過ちをおかす	犯错误 fàn cuòwù
どんな罪になる	该当何罪 gāidāng hé zuì
15日迄に	十五号以前 shíwǔ hào yǐqián
論文を提出しに来る ⟷ 行く	把论文交上来／去 bǎ lùnwén jiāoshanglai ⟷ qu

第17課

とうとう	终于 zhōngyú／到底(〜了) dàodǐ (〜le)
説得する → 説得される	说服 shuōfú → 被说服 bèi shuōfú

練習問題語句表　181

言い負かす → 言い負かされる	说服 shuōfú → 说不过 shuōbuguò
次第に	逐渐 zhújiàn／渐渐 jiànjiàn／慢慢 mànman
忘れる	忘掉 wàngdiào／忘记 wàngjì
電車の中で	在火车/电车上 zài huǒchē/diànchē shang
盗む	偷 tōu／盗窃 dàoqiè／偷盗 tōudào
蘇州	苏州 Sūzhōu
東方のベニス	东方威尼斯 Dōngfāng Wēinísī
呼ばれる	被称作 bèi chēngzuò／被称为 bèi chēngwéi
釣って来た魚	钓回来的鱼 diàohuilai de yú
知らないうちに	不知什么时候 bù zhī shénme shíhou
こっそりと／人の目を盗んで	偷 tōu／偷偷地 tōutōu de／背着 bèizhe
みんな(全部)食べる	全给吃了 quán gěi chī le／被吃光了 bèi chīguāng le
料理を注文する	点菜 diǎn cài
1つまた1つと	一个接一个地 yí ge jiē yí ge de
次々に	接踵而来 jiē zhǒng ér lái／接二连三 jiē èr lián sān
運ばれて来る	端上来 duānshanglai
キウイフルーツ	猕猴桃 míhóutáo
大量の	大量的 dàliàng de
ビタミンＣ	维生素Ｃ wéishēngsùＣ／维他命Ｃ wéitāmìngＣ
含む	含有 hán yǒu
(料理が)できる	(菜)做好了 (cài) zuòhǎo le
(お酒を)温める	温上(酒) wēnshang (jiǔ)／烫上(酒) tàngshang (jiǔ)
後は	就(等) jiù (děng)／只(等) zhǐ (děng)
お客様の到着を待つ	等客人来了 děng kèrén láile
仕事上の失敗	工作上的失误 gōngzuò shang de shīwù
首になる	被解雇 bèi jiěgù／被撤职 bèi chèzhí
首にする	开除 kāichú／撤职 chèzhí

第18課

おばあさん／祖母	〈父方〉奶奶 nǎinai 〈母方〉姥姥／老老 lǎolao
心臓病	心脏病 xīnzàng bìng
発作が起こる	发作 fāzuò
急いで	赶紧 gǎnjǐn／赶快 gǎnkuài
救急車	救护车 jiùhù chē／急救车 jíjiù chē〔辆 liàng／部 bù〕
cf.消防車	救火车 jiùhuǒ chē／消防车 xiāofáng chē〔辆 liàng／部 bù〕
cf.パトカー／パトロールカー	警车 jǐngchē／(警察)巡逻车 (jǐngchá) xúnluó chē〔辆 liàng／部 bù〕
呼びに行く	去叫 qù jiào
ある時	有时 yǒushí
～でもなく～でもなく	～也不是，～也不是 ～ yě bú shì, ～ yě bú shì
本当にしょうがない	真没办法 zhēn méi bànfǎ
美しいもの	美的东西 měi de dōngxi
いつでも	总(是) zǒng(shì)／老(是) lǎo(shì)
(人の)目を楽しませる	以饱眼福 yǐ bǎo yǎnfú
何度も見たいと思う	想多看几眼 xiǎng duō kàn jǐ yǎn
この歌	这首歌 zhè shǒu gē／这支歌 zhè zhī gē
子供の頃の思い出	童年的往事 tóngnián de wǎngshì
想い出させる	令人回想起 lìng rén huíxiǎngqi

ちょっと考えさせて下さい	让我想想 ràng wǒ xiǎngxiang
それから答えます	好回答 hǎo huídá／再回答 zài huídá
見応えのある	精采的 jīngcǎi de／值得看 zhíde kàn
大相撲の取り組み	相扑比赛 xiāngpū bǐsài
君を案内する	请你看 qǐng nǐ kàn
見たいですか	想看吗 xiǎng kàn ma
研修のため	研修 yánxiū／进修 jìnxiū／培训 péixùn
ソニー	索尼公司 Suǒní Gōngsī
AをBに派遣した	派A到B pài A dào B
中国旅行に行った友達	去中国旅行的朋友 qù Zhōngguó lǚxíng de péngyou
特級ロンジン茶	特级龙井茶 tèjí lóngjǐng chá
500グラム	一斤 yì jīn
〈"一公斤"は1キログラムであるが、"一市斤"は500グラムであることに注意すること！〉	
～さん	〈女性〉～小姐 ～ xiǎojie〈Miss〉、～女士 ～ nǚshì〈Mrs.〉
	〈男性〉～先生 ～ xiānsheng〈Mr.〉
「イエスタディ・ワンス・モア」	《昔日重来》《Xīrì chóng lái》
歌を歌う	唱歌 chàng gē
Aに何か用事を頼む	求A办事 qiú A bànshì
天に登るより難しい	比登天还难 bǐ dēng tiān hái nán

第19課

中国人の学生	中国学生 Zhōngguó xuésheng
～にとって	对～来说 duì ～ lái shuō
中文和訳	中文日译 Zhōngwén Rì yì
和文中訳	日文中译 Rìwén Zhōng yì
一般的に言えば	一般来说 yìbān lái shuō
口頭通訳	口译 kǒuyì／口头翻译 kǒutóu fānyì
筆記通訳	笔译 bǐyì／翻译 fānyì
翻訳	翻译 fānyì
cf. 同時通訳	同声翻译 tóngshēng fānyì
読む	读 dú／念 niàn／阅读 yuèdú
書く	写 xiě／书写 shūxiě
易しい ⟷ 難しい	容易 róngyì ⟷ 难 nán
話す	说 shuō／讲 jiǎng
聞く	听 tīng
オートバイ	摩托车 mótuōchē〔辆 liàng〕
スピード〈時速〉／速度	时速 shísù／速度 sùdù
実際	实际上 shíjì shang
（より）早く	更快地 gèng kuài de
目的地に着く	到达目的地 dàodá mùdìdì
講義	讲课 jiǎngkè
声	声音 shēngyīn
黒板の字	板书 bǎnshū／黑板上的字 hēibǎn shang de zì
下手	差 chà／次 cì／难看 nánkàn
面積が大きい	面积大 miànjī dà
交通は便利	交通方便 jiāotōng fāngbiàn
お酒好き	爱喝酒 ài hē jiǔ

練習問題語句表　183

パンを食べる	吃面包 chī miànbāo
御飯〈米飯〉を食べる	吃米饭 chī mǐfàn
太りやすい	容易发胖 róngyi fāpàng
本当ですか	（是）真的吗 (shì) zhēn de ma
ハイヒール	高跟儿鞋 gāogēnrxié
値段は倍する	价钱高出一倍 jiàqián gāochū yí bèi
外国の月	外国的月亮 wàiguó de yuèliang
中国の月	中国的月亮 Zhōngguó de yuèliang
更に一段と丸い	更圆 gèng yuán
Ａということはない	并不Ａ bìng bù A

第20課

南極	南极 nánjí
北極	北极 běijí
距離	距离 jùlí
どのくらい〈距離〉	多远 duō yuǎn
私の故郷は遙か遠くです	我的故乡在远方 wǒ de gùxiāng zài yuǎnfāng
ウルトラマン	奥特曼 Àotèmàn
M78星雲	M七十八星团 M qīshíbā xīngtuán
世界の平和のために	为了维持／保卫地球的和平 wèile wéichí／bǎowèi dìqiú de hépíng
彼女と出逢ったその時から	自从认识她 zìcóng rènshi tā
～に一目惚れする	就爱上～了 jiù àishang ～ le／一见钟情 yí jiàn zhōngqíng
北京首都空港	北京首都机场 Běijīng Shǒudū Jīchǎng
市の中心	市中心 shì zhōngxīn
タクシーで行く	坐出租汽车 zuò chūzū qìchē／坐计程车 zuò jìchéngchē／打的 dǎdí
速いし便利	又快又方便 yòu kuài yòu fāngbiàn
小学校の頃から	从上小学起 cóng shàng xiǎoxué qǐ
数学	数学 shùxué
最も頭の痛い	最头疼的 zuì tóuténg de
科目	功课 gōngkè〔门 mén〕
東京発パリ行き	由东京飞往巴黎 yóu Dōngjīng fēiwǎng Bālí
エールフランス896便	法国航空公司八九六班机 Fǎguó hángkōng gōngsī bājiǔliù bānjī
まもなく出発する	马上就要起飞了 mǎshàng jiùyào qǐfēi le
関東地方	关东地区 Guāndōng dìqū
梅雨入り	进入梅雨季节 jìnrù méiyǔ jìjié／入梅 rùméi
～に沿って	沿着 yánzhe〈水と関係ある場所〉
	顺着 shùnzhe〈水と関係のない場所〉
河川敷のゴルフ場	河边／河岸地的高尔夫球场 hébiān／hé'àn dì de gāo'ěrfūqiú chǎng
駅に出る	到火车站 dào huǒchē zhàn
天安門広場	天安门广场 Tiān'ānmén Guǎngchǎng
頤和園	颐和园 Yíhéyuán
天壇公園	天坛公园 Tiāntán Gōngyuán

第21課 Ⅰ

大学に入る	上大学 shàng dàxué／进大学 jìn dàxué
２年目	第二年 dì èr nián
誕生日	生日 shēngri

184　付録

何月何日	几月几号 jǐ yuè jǐ hào
仕事	工作 gōngzuò〔件 jiàn／项 xiàng／个 ge〕
9月中旬	九月中旬 jiǔyuè zhōngxún
やっと完成する	才完成 cái wánchéng
仕事が忙しい	工作(很)忙 gōngzuò (hěn) máng
会いに来る	来看 lái kàn／来见 lái jiàn
朝から晩まで	从早到晚 cóng zǎo dào wǎn
ずっと雨が降っている	一直下着雨 yìzhí xiàzhe yǔ
日本に来る	来日本 lái Rìběn
この仕事に就く	干这行 gàn zhè háng／从事于这工作 cóngshì yú zhè gōngzuò
月曜日	礼拜一 lǐbàiyī／星期一 xīngqīyī
何コマ講義	几节课 jǐ jié kè／几堂课 jǐ táng kè
家から学校まで	从家里到学校 cóng jiālǐ dào xuéxiào
電車で	坐火车／电车 zuò huǒchē／diànchē
車の運転	开车 kāichē／驾驶汽车 jiàshǐ qìchē
～を習う	学～ xué ～

第21課 Ⅱ

ケチ	小气 xiǎoqi／抠门儿 kōuménr／吝啬 lìnsè
今まで～したことがない	从来没有～过 cónglái méiyou ～guò
～に御馳走する	请～吃饭 qǐng ～ chī fàn
嘘をつく	撒谎 sāhuǎng／说谎 shuōhuǎng
cf. 人を騙す	骗人 piàn rén
自慢する	自夸 zìkuā
時間通りに	按时 ànshí／准时 zhǔnshí
講義に出る	上课 shàngkè／听课 tīngkè
日本の電車	日本的火车／电车 Rìběn de huǒchē／diànchē〔辆 liàng〕
事故	事故 shìgù
時間に正確	准时 zhǔnshí
かつて	曾经 céngjīng
オリンピック	奥运会 Àoyùnhuì〔届 jiè〕／奥林匹克运动会 Àolínpǐkè Yùndònghuì〔届 jiè〕
出場する	参加 cānjiā
～そうだ	据说 jùshuō／听说 tīngshuō
この小説	这本小说 zhè běn xiǎoshuō
何日か前	几天前 jǐ tiān qián
読み終わる	看完 kànwán／读完 dúwán
面白い	有意思 yǒu yìsi／有趣 yǒuqù
時間がある時	有时间 yǒu shíjiān
また読む	再看 zài kàn
～と思う	想～ xiǎng～
前から	以前 yǐqián
うまく行かない	成不了 chéngbuliǎo
デザイン	样式 yàngshì／款式 kuǎnshì／设计 shèjì
若い女性	年轻女性 niánqīng nǚxìng
～に人気がある	受～的欢迎 shòu ～ de huānyíng
売り出される	上市 shàngshì

練習問題語句表　185

何日もしないうち	没(有)几天 méi(you) jǐ tiān
売り切れ	卖光 màiguāng／售完 shòuwán
あの日	那天 nà tiān
羊肉のしゃぶしゃぶ	涮羊肉 shuàn yángròu
食べに行く	去吃 qù chī
お金を持たない	(身上)没(有)带钱 (shēnshang) méi(you) dài qián
しゃぶしゃぶ	涮牛肉 shuàn niúròu
もうすぐ	马上就要 mǎshàng jiù yào
卒業	毕业 bìyè
卒業後	毕业后 bìyè hòu
頭の中が空っぽ	脑袋里一片空白 nǎodai li yí piàn kòngbái

第21課 Ⅲ

突然	突然 tūrán
洗濯機	洗衣机 xǐyījī〔**台** tái〕
洋服	衣服 yīfu〔**件** jiàn〕
ベッドに入る	上床 shàng chuáng
眠る	睡觉 shuìjiào
ドアをノックする	敲门 qiāo mén
新しい職場	新的工作环境 xīn de gōngzuò huánjìng
慣れる	适应 shìyìng／习惯 xíguàn
心配する	担心 dānxīn／耽心 dānxīn
予想に反せず	果然 guǒrán
辞める	辞职 cízhí／辞掉 cídiào
初めて	第一次 dì yī cì
国際試合	国际比赛 guójì bǐsài〔**场** chǎng〕
(試合に)出場する	参加(比赛) cānjiā (bǐsài)
何と	竟然 jìngrán
優勝する	得冠军 dé guànjūn
刺身	生鱼片 shēngyúpiàn
食べ慣れない	吃不惯 chībuguàn〈第24課「可能補語」参照〉
当然	当然 dāngrán
朝食	早饭 zǎofàn／早餐 zǎocān〔**顿** dùn〕
パン	面包 miànbāo〔**块** kuài／**片** piàn〕
牛乳	牛奶 niúnǎi
たまに	偶尔 ǒu'ěr
インスタントラーメン	方便面 fāngbiànmiàn
2年間頑張る	两年的努力 liǎng nián de nǔlì
とうとう	终于 zhōngyú
仕事が完成する	完成任务 wánchéng rènwù
いつも／いつだって	总(是) zǒng(shì)／老(是) lǎo(shì)
寝る前	睡觉以前 shuìjiào yǐqián／临睡的时候 lín shuì de shíhou
勉強	功课 gōngkè〈予習、宿題など〉
もともと	原来 yuánlái
ここに住む	住在这儿 zhùzài zhèr／在这儿住 zài zhèr zhù
引っ越して来る	搬进来 bānjinlai
～たばかり	刚～ gāng～

落ち着き払う	沈着冷静 chénzhuó lěngjìng
態度	态度 tàidù／表现 biǎoxiàn
普段の	平时 píngshí
別人のよう	判若两人 pàn ruò liǎng rén

「間に合わない」

飛行機の出発時間	起飞时间 qǐfēi shíjiān
あと	只有 zhǐyǒu／还有 hái yǒu
15分	一刻钟 yí kè zhōng／十五分钟 shíwǔ fēn zhōng
～しかない	只有～ zhǐ yǒu～
飛行機に乗る	登机 dēng jī
cf.搭乗券、ボーディングパス	登机牌儿 dēngjīpáir
間に合わない	来不及 láibují
さよならをする	告别 gàobié
間がない／時間がない	来不及 láibují／没有时间 méiyou shíjiān
列車	火车 huǒchē〔**列** liè／**辆** liàng〕、列车 lièchē〔**次** cì／**趟** tàng〕
飛び乗る	跳上 tiàoshang
終電	末班车 mòbānchē
カラオケ	卡拉OK店 kǎlāOK diàn〔**家** jiā〕
朝まで過ごす	过夜 guòyè
答案用紙	卷子 juànzi／卷儿 juànr〔**份** fèn／**张** zhāng〕
提出する	交 jiāo
急ぐ	加快速度 jiākuài sùdù
万が一	万一 wànyī
試合時間	比赛时间 bǐsài shíjiān
遅れる	赶不上 gǎnbushàng
出場資格	参赛资格 cān sài zīgé
なくなる	取消 qǔxiāo／失去 shīqù
急いで行く	匆匆忙忙地去 cōngcōngmángmáng de qù
食事の時間	开饭时间 kāifàn shíjiān
行ってみる	过去看看 guòqu kànkan
～の方がよい	不妨 bùfáng／最好 zuì hǎo
朝	早上 zǎoshang／早晨 zǎochén
時間が経つのがはやい	时间过得很快 shíjiān guòde hěn kuài
気がする／感じる	觉得 juéde／感到 gǎndào
のんびりしている	做事做得慢一点儿 zuò shì zuòde màn yìdiǎnr
学校に間に合わない〈遅刻〉	来不及上课 láibují shàngkè／迟到 chídào
1時限目に間に合わない	赶不上第一节课 gǎnbushàng dì yī jié kè
せっかく／やっと	好不容易 hǎobù róngyì／好容易 hǎo róngyì
チケット	票 piào
cf.入場券	门票 ménpiào〔**张** zhāng〕
手に入れる	拿到(手) nádào(shǒu)／弄到 nòngdào
開演時間	开演时间 kāiyǎn shíjiān
8時32分	八点三十二分 bā diǎn sānshí'èr fēn
遅刻する	迟到 chídào

練習問題語句表　187

第22課　「テンス」"时"

来週	下个星期 xià ge xīngqī／下个礼拜 xià ge lǐbài／下周 xià zhōu
この時間この場所で	同样时间同样地点 tóngyàng shíjiān tóngyàng dìdiǎn／
	老时间老地方 lǎo shíjiān lǎo dìfang
逢う／会う	见面 jiànmiàn
〈どこで〉会う	〈場所〉＋见(面) jiàn(miàn)
〈いつ〉会う	〈時間〉＋见(面) jiàn(miàn)
この試合	(这场)比赛 (zhè chǎng) bǐsài
～を見てから帰る	看完～再回去 kànwán ～ zài huíqu
また遅刻する	又迟到 yòu chídào
何か特別な理由がある	有什么特别的理由 yǒu shénme tèbié de lǐyóu
入院する ←→ 退院する	住院 zhùyuàn ←→ 出院 chūyuàn
今年になって	(到)今年 (dào) jīnnián
3回目	第三次 dì sān cì
早く良くなる	早点恢复 zǎo diǎn huīfù
得意技	拿手绝技 náshǒu juéjì／拿手好戏 náshǒu hǎoxì
いつも	总(是) zǒng(shì)／老(是) lǎo(shì)
一生懸命	努力 nǔlì／拼命 pīnmìng
勉強する	学习 xuéxí／看书 kàn shū／念书 niànshū
～しないと	如果再不～(的话) rúguǒ zàibu～ (de huà)
留年する	留级 liújí
もう1週間	再一个星期／礼拜 zài yí ge xīngqī／lǐbài
講義を受ける	上课 shàngkè／听课 tīngkè
休み(になる)	放假 fàngjià
電話をかけて来た	来电话 lái diànhuà
テレビを見る	看电视 kàn diànshì
クラシック音楽	古典音乐 gǔdiǎn yīnyuè
～のファン	～迷 ～mí
(例)「映画ファン」	电影迷 diànyǐng mí
コンサート	演奏会 yǎnzòuhuì 〈演奏〉／演唱会 yǎnchànghuì 〈歌〉
専門講座	专题讲座 zhuāntí jiǎngzuò
聴講する	参加 cānjiā／听课 tīngkè／选修 xuǎnxiū

第22課　「アスペクト」"态"

入り口	门 mén／门口儿 ménkǒur
鍵	〈ロック〉锁 suǒ／〈キー〉钥匙 yàoshi〔把 bǎ〕
締まっている	锁着 suǒzhe
たぶん／恐らく	大概 dàgài／恐怕 kǒngpà
出かけている	出门了 chūmén le
さっき	刚才 gāngcái
散歩に行く	去散步 qù sànbù
家にいない	没(有)在家 méi(you) zàijiā
コンピュータの知識	计算机／电脑知识 jìsuànjī／diànnǎo zhīshi
少し学ぶ	学一点儿 xué yìdiǎnr
～したことがある	～过 ～guò
木々	树 shù／树木 shùmù
緑になる	绿 lǜ／变绿 biàn lǜ

188　付録

花が咲く	花开 huā kāi／开花 kāihuā
春が来る	春天来 chūntiān lái
帰って来る	回来 huílai
～いるに違いない	肯定 kěndìng
庭	院子 yuànzi〔个 ge〕
(車を)停める	停(车) tíng(chē)
この種類の魚	这种鱼 zhè zhǒng yú
まだ～したことはない	还没(有)～过 hái méi(you)～guò
顔に見覚えがある	面熟 miànshú／shóu
確か～ような気がする	觉得～好像 juéde ～ hǎoxiàng
どこかの雑誌で	在哪一本杂志上 zài nǎ yì běn zázhì shang
子供達	孩子们 háizimen
ゲーム機	游戏机 yóuxìjī
cf. テレビゲーム	电子游戏机 diànzǐ yóuxìjī
遊ぶ	玩儿 wánr／游玩 yóuwán
声を聞く	听声音 tīng shēngyīn
すぐ分かる	就知道 jiù zhīdao
黒いスーツ	黑西服 hēi xīfú／黑色西装 hēisè xīzhuāng
身にまとう	穿着 chuānzhe／穿上 chuānshang
眼鏡をかける	戴眼镜 dài yǎnjìng
課長	科长 kēzhǎng
大阪に住む	在大阪住 zài Dàbǎn zhù
すでに	已经 yǐjing／已 yǐ
十数年	十多年 shí duō nián

第23課 "了"

昨日	昨天 zuótiān
ゾクゾクする／ドキドキする	扣人心弦 kòu rén xīn xuán
香港	香港 Xiānggǎng
カンフー映画	功夫片 gōngfū piān／武打片 wǔdǎ piān
観る	看 kàn
時間が早くない	时间不早 shíjiān bù zǎo
もう遅い	已经很晚 yǐjing hěn wǎn
(この辺で)失礼する	(该)告辞 (gāi) gàocí
雨が降る	下雨 xiàyǔ
傘を持つ	带(把)伞 dài (bǎ) sǎn
その原稿	那篇稿子 nà piān gǎozi
ほとんど書き終わる	写得差不多 xiěde chàbuduō
(車が)停まる	(车)停 (chē) tíng
可愛い女の子	可爱的女孩子 kě'ài de nǚ háizi
(車を)降りる	下(车) xià (chē)
秋が来る	秋天到 qiūtiān dào
カエデの葉	枫叶 fēng yè
cf. もみじ	红叶 hóngyè
赤くなる	红了 hóng le
休みになる	放假 fàngjià
ハワイ旅行	夏威夷旅行 Xiàwēiyí lǚxíng

練習問題語句表　189

来週	下星期 xià xīngqī／下礼拜 xià lǐbài
テストがある	要考试 yào kǎoshì
秋になる	秋天来 qiūtiān lái
日光の風景	日光的风景 Rìguāng de fēngjǐng
更に綺麗に	更美 gèng měi
一緒に行く	一起去 yìqǐ qù
それに越したことはない	再好不过了 zài hǎo bú guò le／
	再好也没有了 zài hǎo yě méiyou le

第23課　"就"

そのニュース	这个消息 zhège xiāoxi
嬉しくて	高兴得 gāoxìngde
飛び上がる	跳起来 tiàoqilai
中国語を学ぶ	学中文 xué Zhōngwén／学汉语 xué Hànyǔ
2級試験	二级 (考试) èr jí (kǎoshì)
(試験に)通る、合格する	通过 tōngguò／考过 kǎoguò／考上 kǎoshàng／shang
文句を言う	发牢骚 fā láosao
～ばかりしか能がない	就知道～ jiù zhīdao ～
方法を考える	想办法 xiǎng bànfǎ
もうすぐ～だ	就要～了 jiùyào ～ le／快要～了 kuàiyào ～ le
お金がなくなりそう	用光／用完钱 yòngguāng／yòngwán qián
アルバイトをする	打工 dǎgōng
駄目	不行 bùxíng
良い所と言えば～	好就好在～ hǎo jiù hǎo zài ～
おとなしい	老实 lǎoshí
お酒を飲む	喝酒 hē jiǔ
酔う	喝醉 hēzuì／酒醉 jiǔzuì
口数が多くなる／増える	话多 huà duō
欲しがる	要 yào
子供の頃	小时候 xiǎo shíhou
夏休みになる	放暑假 fàng shǔjià
毎朝	每天早上 měitiān zǎoshang
ラジオ体操	广播体操 guǎngbō tǐcāo
～をする	做～ zuò～
値段がいい／高い	价钱贵 jiàqián guì
買わない	不买 bù mǎi
似合う	合适 héshì

第23課　"要"

何にする／何を食べる	点／吃什么 diǎn／chī shénme
スパゲティー	意大利面条 Yìdàlì miàntiáo
～をお願いします〈注文〉	来～ lái～
遠慮しないで	不要客气 búyào kèqi
沢山食べる	多吃 (一点儿) duō chī (yìdiǎnr)
沢山食べた／食べ過ぎた	吃多了 chīduō le
留学したい	要去留学 yào qù liúxué
語学の基礎	语言基础 yǔyán jīchǔ

固める	打好 dǎhǎo／加强 jiāqiáng／巩固 gǒnggù
この品物	这种货／东西 zhè zhǒng huò／dōngxi
cf. 商品／製品	商品 shāngpǐn／产品 chǎnpǐn
よく売れる	销路好 xiāolù hǎo／俏（货）qiào（huò）
やっと買える	才能买上 cái néng mǎishang
北海道の冬	北海道的冬天 Běihǎidào de dōngtiān
～と言えば	要说～ yàoshuō～
本当に寒い	真冷 zhēn lěng
日本に行く	到日本 dào Rìběn
富士山に登る	（去）爬／登富士山（qù）pá／dēng Fùshìshān
万里の長城へ行く	去（登）长城 qù（dēng）Chángchéng
こんなにも	这么 zhème
スピードを出す	（开车）开得快（kāichē）kāide kuài
事故を起こす	出事故 chū shìgù／出事儿 chū shìr
夕食	晚饭 wǎnfàn／晚餐 wǎncān〔顿 dùn〕
食べ終える	吃完 chīwán
いつも	都 dōu／每次 měi cì
犬を連れて	带着狗 dàizhe gǒu
cf. 犬の散歩	带狗散步 dài gǒu sànbù
散歩に出る	去散（散）步 qù sàn（sàn）bù
どっちみち／どちらにしても	反正 fǎnzhèng
誰かが行く	有一个人去 yǒu yí ge rén qù
ゴールデンウィーク	黄金周 huángjīnzhōu
飛行機のチケット	飞机票 fēijī piào／机票 jīpiào
普段より	比平时 bǐ píngshí
ずっと～	～得多 ～de duō
値段が高い	价（钱）贵 jià（qián）guì／价格高 jiàgé gāo

第24課　Ⅰ程度補語

上達が早い	提高得快 tígāode kuài／进步很快 jìnbù hěn kuài
来たばかり	刚（刚）来 gāng（gāng）lái
～の頃	～的时候 ～de shíhou
私の話	我的话 wǒ de huà
聞き取れない	听不懂 tīngbudǒng
株暴落	股票暴跌 gǔpiào bàodiē
影響	影响 yǐngxiǎng
不景気	不景气 bù jǐngqì
何人か	几个（人）jǐ ge（rén）
仲のいい	要好的 yàohǎo de
友達が集まる	朋友聚在一起 péngyou jùzài yìqǐ
楽しい	很高兴 hěn gāoxìng
愉快	很开心 hěn kāixīn／很愉快 hěn yúkuài
気楽	很舒心 hěn shūxīn
風景が素晴らしい	风景好得很 fēngjǐng hǎode hěn
休暇を過ごす	度假 dùjià
ちょうどいい	正适合 zhèng shìhé／正合适 zhèng héshì
歩くのが速い	（走路）走得快（zǒulù）zǒude kuài

練習問題語句表　191

2人で歩く	两个人一起走 liǎng ge rén yìqǐ zǒu
	〈"两个人"は"俩儿 liǎr"とも言う〉
とても疲れる	特累 tè lèi／很累 hěn lèi／挺累 tǐng lèi
黒板の字	黑板上的字 hēibǎn shang de zì
板書	板书 bǎnshū
もう少し大きく書く	写得大一点儿 xiěde dà yìdiǎnr
そうでないと	要不 yàobu
見えない	看不清楚 kànbuqīngchu
泳ぐのが得意	游泳游得特棒 yóuyǒng yóude tè bàng
まるで~のようだ	像~ xiàng ~
人魚	美人鱼 měirényú〔条 tiáo〕
ソフトボールチーム	垒球队 lěiqiú duì〔支 zhī〕
試合／ゲーム	比赛 bǐsài〔**场** chǎng／**盘** pán／**局** jú〕
緊迫した	紧张 jǐnzhāng
激しい	精彩 jīngcǎi／激烈 jīliè
歌が上手	(唱)歌唱得好 (chàng) gē chàngde hǎo
アンコール	再来 zài lái／重演 chóngyǎn
もう1曲	再来一首 zài lái yì shǒu
羽生さん	羽生先生 Yǔshēng xiānsheng
将棋	日本象棋 Rìběn xiàngqí〔**盘** pán／**局** jú〕
天下無敵	天下无敌 tiānxià wúdí
囲碁	围棋 wéiqí〔**盘** pán／**局** jú〕
チェス	国际象棋 guójì xiàngqí〔**盘** pán／**局** jú〕

第24課　Ⅱ結果補語

そのニュースを聞く	听到那个消息 tīngdào nàge xiāoxi
悲しみのあまり	伤心得 shāngxīnde／难过得 nánguòde
泣き出す	哭起来 kūqilai
明日	明天 míngtiān
提出する	交 jiāo
レポート	报告 bàogào〔**个** ge／**次** cì／**份** fèn〕
書き終わる	写完 xiěwán
星空の下	星空下 xīngkōng xià
渚	海边 hǎibiān／海滨 hǎibīn
目に浮かぶ	仿佛看到 fǎngfú kàndào
一気に	一口气 yìkǒu qì
ハンバーガー	汉堡包 hànbǎobāo〔**个** ge／**块** kuài〕
平らげる	吃掉 chīdiào
まだお腹が減っている	还没吃饱 hái méi chībǎo
騒ぐ	吵 chǎo／闹 nào
料理の味付け	调味 tiáowèi
~が上手くいかない	没有~好 méiyou ~ hǎo
我慢する	将就着 jiāngjiuzhe
読み／見たがる	想看 xiǎng kàn
武侠小説	武侠小说 wǔxiá xiǎoshuō〔**本** běn〕
まもなく	要~了 yào~le
答案	卷儿 juànr／考卷儿 kǎojuànr

192　付録

回収する	交 jiāo／收 shōu
やり終える	作完 zuòwán
氏名	姓名 xìngmíng
書き忘れる	忘了填上 wàng le tiánshang
ご希望のビデオ	您要看的录相带 nín yào kàn de lùxiàngdài
用意する	准备 zhǔnbèi
（借りて）持ち帰る	借回去 jièhuiqu
俗に（言う）	人常说 rén cháng shuō／俗话说 súhuà shuō
お腹が一杯	吃饱了 chībǎo le／肚子饱了 dùzi bǎo le
ホームシック	想家 xiǎng jiā
C. I. A	美国中央情报局 Měiguó Zhōngyāng Qíngbàojú
派遣する	派 pài／派遣 pàiqiǎn
スパイ	特工人员 tègōng rényuán／特务 tèwu／间谍 jiāndié〔个 ge／名 míng〕
誰も思わない	谁也没想到 shéi yě méi xiǎngdào

第24課　Ⅲ方向補語

本を抱える	抱（着）书 bào(zhe)shū
走って	跑 pǎo
入って来る	进来 jìnlai
におい	味儿 wèir／味道 wèidao
かぎつける	闻到 wéndào
大きな黒猫	大黑猫 dà hēi māo〔只 zhī〕
小さな白猫	小白猫 xiǎo bái māo〔只 zhī〕
こちらへやって来る	凑过来 còuguolai
カップ	杯子 bēizi
ひっくり返る	碰倒 pèngdǎo
コーヒー	咖啡 kāfēi〔杯 bēi〕
全部	全（部） quán(bù)
こぼれ出る	洒出来 sǎchulai
外で	在外面 zài wàimian
しばらく～する	～半天 ～ bàntiān
歩き回る	转半天 zhuàn bàntiān
中に入って来る	进来 jìnlai
我慢する	忍住 rěnzhù／忍耐 rěnnài
～切れない	～不住 ～buzhù
とうとう	终于 zhōngyú
（声を出して）笑い出す	笑出声来 xiàochu shēng lai
事務室	办公室 bàngōngshì〔个 ge／间 jiān〕
ついでに	顺便 shùnbiàn
資料	资料 zīliào／材料 cáiliào〔个 ge／份 fèn〕
持って来る	拿回来 náhuilai／拿过来 náguolai／拿来 nálai
テスト	考试 kǎoshì
緊張する	紧张 jǐnzhāng
こんな風に	这样 zhèyàng／这么 zhème／如此 rúcǐ
勝手気まま	放荡 fàngdàng／随便 suíbiàn
～続ける	～下去 ～xiaqu

練習問題語句表　193

将来	将来 jiānglái
見込みがない	没出息 méi chūxi
歯を食いしばる	咬紧牙关 yǎojǐn yáguān
耐える	忍耐 rěnnài
どんなに	无论怎么 wúlùn zěnme
～しないように	千万不要 qiānwàn búyào
ガックリして諦める／断念する	灰心 huīxīn／死心 sǐxīn
続ける	坚持 jiānchí

第24課　Ⅳ数量補語

午後	下午 xiàwǔ
寝る	睡觉 shuìjiào
ゆうべ	昨天晚上 zuótiān wǎnshang／昨晚 zuówǎn
1時間半	一个半小时 yí ge bàn xiǎoshí
今朝	今天早上 jīntiān zǎoshang
5ヶ月あまり	五个多月 wǔ ge duō yuè
自動車の運転	开车 kāichē／驾驶汽车 jiàshǐ qìchē
～し終わらない	还没～会 hái méi ～ huì
彼のお兄さん	他哥哥 tā gēge
1ヶ月	一个月 yí ge yuè
入院する ⟷ 退院する	住院 zhùyuàn ⟷ 出院 chūyuàn
足の怪我	腿伤 tuǐ shāng
やっと良くなる	总算好了 zǒngsuàn hǎo le
1人でも	自己 zìjǐ／一个人 yí ge rén
歩ける	能走路 néng zǒulù
8時間	八个小时／钟头 bā ge xiǎoshí／zhōngtóu
麓〈ふもと〉	山脚 shānjiǎo／山麓 shānlù
着く、到着する	到 dào／到达 dàodá／抵达 dǐdá
道に迷う	迷路 mílù
2時間	两个小时 liǎng ge xiǎoshí
待つ	等 děng／等候 děnghòu
15分	十五分钟 shíwǔ fēn zhōng／一刻钟 yí kè zhōng
行ってしまった	就走了 jiù zǒu le
6年	六年 liù nián
英語を学ぶ	学英语 xué Yīngyǔ
話せない	不会说 bú huì shuō
聞けない	听不懂 tīngbudǒng
少しは話せる	会说几句 huì shuō jǐ jù
毎週土曜日	每个星期六 měi ge xīngqīliù
電車に乗る	坐火车／电车 zuò huǒchē／diànchē
学校へ行く	去学校 qù xuéxiào
たった	仅有 jǐn yǒu
1コマ（の）講義	一节课 yì jié kè
2時間かける〈乗る〉	(坐)两个钟头 (zuò) liǎng ge zhōngtóu
連続	一连 yìlián／连续 liánxù
2杯	两杯 liǎng bēi
飲む	喝 hē

眠い	犯困 fànkùn／发困 fākùn／困 kùn
ちょっと～（する）	～〈動詞〉＋一会儿 yíhuìr／一下 yíxià
横になる	躺 tǎng
経済学	经济学 jīngjìxué
レポート	报告 bàogào
3回	三次 sān cì
書き直す	修改 xiūgǎi
提出する	交上去 jiāoshangqu
結局	结果 jiēguǒ
合格しない	不及格 bù jígé
単位	学分 xuéfēn
とれない	拿不到 nábudào

第24課　Ⅴ可能補語

課外活動	课外活动 kèwài huódòng
参加できる	能参加 néng cānjiā
参加できない	参加不了 cānjiābuliǎo
本当に	真 zhēn
がっかりする	扫兴 sǎoxìng
成績	成绩 chéngjì〔项 xiàng／个 ge〕
普通	一般 yìbān
真面目でない	不认真 bú rènzhēn
大学院受験	(报)考研究生 (bào)kǎo yánjiūshēng
考えられない	很难想像 hěn nán xiǎngxiàng
1日しかない	只剩一天 zhǐ shèng yì tiān
1人では	自己 zìjǐ／一个人 yíge rén
絶対	绝对 juéduì
手伝う	帮忙 bāngmáng
ジーンズ／Gパン	牛仔裤 niúzǎikù〔条 tiáo〕
どう～ても	怎么也～ zěnme yě～
きれいに洗えない	洗不干净 xǐbugānjìng
毎晩	每天晚上 měi tiān wǎnshang
寝るのが遅い	睡得很晚 shuìde hěn wǎn
いつも起きられない	总是起不来 zǒngshì qǐbulái
遅刻ばかり	老迟到 lǎo chídào
乗りかかった船	骑上老虎下不来 qíshang lǎohǔ xiàbulái
目をつぶる／つむる	硬着头皮 yìngzhe tóupí／忍受过去 rěnshòuguoqu
やり通す	干下去 gànxiaqu／做到底 zuò dào dǐ
外	外面 wàimian／外边儿 wàibianr
風が強く吹き、雨が強く降る	风大雨急 fēng dà yǔ jí
暗くなる	黑下来 hēixialai
出発出来そうもない	看样子走不了 kàn yàngzi zǒubuliǎo
Jリーグ	日本职业足球联赛 Rìběn zhíyè zúqiú liánsài
（値段が）高い	（价钱）贵 jiàqián guì
手に入れにくい	不好买 bù hǎo mǎi
試合が見たい	想看比赛 xiǎng kàn bǐsài
仕方がない	只好 zhǐhǎo

練習問題語句表　195

テレビで観戦する	看电视 kàn diànshì
日本料理	日本菜 Rìběn cài
口に合わない／食べ慣れない	吃不惯 chībuguàn
～〈誰々〉の口に合わない	不合～的口味 bùhé ～ de kǒuwèi
本場の	地道 dìdao
上海料理	上海菜 Shànghǎi cài
マクドナルド	麦当劳 Màidāngláo
ハンバーガー	汉堡包 hànbǎobāo
深夜	半夜里 bànyè li／深夜 shēnyè
コンビニ	二十四小时店 èrshísì xiǎoshí diàn
買い物、ショッピング	买东西 mǎi dōngxi／购物 gòu wù
1万円	一万块日元 yí wàn kuài Rìyuán
釣り銭がない	找不开 zhǎobukāi／破不开 pòbukāi
～と聞く	听说～ tīngshuō ～
本当ですか	是真的吗 shì zhēn de ma

第25課

その言葉	这句话 zhè jù huà
～の口から出る	出～的口 chū ～ de kǒu
どのくらいの時間	多长时间 duō cháng shíjiān
散歩する	散步 sànbù
そんなことくらい	这么点儿事 zhème diǎnr shì
(口)喧嘩	吵架 chǎojià
(殴り合いの)喧嘩	打架 dǎjià
二十数年	二十多年 èrshí duō nián
車の運転	开车 kāichē
事故を起こす	出事 chūshì
～したことはない	没(有)～过 méi(you)～guò
ほとんど	差不多 chàbuduō
署名する／サインする	签名 qiānmíng
去年のクリスマス	去年圣诞节 qùnián shèngdànjié
～と会う	和／跟～见面 hé／gēn ～ jiànmiàn
家を買う	买房子 mǎi fángzi
～のために	为(了)～ wèi(le)～
あんなにたくさん	那么多 nàme duō
借金をして	贷款 dàikuǎn／借款 jièkuǎn
いつになったら	什么时候 shénme shíhou
返済する	还清 huánqīng／还债 huánzhài
育てる	养 yǎng／养育 yǎngyù／饲养 sìyǎng
サボテン	仙人掌 xiānrénzhǎng〔棵 kē〕
小さく黄色い花	小黄花 xiǎo huáng huā〔朵 duǒ〕
花をつける	开出花 kāichū huā
君たち2人	你们俩 nǐmen liǎ
おしゃべりをする	聊天 liáotiān／谈天 tántiān
もうすでに	已经(～了) yǐjing (～le)
深夜の2時	半夜两点 bànyè liǎng diǎn
大手町	大手町 Dàshǒudīng

196　付録

2回ほど	两次 liǎng cì
道に迷う	迷路 mílù

第26課

お金のため	为了钱 wèile qián
やつら	那伙人 nà huǒ rén／那些家伙 nàxiē jiāhuo
命	命 mìng／生命 shēngmìng〔条 tiáo〕
惜しまない	不在乎 búzàihu／不惜 bùxī
1年	一年 yì nián
ピンイン	拼音 pīnyīn
嫌だ	不想 bù xiǎng／不愿意 bú yuànyì
喫煙	抽烟 chōu yān／吸烟 xī yān
自分の身体	自己的身体 zìjǐ de shēntǐ
有害	有害 yǒu hài
周囲	周围 zhōuwéi
健康	健康 jiànkāng
～に影響を与える	影响～ yǐngxiǎng ～
道が狭く複雑	路又窄又复杂 lù yòu zhǎi yòu fùzá
一方通行	单行道 dānxíngdào
地元の人	本地人 běndì rén／当地人 dāngdì rén
まして	何况 hékuàng
君のような	(像)你这个 (xiàng) nǐ zhège
外人／外国人	老外 lǎowài／外国人 wàiguórén
写真屋	照相馆 zhàoxiàng guǎn
同時プリント	连冲带洗 lián chōng dài xǐ
30元	三十块(钱) sānshí kuài (qián)
『紅楼夢』	《红楼梦》Hónglóumèng
きちんと解釈する	解释得头头是道 jiěshide tóu tóu shì dào
夏	夏天 xiàtiān
もちろん／言うまでもなく	不用说 búyòng shuō
冬	冬天 dōngtiān
寒中水泳	冬泳 dōngyǒng
破産する	破产 pòchǎn
洋服を買う	买衣服 mǎi yīfu
ご飯を食べる	吃饭 chī fàn
困る	很困难 hěn kùnnán
今季／今シーズン	这届 zhè jiè／这期 zhè qī
優勝チーム	冠军队 guànjūn duì〔支 zhī〕
横浜 F. マリノス	横滨 F. 马利诺队 Héngbīn F. Mǎlìnuò Duì／水手队 Shuǐshǒu Duì
浦和レッズ	浦和红钻石队 Pǔhé Hóngzuànshí Duì／红宝石队 Hóngbǎoshí Duì
エアコン	空调 kōngtiáo〔台 tái／个 ge〕
日本製	日本原装 Rìběn yuánzhuāng／日本制造 Rìběn zhìzào
製品	货 huò／产品 chǎnpǐn〔件 jiàn／个 ge〕
国内	国内 guónèi
組み立てる	组装 zǔzhuāng
現在の北京	现在北京 xiànzài Běijīng
マクドナルド	麦当劳 Màidāngláo

練習問題語句表　197

ケンタッキー	肯德基 Kěndéjī
ロッテリア	乐天利 Lètiānlì
吉野家	吉野家 Jíyěijiā

第27課

北京の街	北京街上 Běijīng jiē shang
変わる／変化する	变化 biànhuà
天安門広場	天安门广场 Tiān'ānmén Guǎngchǎng
広い	宽阔 kuānkuò／宽 kuān／大 dà
８才の子供	一个八岁的孩子 yí ge bā suì de háizi
飛行機を操縦する	驾机 jià jī／驾驶飞机 jiàshǐ fēijī
太平洋を越える	越过太平洋 yuèguò Tàipíngyáng
ノーベル	诺贝尔 Nuòbèi'ěr
恐らく／たぶん	恐怕 kǒngpà／大概 dàgài
偉大な発明	伟大发明 wěidà fāmíng
人類自身の殺戮兵器	人类自相残杀的武器 rénlèi zìxiāng cánshā de wǔqì
～になる	成为～ chéngwéi～
世界テニス界	世界网坛 shìjiè wǎng tán
名プレーヤー	著名选手 zhùmíng xuǎnshǒu
伊達公子	伊达公子 Yīdá Gōngzǐ
選手	选手 xuǎnshǒu
選手としてピークの状態で（活躍中）	她的事业处于巅峰时期 tā de shìyè chǔyú diānfēng shíqī
引退する	引退 yǐntuì／退出网坛 tuìchū wǎng tán
声明を発表する	宣布 xuānbù
予想する	料到 liàodào／想到 xiǎngdào
新婚旅行／ハネムーン	蜜月旅行 mìyuè lǚxíng
～が終わる	结束 jiēshù
離婚(手続きを)する	办(理)离婚手续 bàn(lǐ) líhūn shǒuxù
病人	病人 bìngrén
本人	自己 zìjǐ／本人 běnrén／本身 běnshēn
以外	除了～ chúle～／～以外 ～yǐwài
病気の苦痛	疾病的痛苦 jíbìng de tòngkǔ
苦痛を知る	知道痛苦 zhīdao tòngkǔ
今度の	这次 zhè cì
火災	火灾 huǒzāi〔次 cì／场 chǎng〕
家屋	房屋 fángwū〔幢 zhuàng／栋 dòng〕
失する	烧毁 shāohuǐ
死傷	伤亡 shāngwáng
意外にも	出乎意料 chū hū yì liào
ほとんどいない	没有多少 méiyou duōshǎo
若い人	年轻人 niánqīng rén／年青人 niánqīng rén
～だけあって	毕竟是～ bìjìng shì ～
怪我	伤 shāng
早く回復する	恢复得快 huīfùde kuài
でかける時	出门时 chūmén shí
晴れている	晴空万里 qíngkōng wàn lǐ／晴天 qíngtiān

198　付録

途中で	半路 bànlù／途中 túzhōng
突然	突然 tūrán
雨が強く降り出す	下起大雨 xiàqi dàyǔ
本当に	真 zhēn
ついていない	倒霉 dǎoméi

第28課

君は良いと言う	你说好 nǐ shuō hǎo
僕も悪くないと思う	我也觉得不错 wǒ yě juéde bú cuò
皆万々歳	皆大欢喜 jiē dà huān xǐ
君は知っている	你知道 nǐ zhīdao
秘密	秘密 mìmì
お茶を持って来る	端茶 duān chá
タバコを勧める	递烟 dì yān
果物の皮を剥く	削(果)皮 xiāo (guǒ) pí
お客さん	客人 kèrén／顾客 gùkè
休むひまがない	应接不暇 yìngjiē bù xiá
一生懸命	热情 rèqíng
あの温泉旅館	那家温泉旅馆 nà jiā wēnquán lǚguǎn
サービスがいい	服务周到 fúwù zhōudao
値段がちょうど良い	价格合理 jiàgé hélǐ
後を絶たない	络绎不绝 luò yì bù jué／不断 búduàn
ジャッキー・チェン	成龙 Chéng Lóng
アクションが凄い	惊险 jīngxiǎn
ユーモアがある／面白い	有趣 yǒuqù
道理で	难怪 nánguài
多くの人が喜ぶ	很多人喜欢 hěn duō rén xǐhuan
スポーツの試合	体育比赛 tǐyù bǐsài
体力の勝負	体力的竞赛 tǐlì de jìngsài
頭脳の競争	头脑的较量 tóunǎo de jiàoliàng
22才の誕生日	二十二岁生日 èrshí'èr suì shēngri
希望通り	如意 rúyì
就職が決まる	找到工作 zhǎodào gōngzuò
乾杯	干杯 gānbēi
社交ダンス	交际舞 jiāojì wǔ／交谊舞 jiāoyì wǔ
身体を鍛える	锻炼身体 duànliàn shēntǐ
友達と知り合う	结交朋友 jiéjiāo péngyou
特に	特别是 tèbié shì／特别 tèbié
中高年者	中老年 zhōng lǎo nián
愛好者	爱好者 àihàozhě
増えている	越来越多 yuè lái yuè duō
新しい食品	新食品 xīn shípǐn
栄養が豊富	营养丰富 yíngyǎng fēngfù
カロリーが高くない	热量不高 rèliàng bù gāo
若い女性達	姑娘们 gūniangmen
～に人気が高い	受～的欢迎 shòu ～ de huānyíng
この種の新薬	这种新药 zhè zhǒng xīn yào

練習問題語句表　199

効果が早く表れる	起效快 qǐ xiào kuài
副作用が少ない	副作用小 fùzuòyòng xiǎo

第29課

暖かい	暖和 nuǎnhuo
冬らしくない	没有冬天的感觉 méiyou dōngtiān de gǎnjué
AでないばかりかBである	没有A倒／却B méiyou A dào／què B
まるで～みたいだ	好像～ hǎoxiàng ～
これらの写真	这些照片 zhèxiē zhàopiàn
見る度に	每次看到 měi cì kàndào
大学時代	大学时代 dàxué shídài
～に戻る	回到～ huídào ～
本当に信じられない	真不敢相信 zhēn bù gǎn xiāngxìn
第1位になる	得了第一名 déle dì yī míng
夢の中	在梦里 zài mèng li／在梦中 zài mèng zhōng
外	外面 wàimian／外边儿 wàibianr
大雪が降る	下大雪 xià dàxuě
部屋の中	屋里 wūli／房间里 fángjiān li
話を聞く	听话 tīng huà
いささか	有些 yǒuxiē
意外	意外 yìwài
富士山	富士山 Fùshìshān〔**座** zuò〕
この絵を見る	看到这张／幅画 kàndào zhè zhāng／fú huà
日本に帰る	回到日本 huídào Rìběn
初めて会う	初次相识 chūcì xiāngshí／第一次见面 dì yī cì jiànmiàn
昔からの友人	多年的老朋友 duō nián de lǎopéngyou
意気投合する	意气投合 yìqì tóuhé
蒸し暑い	闷热 mēnrè
歌を唄い出す	唱起歌来 chàngqi gē lai
大スター	大歌星 dà gēxīng／大明星 dà míngxīng
（気持ちが）入る	投入 tóurù
描いた	画的 huà de
小犬	小狗 xiǎo gǒu
生きている	活 huó
可愛い	可爱 kě'ài

第30課

期末テスト	期末考试 qī mò kǎoshì
学生たち	学生们 xuéshengmen
真面目に試験問題に取り組む	答得很认真 dáde hěn rènzhēn
初めて	第一次 dì yī cì／头一次 tóu yī cì
試合に出場する	参加比赛 cānjiā bǐsài
緊張する	紧张 jǐnzhāng
話をする	说话 shuō huà
通勤途中	上班路上 shàngbān lùshang
交通事故に遭う	碰到交通事故 pèngdao jiāotōng shìgù
遅刻する	迟到 chídào

運転免許	驾驶执照 jiàshǐ zhízhào／驾驶证 jiàshǐ zhèng
取得する	考到 kǎodào／取得 qǔdé／拿到 nádào
〜したばかり	刚 gāng／刚刚 gānggāng
運転	开车 kāichē
恐らく	恐怕 kǒngpà
あまり上手くない	(技术)还不高 (jìshù) hái bù gāo
台風	台风 táifēng〔**场** chǎng／**阵** zhèn／**次** cì〕
花火大会	焰火／烟火晚会 yànhuǒ／yānhuo wǎnhuì
中止になる	取消 qǔxiāo
雹〈ひょう〉	冰雹 bīngbáo〔**场** chǎng／**颗** kē／**粒** lì〕
リンゴ	苹果 píngguǒ
被害を受ける	(受到)损失 (shòudào) sǔnshī
子供を育てる	培养孩子 péiyǎng háizi
頭を痛める	伤透了脑筋 shāng tòu le nǎojīn
新製品	新产品 xīn chǎnpǐn
開発する	开发 kāifā
知恵を絞る	绞脑汁儿 jiǎo nǎozhīr
誕生日を祝う	庆祝生日 qìngzhù shēngri
友人達	朋友们 péngyoumen
パーティーを開く	开一个晚会 kāi yí ge wǎnhuì
早々と	早早地 zǎozǎo de
上野公園	上野公园 Shàngyě Gōngyuán
やって来る	来到 láidào
お花見	赏花 shǎng huā
場所	地方 dìfang〔**个** ge／**块** kuài〕
確保する／占める	占 zhàn

第31課

東京で仕事をする	在东京工作 zài Dōngjīng gōngzuò
忙しい	很忙 hěn máng
顔を合わせる	见面 jiànmiàn／碰头 pèngtóu
機会が少ない	很少有机会 hěn shǎo yǒu jīhuì
チョコレート	巧克力 qiǎokèlì／朱古力 zhūgǔlì〔**块** kuài〕
見かけ／見たところ	看起来 kànqilai
店で売る	商店里卖 shāngdiàn li mài
〜ほどは良くできていない	不像／没有那么精致 bú xiàng／méiyou nàme jīngzhì
自分の手で作る	亲自手做 qīnzì shǒu zuò
味	味道 wèidao
食べてみると	吃起来 chīqilai
特別美味しい	特别香甜 tèbié xiāngtián
国際大会	国际比赛 guójì bǐsài〔**场** chǎng〕
出場する	参加 cānjiā
演技	表现 biǎoxiàn／表演 biǎoyǎn
落ち着いている	很冷静 hěn lěngjìng
実力を十分に出し切る	发挥得很出色 fāhuīde hěn chūsè
軽傷	轻伤 qīngshāng
運が良い	幸运 xìngyùn

付録　201

不幸中の幸い	还算幸运 hái suàn xìngyùn／
	不幸中的万幸 búxìng zhōng de wànxìng
肥満	肥胖 féipàng
健康	健康 jiànkāng
害がある	有损 yǒu sǔn／有害 yǒu hài
痩せる	瘦 shòu
気持ち	心情 xīnqíng
理解できる	可以理解 kěyǐ lǐjiě
このように	如此 rúcǐ／这样 zhèyàng／这么 zhème
失礼	失礼 shīlǐ
コンピュータ	电脑 diànnǎo／计算机 jìsuànjī〔台 tái〕
素晴らしい	很了不起 hěn liǎobuqǐ
人間の脳	人脑 rén nǎo
同等に扱う	相提并论 xiāng tí bìng lùn
すでに	已 yǐ／已经 yǐjing
70才を過ぎる	年过七十 nián guò qīshí
仕事に対する情熱	工作热情 gōngzuò rèqíng
多くの若者	许多年轻人 xǔduō niánqīng rén
ガンになる	得了癌症 déle áizhèng
楽観的	很乐观 hěn lèguān
積極的に	积极地 jījí de
治療する	治疗 zhìliáo
普段通り	照常 zhàocháng
日常生活	日常生活 rìcháng shēnghuó
仕事をこなす	(做)工作 (zuò) gōngzuò
当時の	当时 dāngshí
辛い	很苦 hěn kǔ／很辛苦 hěn xīnkǔ
苦しい	很苦 hěn kǔ／很辛苦 hěn xīnkǔ
志望校に合格する	考上(自己)理想的大学／学校 kǎoshang (zìjǐ) lǐxiǎng de dàxué／
	xuéxiào
ホッとする	感到很欣慰 gǎndào hěn xīnwèi

第32課

映画	电影 diànyǐng〔部 bù〕
歌	歌曲 gēqū〔首 shǒu／支 zhī〕
～が好き	喜欢～ xǐhuan ～
人柄	为人 wéirén／人品 rénpǐn
気に入る	欣赏 xīnshǎng／看上 kànshang／喜欢 xǐhuan
名門大学	名牌大学 míngpái dàxué
世界で名だたる	世界闻名 shìjiè wénmíng
最高学府	最高学府 zuì gāo xuéfǔ
中国料理店	中国菜馆 Zhōngguó càiguǎn〔家 jiā〕
味付け	风味 fēngwèi
本格的な	地道 dìdao
(店内)インテリア	店内／室内装潢 diànnèi／shìnèi zhuānghuáng
独特	独具特色 dú jù tèsè／独特 dútè
戦争を防ぐ	避免战争 bìmiǎn zhànzhēng

202 付録

平和を守る	维持和平 wéichí hépíng
日本人の願い	日本人民的愿望 Rìběn rénmín de yuànwàng
その他の国々	其他国家 qítā guójiā
そのようにする	这样做 zhèyàng zuò
あなたにとって有利	对你有利 duì nǐ yǒulì
みんなにとって良いこと	对大家都有利 duì dàjiā dōu yǒulì
この種の薬	这种药 zhè zhǒng yào
糖尿病	糖尿病 tángniàobìng
治療	治疗 zhìliáo
ダイエット	减肥 jiǎnféi
私の誕生日	我的生日 wǒ de shēngri
私の息子	我儿子 wǒ érzi
運動後	运动后 yùndòng hòu
食欲旺盛	食欲大增 shíyù dà zēng
体重が減る	体重减少 tǐzhòng jiǎnshǎo
増える	增加 zēngjiā
ドラえもん	机器猫"小叮当" jīqìmāo "Xiǎo Dīngdāng" ／ "哆啦A梦"
子供達のアイドル	孩子们的宠物 háizimen de chǒngwù "Duō Lā A Mèng"
子供達から好かれる	受孩子们的喜爱 shòu háizimen de xǐ'ài
コンピュータをいじる	操作计算机 cāozuò jìsuànjī
簡単な	简单的 jiǎndān de
プログラムを組む	编程序 biān chéngxù

第33課

北京へ（旅行に）行く	去北京旅游 qù Běijīng lǚyóu
万里の長城へ行かない	不到长城 bú dào Chángchéng
とても残念	太遗憾 tài yíhàn
計算機	计算机 jìsuànjī
こんな書類	这些文件 zhèxiē wénjiàn
片づける	处理 chǔlǐ
もっと簡単だ／より速くできる	快多了 kuài duō le／简单多了 jiǎndān duō le
ニュースを知る	知道消息 zhīdao xiāoxi
飛び跳ねて喜ぶ	高兴得跳起来 gāoxìngde tiàoqilai
違いない	准得 zhǔn děi
そう指す	走这步棋 zǒu zhè bù qí
（この勝負は）負けだ	就输定了 jiù shū dìng le
もう一度人生をやり直す	人生重来一次 rénshēng chóng lái yí cì
俳優になる	当演员 dāng yǎnyuán
いろいろな役をやる	演遍各种角色 yǎn biàn gè zhǒng juésè
部屋の中	屋里 wūli／房间里 fángjiān li
静か	安静 ānjìng
針を落とす音さえ聞こえる	针掉在地上的声音也听得见 zhēn diàozài dìshang de shēngyīn yě tīngdejiàn
冷酷な人	冷酷的人 lěngkù de rén
（この）映画を観る	看（这部）电影 kàn（zhè bù）diànyǐng
感動で涙を流す	感动得落泪 gǎndòngde luò lèi
こんなに美味しい	这么好吃 zhème hǎo chī

餃子	饺子 jiǎozi〔**个**ge〕
10個追加する	再来十个 zài lái shí ge
食べ足らない	不过瘾 bú guò yǐn／不够吃 búgòu chī
科学者の予測	科学家的推测 kēxuéjiā de tuīcè
南極大陸	南极大陆 nánjí dàlù
氷が溶ける	冰融化 bīng rónghuà
完全に	完全 wánquán／全部 quánbù
海面が上昇する	海面上升 hǎimiàn shàngshēng
何十メートル	几十米 jǐshí mǐ
本当に	真是 zhēnshi
テレビ好き	电视迷 diànshì mí
つまらない番組	没有意思的节目 méiyou yìsi de jiémù
実に	都 dōu／实在 shízài
面白そうに観る	看得津津有味 kànde jīnjīn yǒuwèi

第34課

商品社会	商品社会 shāngpǐn shèhuì
需要	需求 xūqiú／需要 xūyào
供給	供给 gōngjǐ
子供を育てる	养育孩子 yǎngyù háizi
（〜してこそ）初めて	才 cái
〜の自分に対する気持ち	〜对自己的恩情 〜 duì zìjǐ de ēnqíng
両親	父母 fùmǔ
分かる	知道 zhīdao
病気の時	病了 bìng le／生病的时候 shēngbìng de shíhou
以外	除非 chúfēi
毎日	每天 měi tiān
紫竹院公園	紫竹院公园 Zǐzhúyuàn Gōngyuán
散歩する	散步 sànbù
偽物	假的 jiǎ de
如何に	多 duō
本物	真的 zhēn de／真正的 zhēnzhèng de
〜に似ている	像〜 xiàng 〜
やはり	也是 yěshì／还是 háishì
電子マネー	电子货币 diànzǐ huòbì
普及する	普及 pǔjí
何を買う	买什么 mǎi shénme
カード1枚	一张磁卡／卡片 yì zhāng cíkǎ／kǎpiàn
持つ	带 dài／拿 ná／携带 xiédài
ブランド品	名牌（产品）míngpái（chǎnpǐn）
苦労を重ねる	经历过苦难 jīnglìguo kǔnàn
幸せ	幸福 xìngfú
分かる	懂得 dǒngde
心が落ち着く	静下心 jìngxia xīn
太極拳をする	打太极拳 dǎ tàijíquán
お正月／新年	新年 xīnnián
お酒を飲まない	不喝酒 bù hē jiǔ

204　付録

好きなチーム	喜欢的球队 xǐhuan de qiúduì
負ける	输 shū
有無も言わせず	不管三七二十一 bùguǎn sānqī èrshíyī
テレビのスイッチを切る	把电视关掉 bǎ diànshì guāndiào

第35課

どうやってもやれない	无论如何做不到 wúlùn rúhé zuòbudào
様々な方法	各种办法 gè zhǒng bànfǎ
試す	试 shì
煙草を止める	戒烟 jiè yān
如何なる人／誰でも	不管什么人 bùguǎn shénme rén
生まれれば死ぬ	有生有死 yǒu shēng yǒu sǐ
バラ	玫瑰花 méigui huā／蔷薇 qiángwēi〔棵 kē／朵 duǒ〕
いつか咲く	总会开花 zǒng huì kāihuā
どんなことがあっても	不管怎么样 bùguǎn zěnmeyàng／无论如何 wúlùn rúhé
今週中に	在这星期内 zài zhè xīngqī nèi
この論文	(这篇)论文 (zhè piān) lùnwén
書き上げる	写完 xiěwán／完成 wánchéng
彼が言うには	他说 tā shuō
美味しい食べ物	美味佳肴 měiwèi jiāyáo
刺身	生鱼片 shēngyúpiàn
かなわない	比不过 bǐbuguò／比不上 bǐbushàng
今回	这次 zhè cì／这届 zhè jiè
スピーチコンテスト	演讲比赛 yǎnjiǎng bǐsài
何年生	(几)年级 (jǐ) niánjí
学部学科を問わず	不问专业 bú wèn zhuānyè
参加自由	自由参加 zìyóu cānjiā
どんな季節でも／いつでも	不拘什么季节 bùjū shénme jìjié
観光に来る	来旅游 lái lǚyóu／来观光 lái guānguāng
とても多い	很多 hěn duō
地球上の	地球上的 dìqiú shang de
如何なる生物	任何生物 rènhé shēngwù
水なしで生きられない	离不开水 líbukāi shuǐ
どう見ても	怎么看 zěnme kàn
偽物にしか思えない	都觉得是假货 dōu juéde shì jiǎ huò

第36課

近代史について	对于现代史 duìyú xiàndài shǐ
現在の若い人	现在的年轻人 xiànzài de niánqīng rén
全然知らない	很不了解 hěn bù liǎojiě
非常に残念	非常遗憾 fēicháng yíhàn
領土問題に関して	对于领土问题 duìyú lǐngtǔ wèntí
少しの妥協も許されない	不能作任何妥协 bù néng zuò rènhé tuǒxié
サッカーワールドカップ	世界杯足球赛 shìjièbēi zúqiú sài
共催／共同開催	共同举办 gòngtóng jǔbàn
～問題について	针对～问题 zhēnduì ～ wèntí
協議の結果	经过协商 jīngguò xiéshāng

練習問題語句表　205

日韓両国の間	日韩双方 Rì-Hán shuāngfāng
〈協議の結果〉基本的認識の一致	基本上达成共识 jīběn shang dáchéng gòngshí
経済問題	经济问题 jīngjì wèntí
我が家の財務大臣	我们家的财政部长 wǒmen jiā de cáizhèng bùzhǎng
３時間にわたる	经过三个小时 jīngguò sān ge xiǎoshí
交渉(する)	交涉 jiāoshè
合意をみる	达成协议 dáchéng xiéyì
報道によると	据报道 jù bàodào
この度の	这次 zhè cì
インド	印度 Yìndù
〜における	在 zài／在于 zàiyú
航空機	飞机 fēijī〔架 jià〕
空中衝突	空中相撞 kōngzhōng xiāng zhuàng
墜落	坠落 zhuìluò／坠机 zhuì jī
事故原因	事故原因 shìgù yuányīn
現在調査中	正在进行调查 zhèngzài jìnxíng diàochá
香港の物価	香港的物价 Xiānggǎng de wùjià
急騰する	飞涨 fēizhǎng／猛涨 měng zhǎng
原因は何か	为什么 wèi shénme／这是什么原因 zhè shì shénme yuányīn
彼の話の中	在他的谈话之中 zài tā de tánhuà zhī zhōng
言葉では表すことができない	难以言明 nányǐ yán míng
苦しみ	苦衷 kǔzhōng／苦处 kǔchù
滲み出る	流露出 liúlùchu
決勝	决赛 juésài
cf. 準決勝	半决赛 bànjuésài
直接参加する	直接参加 zhíjiē cānjiā
チーム	球队 qiúduì〔支 zhī〕
開催国チーム	主办国球队 zhǔbànguó qiúduì／东道国队 dōngdàoguó duì
合わせて(合計で)	一共 yígòng
12チーム	十二支(队) shí'èr zhī (duì)
作文	作文(儿) zuòwén(r)〔篇 piān〕
もう少し	多 duō／再 zài／更 gèng
時間を割く／時間をかける	下功夫 xià gōngfu／花时间 huā shíjiān
身体に障害がある	身体有残疾 shēntǐ yǒu cánjí
行動が不便	行动不便 xíngdòng bú biàn
〜に対して	对〜 duì〜
積極的に	热情地 rèqíng de／积极地 jījí de
手助けをする	给予帮助 jǐyǔ bāngzhù
人口の増加	人口的增加 rénkǒu de zēngjiā
環境汚染	环境污染 huánjìng wūrǎn
急速な／急激な	加剧 jiājù
人類の生存と発展	人类的生存和发展 rénlèi de shēngcún hé fāzhǎn
危機	危机 wēijī
問題を考える	考虑问题 kǎolǜ wèntí
現実	现实 xiànshí
現実から離れる	脱离实际 tuōlí shíjì
失敗する	失败 shībài／栽跟头 zāi gēntou

第37課

中国語を学ぶ	学汉语 xué Hànyǔ
奥が深い	越学越难 yuè xué yuè nán
たったの	仅仅 jǐnjǐn
どうして~できようか	哪儿能 nǎr néng
マスターする	学得好 xuéde hǎo／学会 xuéhuì
胃袋	肚子 dùzi／肠胃 chángwèi
cf. 牛や羊等の家畜の胃袋	肚子 dùzi（例）羊肚 yángdǔ／牛肚 niúdǔ
一体どうなる	怎么回事儿 zěnme huí shìr
食欲が出る、調子が出る	越吃越来劲儿 yuè chī yuè láijìnr
底なし	无底洞 wúdǐdòng
財布の中身	钱包里的钱 qiánbāo li de qián
軽くなる	轻 qīng／少 shǎo
先生の話	老师说话 lǎoshī shuōhuà
機関銃のよう	像个机关枪 xiàng ge jīguānqiāng
拳法	拳法 quánfǎ
酔拳	醉拳 zuìquán
強い	精采 jīngcǎi／厉害 lìhai
音楽を聴く	听音乐 tīng yīnyuè
キーボードを打つ	敲／打键盘 qiāo／dǎ jiànpán
仕事の能率が上がる	工作效率很高 gōngzuò xiàolǜ hěn gāo
彼のように	像他那样 xiàng tā nàyàng
物を食べる	吃东西 chī dōngxi
みっともない	很丢人 hěn diūrén
真似をするな	别跟着学 bié gēnzhe xué
地図を手に	拿着地图 názhe dìtú
キョロキョロする	东张西望 dōng zhāng xī wàng
あちこち~する	东~西~ dōng ~ xī ~
危ない	很危险 hěn wēixiǎn
お茶を飲む	喝茶 hē chá
点心をつまむ	品（着）点心 pǐn (zhe) diǎnxin
のんびりおしゃべりする	悠闲自在地聊天 yōuxián zìzai de liáotiān
飲茶〈ヤムチャ〉	饮茶 yǐnchá〈広東語〉
醍醐味	乐趣 lèqù／妙处 miào chù
話しながら歩く	且走且聊 qiě zǒu qiě liáo／边走边聊 biān zǒu biān liáo
知らない間に	不知不觉 bù zhī bù jué
袋小路に入る	走进死胡同 zǒujìn sǐhútòng
道に迷う	迷路 mílù

第38課

大学卒業後	大学毕业后 dàxué bìyè hòu
彼の行方	他的去向／下落 tā de qùxiàng／xiàluò
彼女をおいて他にはいない	只有她 zhǐyǒu tā
自分の専門以外	除了专业以外 chúle zhuānyè yǐwài
何も知らない	什么都不知道 shénme dōu bù zhīdao
みんな準備が出来た	都准备好了 dōu zhǔnbèihǎo le

練習問題語句表　207

私達のクラス	我们班 wǒmen bān
欠席の3人	缺席的三个人 quēxí de sān ge rén
全員	全部（都）quánbù（dōu）
合格／不合格	及格 jígé／不及格 bù jígé
ウィルソン	威尔逊（牌儿）Wēi'ěrxùn（páir）
ラケット	球拍 qiúpāi／拍子 pāizi〔支 zhī〕
要らない	不要 bú yào
本業	专业 zhuānyè／本职工作 běnzhí gōngzuò
何かありますか	有什么吗 yǒu shénme ma
何がありますか	有什么 yǒu shénme
趣味	爱好 àihào
奨学金	奖学金 jiǎngxuéjīn
毎月	每月 měi yuè／每个月 měi ge yuè
10万円	十万日元 shí wàn Rìyuán
アルバイト収入	打工收入 dǎgōng shōurù
北京語	北京话 Běijīng huà〔口 kǒu〕
広東語	广东话 Guǎngdōng huà／粤语 Yuèyǔ〔口 kǒu〕
精通する	精通 jīngtōng
（講義を）サボる	旷课 kuàngkè
本当に	真（是）zhēn（shì）／实在是 shízài shì
話にならない	不像话 bú xiànghuà
まさか	难道 nándào
大学に入る	进大学 jìn dàxué／上大学 shàng dàxué
勉強しなくて良い	不学习也没事儿 bù xuéxí yě méi shìr／
	不学习也没关系 bù xuéxí yě méi guānxi

第39課

若い時、若い人にとって	对年轻人来说 duì niánqīng rén lái shuō
美味しく食べる	吃得好 chīde hǎo／吃得香 chīde xiāng
お腹一杯食べる	吃得饱 chīde bǎo
倹約家	勤俭 qínjiǎn
ケチ	小气 xiǎoqi／抠门儿 kōuménr
混雑する	挤 jǐ／拥挤 yǒngjǐ
バスに乗る	挤公共汽车 jǐ gōnggòng qìchē
歩いて行く	走着去 zǒuzhe qù
ぼやっと	迷迷糊糊 mímíhūhū
本を読む／勉強する	看书 kàn shū／学习 xuéxí
ちょっと睡眠をとる	睡一会儿（觉）shuì yíhuìr（jiào）
もう1度読む	再看（一遍）zài kàn（yí biàn）
西北の風を飲む	喝西北风 hē xīběi fēng
貧しい	穷 qióng／贫穷 pínqióng
東京を離れる	离开东京 líkāi Dōngjīng
本を買う	买书 mǎi shū
借りる	借 jiè〈原則として無料〉　租 zū〈レンタル〉
そうは思わない	并不这么认为 bìng bù zhème rènwéi
やつらなんか	他们 tāmen／那些人 nàxiē rén
一緒に	一起 yìqǐ

講義を受ける／受講する	上课 shàngkè／听课 tīngkè
自習する	自学 zìxué
何軒か	几家 jǐ jiā
余計に	多 duō
店を回る	跑几家店 pǎo jǐ jiā diàn
気に入った物	中意的 zhōngyì de／喜欢的 xǐhuan de
買いたい	要买到 yào mǎidào
あんな人	那样的人 nàyàng de rén
～と結婚する	跟～结婚 gēn ～ jiéhūn
一生独身でいる	打一辈子光棍儿 dǎ yíbèizi guānggùnr
海を越え山を越える	跨越万水千山 kuāyuè wàn shuǐ qiān shān
～を捜し出す	找到～ zhǎodào ～

第40課

２人の親友	两个好朋友 liǎng ge hǎo péngyou
喧嘩を始める	吵起(架)来 chǎoqi (jià) lai〈口げんか／口論〉
cf. 殴り合いの喧嘩	打架 dǎjià
～ようとしている	眼看 yǎnkàn
手をこまねいて見ている	袖手旁观 xiù shǒu páng guān
～の悪口を言う	说～的坏话 shuō ～ de huàihuà
約束する	约好 yuē hǎo
お金を渡す	给钱 gěi qián
大騒ぎをしたくせに	闹也闹够了 nào yě nào gòu le
講義に出ない	不上课 bú shàngkè
留学に行く	去留学 qù liúxué
気が変わる／考えが変わる	改变主意 gǎibiàn zhǔyi
駄目	不行 bùxíng

お わ り に

　中国人はまず"造句"（zàojù）から始めて、"作文"（zuòwén）に入る、と言われています。"造句"とは短い文を作ることで、"作文"とはいわゆる、「起・承・転・結」のある文章を作ることであります。

　私ども外国人が中国語で何かを表現する訓練は、当然のことながら、"造句"から学習すべきでありましょう。本書のサブタイトルを"中文造句"と命名した意味は実はここにあるのです。

　本書は中国語法を初歩から学びながら、たくさんの練習問題を1題1題トレーニングすることによって、短い文を構成する方法を自然に、かつ正確に身につけることができるように編集してあります。あくまでも、"造句"を練習するためのものであって、中国語の語法書ではありません。しかし、"造句"の練習により語法も鍛えられるのです。この点をよく理解して学習することが肝要と考えます。

　現今、日本の中国語学習上最大の急務は、"造句"からの学習であることを確信し、皆様のご研鑽を期待致します。

1999.2.3 老舎生誕百周年記念の日に

中 山 時 子

飯 泉 彰 裕

"习题"参考答案集

第一课 习题参考答案

1）一百零一

2）二百七十二

3）五千零三十二

4）一九九七年

5）星期二／礼拜二

6）星期天／星期日／礼拜天／礼拜日

7）十二个

8）第二十二（个）

9）电话号码 零零一 八六一零 六二五四局三八三八

10）一千九百五十八万一千零四

第四课 习题参考答案

定语

1）竹筷子，木勺子

2）一把钥匙，一（箱子）橘子

3）中国菜，日本汽车

4）四年的大学生活

5）蓝色的天空，白色的云彩／蓝天白云

6）瓶子里的花／瓶中的花

7）丝绸衬衫

8）很多问题／许多问题

9）他妈妈

10）时髦的服装／流行时装

状语

1）早来晚回

2）立刻出发／马上出发

3）沙发上有一只猫

4）有点儿冷

5）上午学习，下午休息

6）可能来吧／大概来吧

7）全好了／都可以／全部好了

8）已经完了

9）稍微热一下

10）气呼呼地说

214

第五课 习题参考答案

1）我看，你看不看？／我看，你看吗？

2）他没去学校，回家了。

3）头发长，个子矮。

4）风大，雨不大。

5）我是"老东京"，她是"老北京"。

6）他不是研究生，我不是进修生。

7）她是我的朋友，（而）不是他的朋友。

8）您是不是他朋友？／您是他（的）朋友吗？

9）兔子耳朵长，大象鼻子长。

10）他个子不高。

11）图书馆前边是小花园。

12）上星期妹妹一直没在家／不在家，下星期也不在（家）。

13）厂长在工厂吗？／厂长在不在工厂？

14）纪念碑在广场中央。

15）阳台不在这儿，在那儿。／阳台不在这里，在那里。

第六课 习题参考答案

1）谁说的？

2）头班车几点开？

3）飞机场在那儿？／在什么地方？　去机场怎么走？

4）您家有几口人？　都有什么人？

5）为什么不吃？／你怎么不吃？

6）是不是哪儿不舒服？／哪儿不舒服？

7）富士山有多高？　富士山海拔多少米？

8）中文叫什么？／用中文怎么说？

9）您的指导老师是谁？／您的导师是哪位？

10）你的生日几月几号？

第七课 习题参考答案

動詞述語句、形容詞述語句

1）她不买报纸，也不看报纸。

2）他吃冰激淋／冰淇林／冰激凌，不喝牛奶。

3）中国有个长城。

4）这附近没有电话亭／公用电话。

5）北京大学在北京的西郊。

215

6）中国有五十多个民族。

7）钱包里有两张一万块的、一张五千块的、三张一千块的纸币和四张电话卡。

8）我们班上有十八个男同学／男生、十二个女同学／女生，一共三十个学生。

9）一周有十三节课。

10）我家里有父母、一个姐姐、两个弟弟和我。还有两只／条狗和七条金鱼。

第七课 习题参考答案

主述述語句、名詞述語句

1）她（的）男朋友个子很矮。

2）医学系学费很贵。

3）他那个人嘴巴很刻薄，心眼儿倒不坏。

4）这家店价钱很便宜，但是服务特别差。

5）这所高中大学升学率很高。

6）隐形眼镜效果非常好，不过／只是保养有点儿麻烦。

7）今天晴转多云，最高气温二十五度、最低气温十八度。

8）我们学校校庆十一月二十三号。

9）一年平均收入五百万（日元）。

10）我们老师四十岁、北大毕业。

第八课 习题参考答案

是

1）这是桌子。那是椅子。

2）他不是老师，是研究生。

3）这是护照。那也是护照吗？

4）这些都是文字处理机／文书处理机。不是个人电脑。

5）那是摄像机，不是照相机／照像机。

6）这不是单人床，是双人床。

7）那不是打火机，是手电筒。

8）我们都是亚洲人。

9）这张照片／相片是我拍／照／拍摄的。

10）老师们是很忙的。

11）那个米老鼠是在迪斯尼／狄斯奈乐园买的吗？

12）那首歌是她作的词、他谱的曲、我们一起唱的。

13）这些 CD／激光唱盘／雷射唱片不都是我的，有两张是他的。

第八课 习题参考答案

有、在

1）一年有十二个月、三百六十五天。

2）今天晚上没有空儿／没有时间。

3）这栋公寓有自动锁门设备，没有管理人员。

4）这次考试有面试／口试吗？——没有，只有笔试。

5）门口儿有一个很大的广告牌儿。

6）派出所在十字路口那儿。

7）她现在不在纽约，（而）在伦敦。

8）昨天晚上你们家人都在家吗？——不。爸爸没在家。

9）都六点半了，学生们还在教室里。

10）传达室在这边儿，办公室在那边儿。

11）百货公司八层是餐厅街，地下二层是停车场。

12）这条马路的北边儿是商业区，南边儿是住宅区。

13）周末到处是人，星期一早晨到处是垃圾。

14）平底锅／煎锅里面是两块肉饼。

第九课 习题参考答案

1）我跟齐先生学画画儿。

2）我跟他们相识不久，可已经是好朋友了。

3）每星期六，我都和她们一起打高尔夫球。

4）我对北京的印象很深，对上海却没什么印象。

5）进了校门，一直往前走大约五百米，路西是图书馆。哲学楼在图书馆南边。

6）四合院朝南的屋子，夏天凉快、冬天暖和。

7）对重要的事要遵从领导的指示，不要自作主张。

8）这次出国的主要目的是对港台／香港、台湾地区进行市场调查，并收集有关资料。

9）我准备和野口教练配对儿，参加双打比赛。

10）我们学校离火车站不远，出了车站南口，顺着武藏野线往东走，到了第二个红绿灯往南拐，过了桥就能看见／就能看到。

第十课 习题参考答案

1）我们在海南岛度假。

2）会议下午五点结束。

3）我每天骑车上学。

4）招生人数限二十名。

5）这件衣服两天（就）能洗好。

217

6）这堂课以自由讨论方式进行。

7）不能喝酒的话，只好用茶代替酒／以茶代酒。

8）前面因为施工不能通行。

9）去北京饭店在王府井下车。

10）日本著名的电影导演黑泽明先生去世／逝世，享年八十二岁。

第十一课 习题参考答案

1）我把钱包弄丢了。／我的钱包丢了。

2）请您把笔记本给我看一下。

3）不要把钱看得太重了。

4）她没有把我放在眼里。

5）弟弟把那个红色的杯子打碎了。

6）他一口气就把茅台酒喝干了。

7）请把这个旅行箱打开。

8）请不要把护照和飞机票／机票弄丢了。

9）你把我的图章／印章搁在那儿了？／放那儿了？

10）我把世界地图挂在墙上了。

第十二课 习题参考答案

1）我们都相信，明天会更好。

2）这样下去结果会是什么样的呢／是什么呢？

3）夜里十二点以后可不可以给你打电话？

4）你一个人能吃几碗面？

5）学了一年中文总能说两句吧。

6）今天做完了，你明天就可以休息一天。

7）我不能参加圣诞晚会。

8）她很会买东西，请她和你一块儿去就行。

9）只用了两三天，就学会了滑冰。／只用了两三天，就学会滑冰了。

10）再得一分，我们队就能赢。

第十三课 习题参考答案

1）我要去上野公园看樱花。

2）大家都想听听你的意见呢。

3）星期天我不愿意一个人在家呆着，太寂寞。

4）求他多少次，他也不肯答应。

5）我希望你能早日回到我（的）身边。

218

6）她盼望有一天能见到周润发，并和他合影留念。

7）我想学太极拳。

8）考取北大中文系是我今生的愿望。

9）那儿的货很齐全，想买什么有什么，保／包您满意。

10）假日的时间是自己的，想做什么就做什么，想去那儿就去那儿。

第十四课 习题参考答案

1）这件事要保密，千万别告诉他。

2）我给你办得了，你不用自己去办手续，也不必担心。

3）过去的事，发愁也没用。

4）大家都在排队，别加塞儿／夹塞儿。

5）您不必特意跑一趟，还是让我去吧！

6）禁止开车或骑摩托车上学。

7）这是我和他的问题，你别插嘴。

8）已经有两份儿工作了，不必再找了吧。

9）不要欺负、嘲笑别人。

10）站住！ 不许动！ 把钱交出来！

11）未经允许不得入内。

第十五课 习题参考答案

1）他来东京大概有十年了。

2）看他的样子，也许干不长了／想辞职了。

3）最近他老是垂头丧气的，恐怕又失恋了吧。

4）老板发火的时候，谁也不敢顶嘴。

5）这么美的晚霞，每天或许是个大晴天吧。

6）已经做了充分的准备，这次一定会成功的。

7）从现在的情况来看，贵乃花很可能获胜。

8）好长时间没看到他们俩在一起了，有可能是吹了吧。

9）毕业后你打算找什么工作？

10）讨论会上你准备谈些什么？

第十六课 习题参考答案

1）别人遇到了困难，我们就应该帮助。

2）既然有肺病，就应当戒烟。

3）下周该我发表意见了，我得好好准备。

4）新年到了，要买的东西、要办的事都很多。

219

5）她每天既得上班儿，又得照顾孩子。

6）这些工作非得星期五之前完成不可。

7）不管多忙他总要抽时间给家人写信。

8）要找一份好工作，总得要有些计算机／电脑知识。

9）要赶头班车，就必须五点以前出门。

10）犯了这么严重的错误，你该当何罪？

11）请务必在十五号以前把论文交上来。

第十七课 习题参考答案

1）他终于被大家说服了。

2）这件事逐渐被人忘记了。

3）昨天在电车／火车上我的钱包叫／被人偷走了。

4）苏州被称作"东方威尼斯"。

5）他钓回来的鱼不知什么时候全给猫偷吃了／都给猫吃光了。

6）我的自行车让小沈骑走了。

7）点的菜一个接一个地端上来了。

8）猕猴桃含有大量的维生素 C ／维他命 C 。

9）菜做好了，酒也温上了／烫上了，就等客人来了。

10）他因工作上的失误，叫公司解雇了。

第十八课 习题参考答案

1）奶奶的心脏病发作了，妈妈让哥哥赶紧叫救护车去了。

2）打电话叫她早点儿回来。

3）美的东西总使人想多看几眼。

4）这首歌总令人回想起童年的许多往事。

5）让我想想，再／好回答你。

6）明天我打算请你看一场精彩的相扑比赛。你想看吗？

7）公司派他到索尼公司研修去了。

8）我托去中国旅行的朋友带回／买回了一斤特级龙井茶。

9）我请成小姐唱了一首叫做"昔日重来"的歌。

10）求他办事比登天还难。

第十九课 习题参考答案

1）对中国学生来说，和日文中译相比，中文日译难一些。

2）一般来说，口译比笔译多多少少难一些。

3）读比写容易，说比听难。

220

4）汽车的时速虽然比摩托车高，但实际上骑摩托车去往往会比开车去更快地到达目的地。

5）我讲课的声音比哪个老师都大，可板书比哪个老师都差／次。

6）北京的土地面积比东京大，可交通却不如东京方便。

7）我没有你那么爱喝酒。

8）吃面包比吃米饭容易发胖，是真的吗？

9）这双高跟鞋比那双好，但是价钱也高出一倍。

10）外国的月亮并不比中国的月亮更圆。

第二十课 "处所词" 习题参考答案

1）从南极到北极有多远？

2）"不要问我从哪里来，我的故乡在远方。"※ 摘自歌曲《橄榄树》

3）奥特曼来自 M 七十八星团，是为了维持地球的和平而来的。

4）自从认识她，我就爱上了她／一见钟情。

5）从北京首都机场到市中心坐出租车又快、又方便。

6）从上小学起，数学就是最让我头疼的功课。

7）由东京飞往巴黎的法国航空公司八九六班机，马上就要起飞了。

8）从今天起，关东地区进入梅雨季节／入梅。

9）沿着这条河走，可以到河边的高尔夫球场。顺着铁路走，可以到火车站。

10）天安门广场在北京市的中心，颐和园在西北方，天坛公园在正南方，北京首都机场在东北方。

第二十一课 "时间词" I 习题参考答案

1）今年是他上大学以后第二年。

2）您的生日几月几号？

3）这项工作九月中旬才完成。

4）你工作忙，就别天天来看我了。

5）今天从早到晚一直下着雨。

6）你来日本几年了？

7）他干这行多少年了？

8）礼拜一你有几节课？

9）从家里到学校坐电车／火车要多长时间？

10）你学开车学了多久了？

第二十一课 "时间词" II 习题参考答案

1）他特小气，从来没有请人吃过饭。

2）他自夸从来没有撒过谎。

3）学生应该按时上课，那么老师呢？

4）如果不出事故之类的问题，日本的电车／火车一向很准时。

5）据说他曾经参加过奥运会。

6）这本小说几天前就看完了，可是因为很有意思，所以有时间还想再看看。

7）我以前不是说过吗，这件事成不了。

8）这种样式／款式的服装很受年轻女性的欢迎，上市没几天就卖光了。

9）那天去吃涮羊肉，当时身上没带钱，所以是朋友请的客，后来我回请了一顿涮牛肉。

10）虽说马上就要毕业了，可是对毕业后做什么，脑袋里还是一片空白。

第二十一课"时间词"III 习题参考答案

1）出门时，我才突然想起来洗好的衣服还在洗衣机里。

2）上了床正要睡觉，突然听见有人敲门。

3）我一直担心她适应不了新的工作环境，果然她辞职了。

4）他第一次参加国际比赛，竟然就得了冠军。

5）她是第一次吃生鱼片，当然吃不惯。

6）他早饭总是牛奶面包，偶尔会吃一两次方便面。

7）经过两年的努力终于完成了任务。

8）总是要等到睡觉前，才知道功课只作了一点儿。

9）我原来不住在这儿／不在这儿住，刚搬进来的。

10）他表现得沉着冷静，和平时判若两人。

第二十一课"来不及""赶不上"习题参考答案

1）现在离起飞时间只有一刻钟了，不快去登机就赶不上了。

2）火车就要开了，我来不及和他告别就跳上了车。

3）他每次赶不上末班车，就在卡拉 OK 店过夜。

4）还有十分钟就要交卷了，看来我必须加快速度，否则就来不及了。

5）万一赶不上比赛时间，就会被取消参赛资格。赶快去吧！

6）匆匆忙忙地回去了，还是没赶上开饭时间。

7）即使来不及，最好也过去看看／也不妨过去看看。

8）我总觉得早上时间过得很快，做事做得慢一点儿就会来不及上课／赶不上第一节课。

9）好不容易拿到一张票，可是没有赶上开演时间。

10）如果赶不上八点三十二分的电车／火车，就会迟到的。

第二十二课"时"习题参考答案

1）下个星期同样时间同样地点见！／下周老时间老地方见。

2）看完比赛再回去吧。

3）他又迟到了，是不是有什么特殊的理由？

4）他又住院了。今年这已经是第三次了。真希望他早点恢复健康。

5）又是如此，这是他的拿手绝技，所以总是这样。

6）如果再不努力学习的话，就会留级。

7）再上一个星期课，就要放假了。

8）昨天来电话的时候，我正在看电视。

9）他是班上有名的"古典音乐迷"，已经去听过好几次演奏会，今天又去了。

10）今年我还想参加舒先生的"老舍研究"专题讲座。

第二十二课"态"习题参考答案

1）门锁着，他大概出门了。

2）我刚才去散步来着，没在家。

3）我学过一点儿计算机知识。

4）树绿了，花开了，春天来了。

5）他肯定回来了，他的车在院子里停着呢。

6）这种鱼我见过，但是还没吃过。

7）我觉得她很面熟，好像在哪一本杂志上看过她。

8）听声音就知道，孩子们正在玩儿游戏机。

9）那个穿着黑西服，戴着眼镜的人，就是山田科长。

10）他已经在大阪住了十多年了。

第二十三课"了"习题参考答案

1）昨天我们看了一部扣人心弦的香港功夫片。

2）时间不早了，我该告辞了。

3）下雨了，带上伞。

4）那个稿子好像写得差不多了。

5）车一停，一个可爱的小女孩儿就跳了下来。

6）秋天到了，枫叶红了。

7）放了假，我就去夏威夷旅行。

8）下星期又要考试了。

9）秋天来了，日光的风景更美了。

10）你要是能跟我们一起去，那再好不过了／那再好也没有了。

第二十三课"就"习题参考答案

1）一听到这个消息，他就高兴得跳起来了。

2）他学中文才两年，就通过了二级考试。

3）赶快想办法，别就知道发牢骚。

4）我的钱就要用光了，不打工不行。

5）他这个人好就好在老实。

6）他一喝就醉，一醉话就多。

7）这就是你要买的那一本书。

8）小时候一放暑假，就每天早上随着收音机做广播体操。

9）如果价钱贵的话，我就不买了。

10）买就买吧，反正你穿着合适。

第二十三课 "要" 习题参考答案

1）您要点什么？——来两份意大利面条。

2）多吃一点儿，不要客气！

3）要去留学，就得先打好语言基础。

4）这种货销路好／很俏，要早点儿去才能买上。

5）要说北海道的冬天，可真冷。

6）到了日本就要去爬富士山，到了中国就要去登长城。

7）你开得这么快，是要出事故的。

8）他每天吃完晚饭，都要带狗去散散步。

9）要么你去，要么我去，反正得有一个人去。

10）黄金周时的飞机票价要比平时贵得多。

第二十四课 "补语" I 程度补语 习题参考答案

1）他的汉语水平提高得真快，刚来的时候我的话他还听不懂呢。

2）由于股票暴跌的影响，经济变得很不景气。

3）几个要好的朋友聚在一起，吃得很高兴，喝得很开心，聊得很舒心。

4）这里的风景好得很，正适合度假。

5）他走得快，可我走得慢。我们俩儿一起走路走得特累。

6）老师！ 您能不能把黑板上的字写得大一点儿？ 要不看不清楚。

7）她游泳游得特棒，像条"美人鱼"。

8）日中女子垒球队的比赛打得又紧张又精彩。

9）您（唱）歌唱得真好，再来一首好吗？

10）羽生先生的日本象棋可以说是"天下无敌"，那么围棋和国际象棋下得怎么样？

第二十四课 "补语" II 结果补语 习题参考答案

1）听到那个消息，她伤心／难过得哭了起来。

2）明天要交的报告已经写完了。

3）每当我听到这首歌，就仿佛看到了星空下的海边。

4）他一口气就吃掉了五个汉堡包，可是还吵着没吃饱。

5）今天这个菜的味道没有调好，将就着吃吧。

6）你想看的那本武侠小说，今天借到了。明天借给你。

7）要交卷儿了，你赶快把题作完，别忘了填上姓名。

8）您要看的录相带，我早给您准备好了，今天可以借回去。

9）人常说："吃饱了，不想家！"

10）谁也没想到他是 CIA ／"美国中央情报局"派来的特工人员。

第二十四课"补语"III 方向补语 习题参考答案

1）老师抱者很多书跑进教室来了。

2）一闻道鱼味儿，大黑猫和小白猫就凑过来了。

3）杯子被碰倒了，咖啡全洒出来了。

4）他在外面转了半天，可是没进来。

5）她终于没忍住，笑出声来了。

6）你要去办公室的话，请顺便把资料拿回来，好吗？

7）一说到考试我就会紧张起来。

8）你再这样放荡下去的话，将来肯定没出息。

9）他一直咬紧牙关地忍耐过来了。

10）无论怎么苦，也千万不要灰心，一定要坚持下去。

第二十四课"补语"IV 数量补语 习题参考答案

1）我下午只听了两节课，就回家睡觉了。

2）昨天晚上老师只睡了一个半钟头的觉，可是今天早上八点钟就开始工作了。

3）她学开车学了五个多月了，还没学会。

4）他哥哥住了一个月的院，腿伤总算好了，现在他能自己走路了。

5）已经走了八个小时了，可是还没到山脚。我们不会是迷路了吧。

6）昨天我等她等了两个钟头，可今天她等我还不到一刻钟就走了。

7）你学英语学了六年还不会说，也听不懂。我汉语才学了一个月，就已经会说几句了。

8）每个星期六，我都得坐两个小时的电车／火车去学校，上完仅有的一节课，又得坐两个钟头的车回家。

9）我一连喝了两杯咖啡，可还是犯困。只好去躺了一会儿。

10）他把那份经济学的报告修改了三次后交上去了，结果还是不及格，没能拿到学分。

第二十四课 "补语" V 可能补语 习题参考答案

1）星期六的课外活动，我能参加可是他参加不了。真扫兴！

2）他成绩一般，又不太认真，所以很难想像他能考得上研究生。

3）只剩一天了，他自己绝对写不完，可是帮得上忙的人一个也没有。

4）这条牛仔裤，我怎么洗也洗不干净。

5）他每天晚上都睡得很晚，早上总是起不来，结果老迟到。

6）他是骑上老虎下不来了，只好硬着头皮干下去。

7）外面风大雨急，天又黑下来了，看样子今天走不了了。

8）日本职业足球联赛的门票又贵又不好买。我想看比赛也买不起而且买不到票，只好看电视了。

9）她来日本后，吃不惯日本菜，又吃不到地道的上海菜，只好天天去麦当劳吃汉堡包。

10）听说半夜里去二十四小时店买东西的话，有时候会找不开一万块钱纸币，是真的吗？

第二十五课 "离合词" 习题参考答案

1）没想到这句话，竟出自他的口。

2）你早上去散了多长时间步？

3）为这么点儿事，吵什么架呀？

4）开了二十多年车，从来没出过事。

5）已经做得差不多了，签个名／签一下名就行了。

6）我是去年圣诞节和他见的面。

7）为买房子，贷了那么多款，什么时候才能还清？

8）我养的仙人掌不知什么时候开出了一朵小黄花。

9）你们俩都聊了多长时间天了，已经半夜两点啦！

10）（他说）他在大手町迷过两次路。

第二十六课 习题参考答案

1）为了钱，那伙人连命都不在乎。

2）学了一年汉语了，怎么连汉语拼音还搞不清楚？

3）这种事儿，连听也不想听。

4）抽烟对自己的身体有害是不用说，甚至还会影响周围人的健康。

5）这个地方路又窄又复杂，而且有很多单行道，本地人都搞不清楚，何况你这个"老外"呢！

6）这家照相馆连冲带洗／连冲带印只花三十块就行。

7）别说是这篇文章，连《红楼梦》他都能解释得头头是道。

8）不要说／不用说夏天连冬天都去"冬泳"。

9）他破产了，别说买衣服，就是吃饭都很困难。

10）这届日本职业足球联赛的冠军队不是横滨 F. 马利诺队，就是浦和红钻石队。

11）这台空调不是日本原装货，而是国内组装的。

12）现在北京不要说／不用说"麦当劳"和"肯德基"，连"乐天利"和"吉野家"都有。

第二十七课 习题参考答案

1）没想到北京街上会有这么大的变化。

2）想不到天安门广场这么宽阔。

3）想不到一个八岁的孩子能驾机飞越太平洋。

4）诺贝尔大概想不到他的伟大发明会成为人类自相残杀的武器。

5）谁料到世界著名网球选手伊达公子在她的事业正处于巅峰时期宣布引退了／退出网坛。

6）谁能想到他们在蜜月旅行结束后就办了离婚手续。

7）除了病人自己，谁能知道疾病的痛苦？

8）这次火灾虽然烧毁了很多房屋，但出乎意料的是并没有多少人员伤亡。

9）毕竟是年轻人，他的伤恢复得出乎意料地快。

10）出门时还是晴空万里，不料走到半路突然下起了大雨，真倒霉！

第二十八课 习题参考答案

1）你也说好，他也说好，我也觉得不错，真是皆大欢喜。

2）你也知道，他们也知道，这还能说是什么秘密吗？

3）她又是端茶，又是递烟，又是削水果，热情得让客人都应接不暇了。

4）那家温泉旅馆既服务周到又价格合理，所以客人总是络绎不绝／络绎不断。

5）成龙的电影既惊险又有趣，难怪这么多人喜欢看！

6）体育比赛既是体力的竞赛，也是头脑的较量。

7）一来为你二十二岁生日，二来为你找到了如意的工作，干杯／干了这杯！

8）跳交际舞／交谊舞，一则可以锻炼身体，二则可以结交许多朋友，所以爱好者越来越多，特别是中老年人。

9）这种新食品一来营养丰富，二来热量不高，所以特别受姑娘们的欢迎。

10）这种新药既起效快，且副作用小。

第二十九课 习题参考答案

1）今天真暖和，一点也没有冬天的感觉，倒像是春天一样。

2）每次看到这些照片，都好像又回到了大学时代。

3）真不敢相信自己得了第一名。仿佛是在梦里。

4）外面下着大雪，屋里却如同春天一样温暖。

5）大久保听了这句话，似乎感到有些意外。

227

6）看到这张富士山的画就像又回到了日本一样。

7）虽然是初次相识，却感到像多年的老朋友一样意气投合。

8）上海和／像东京一样，夏天特别闷热。

9）西村唱起歌来就像大歌星似的那么投入。

10）川村画的小狗简直像活的一样可爱。

第三十课 习题参考答案

1）今天是期末考试，所以学生们答得比较认真。

2）是第一次参加比赛，所以紧张得说不出话来。

3）上班路上碰到了交通事故，因此迟到了。

4）既是刚拿到驾驶执照，开车的技术恐怕还不高吧。

5）由于台风，焰火／烟火晚会取消了。

6）由于冰雹，苹果损失很大。

7）为了培养好孩子，他伤透了脑筋。

8）为要开发新产品，他绞尽了脑汁儿。

9）为了庆祝他的生日，朋友们开了一个晚会。

10）他早早地来到上野公园，为的是占个赏花的好地方。

第三十一课 习题参考答案

1）虽然我们都在东京工作，可是很忙，所以很少有机会见面。

2）这盒巧克力虽然不像商店里卖的那么精致，可是她亲手做的，吃起来特别甜香。

3）虽然是第一次参加国际大赛，但是他表现得很冷静，发挥得也很出色。

4）虽然遭遇了车祸，不过只受了一点轻伤，还算幸运。

5）虽然说肥胖有损健康，但是这并不意味着越瘦越好。

6）你的心情固然可以理解，但也不应该如此失礼。

7）尽管电脑很了不起，但还是不能和人脑相提并论。

8）尽管他已年过七十，工作热情却比许多年轻人都高。

9）虽然得了癌症，他却很乐观，积极地配合治疗，照常生活、工作。

10）虽然当时学得很苦，但总算考上了理想的大学，所以感到很欣慰。

第三十二课 习题参考答案

1）我不但喜欢他的电影、歌曲，而且欣赏他的为人。

2）北京大学不仅是中国的名牌大学，而且是世界闻名的高等学府。

3）那家中国菜馆不仅风味地道，并且店内装潢／室内装潢独具特色。

4）维持世界和平，避免战争不只是日本人民的愿望，而且是其他国家人民的愿望。

5）这样做不独对你有利，而且对大家都有利。

6）这种药非但可以治疗糖尿病，而且可以减肥。

7）今天不但是我的生日，还是我儿子的生日。

8）运动后食欲大增，结果体重不但没减少，反而增加了。

9）机器猫"小叮当"不但是日本孩子们的宠物，而且深受中国孩子们的喜爱。

10）他不仅会操作计算机，而且会编简单的程序。

第三十三课 习题参考答案

1）去北京旅游，如果不到长城看看，就太遗憾了。

2）如果有台计算机，处理这些文件就快多了／简单多了。

3）要是她知道了这个消息，准得高兴得跳起来。

4）要不走这步棋，你就输定了。

5）倘若人生能重来一次的话，我要当个演员，演遍各种角色。

6）屋里安静得就是针掉在地上的声音也听得见。

7）即使最冷酷的人，看了这部电影也会感动得落泪。

8）这么好吃的饺子，就算再来十个也不过瘾。

9）据科学家推测，假使南极大陆的冰完全融化了，海面会上升好几十米。

10）他真是个"电视迷"，任凭多没有意思的节目，都看得津津有味。

第三十四课 习题参考答案

1）商品社会里，只要有需求，就会有供给。

2）只有养育了孩子，才能知道父母对自己的恩情。

3）除非病了，他每天都要到紫竹院来散步。

4）假的不管多像真的，也是假的。

5）据说电子货币普及后，不管买什么，只要带一张磁卡／卡片就行。

6）只要是名牌，他就喜欢。

7）只有经历过苦难，才能懂得什么是幸福。

8）除非静下心，才能打好太极拳。

9）除非新年，他不喝酒。

10）一看自己喜欢的球队要输了，他不管三七二十一就把电视关掉了。

第三十五课 习题参考答案

1）这件事，我无论如何也做不到。

2）各种办法都试过了，可烟怎么也戒不掉。

3）不管什么人都有生有死。

4）（如果）是玫瑰／蔷薇的话，总会开花的。

5）不管怎样也要在这星期内把论文写完。

229

6）他说不论什么美味佳肴，都比不过／比不上生鱼片。

7）这次演讲比赛，不问年级、专业，谁都可以自由参加。

8）不拘什么季节，来这里旅游的人都很多。

9）地球上的任何生物都离不开水。

10）我怎么看都觉得这是假货。

第三十六课 习题参考答案

1）现在的年轻人对于近代历史很不了解，这实在是非常遗憾的事。

2）对于领土问题不能作任何妥协。

3）针对共同举办世界杯足球赛问题，经过协商，日韩双方基本上达成了协议。

4）关于经济问题，和我们家的"财政部长"经过三个小时的交涉，才达成了协议。

5）据报道，对此次在印度发生的空中飞机相撞事件的原因，有关方面正在进行调查。

6）据说香港物价飞涨，这是为什么呢／这是什么原因呢？

7）从他的谈话之中流露出了难以言表的苦衷。

8）可以直接参加决赛的球队包括主办国（球队）在内一共十二支。

9）在造句／写作方面，要多下点儿功夫。

10）对身体有残疾或行动不便的人，我们应该热情的给予帮助。

11）人口增加、环境污染的加剧使人类的生存和发展面临着危机。

12）人考虑问题时总应该面对现实，脱离实际是要失败／栽跟头的。

第三十七课 习题参考答案

1）汉语越学越难，仅仅三四年的时间哪儿能学得好？

2）我的肚子／肠胃怎么回事儿？ 越吃越来劲儿。简直是个"无底洞"。

3）买的东西越多，钱包越轻／钱包里的钱越少。

4）老师说话像个机关枪，让我越听越胡涂。

5）听说他的那种拳法叫做"醉拳"，酒喝得越多打得越精彩，是真的吗？

6）一边听音乐，一边敲键盘，工作效率很高。

7）像他那样边走边吃东西是很丢人／很没教养的，别跟着学。

8）在外国拿着地图，一边走一边东张西望的很危险／东张西望是很危险的。

9）我喜欢喝着茶、品着点心、悠闲自在地聊天。这就是"饮茶"的乐趣。

10）且走且聊，不知不觉走进死胡同迷了路。

第三十八课 习题参考答案

1）除了她，谁也不知道他大学毕业后的去向。／他大学毕业后的去向只有她知道。

2）他除了专业以外，什么都不知道。

3）除了你以外，大家都准备好了。

4）我们班除了缺席的三个人，全部都及格了。

5）我除了这支威尔逊牌儿的球拍以外，什么也不要。

6）除了专业／工作以外，您还有什么爱好吗？

7）除了奖学金（以外），他每月还有十万日元打工的收入。

8）除了北京话，她还精通广东话。

9）昨天他们班除了他以外全都旷了课。真／实在是不像话！

10）难道你真觉得进了大学以后，不学习也没事儿吗？

第三十九课 习题参考答案

1）对年轻人来说，与其吃得好，不如吃得饱。

2）与其说她勤俭，不如说她抠门儿／小气更准确。

3）宁可走路去，也不愿意挤公共汽车。／与其挤公共汽车，还不如走着去。

4）与其迷迷糊糊地看书，还不如先睡一会儿再看。

5）宁可喝西北风，也不想离开东京。

6）有人说（与其）买书不如借书，我并不这么认为。

7）与其和他们一起上课，还不如自学。

8）哪怕多跑几家店，也要买到中意的。

9）与其和那样的人结婚，宁愿打一辈子光棍儿。

10）哪怕是跨越万水千山，我也要找到她。

第四十课 习题参考答案

1）眼看两个好朋友就要吵起来了，我怎么能袖手旁观！

2）谁敢说你的坏话？

3）已经约好了，她怎么会不来？

4）不是给你钱了吗？ 怎么又要？

5）闹也闹够了，你怎么还不走？

6）不是跟你说了吗？ 今天我不去！

7）他是研究生，（在这方面）什么书没看过？

8）学生怎么能不上课呢？

9）他不是想去留学吗？ 怎么又改变主意了？

10）爸爸的中文都学得这么好，难道我就不行！

時　間

未来 ——————————→

量

多长时间

多少年 / 几年

隔一年（隔一年）・每年（毎年）・当年（当時・あの頃）・往年（あの頃）・第二年（翌年）・头年（前年・前の年）・冬末・冬・冬令・正冬・初冬

（未来）明年・后年・大后年

多少个月 / 几个月

隔一个月（隔一个月）・每月（毎月）・月半（月半）・月中（月中）・月初（月初）・月末（月底）・月・居然（にかげに何かのある　の意味のある場合）・果然（はたして）・骤然（にわかに・ふいに）・偶尔（たまに）・偶然（ぐうぜん・まれに）・忽然（急に）・突然（とつぜん・ひょっこり）

（未来）下月・这个七月・八月・九月・十月・十一月・十二月

多大时间

几个星期

隔一个星期・每星期・屡次（しばしば）・每回（每次）・初次（初めて）・头一次（最初の回）・第一次（第一回）・其次（その次）・这次（今回）・上回（前回）・下回／下次（次回）・这回（今回）

（未来）下星期・（这个礼拜）

多少天 / 几天

等…到（になってから）・等…从（から）・先…まず・隔一天（一日おいて）・前一天（前の日）・每天（毎日）・改天（日を改めて）・头一天（最初の一日）・这些天・这几天（この数日間・日子）・过两三天・过几天（数日後）

（未来）明天・后天・大后天・二十号・三十号・三十一号

多久

几点钟 / 几（个）小时 / 几个钟头

再（その上で）・就（すぐ）・先（まず）・成天（まる一日）・整天（まる一日）・一天到晚（朝から晩まで）・从早到晚（朝から晩まで）・一日中（一日中）・傍晚・晚上（晚半天儿・晚傍晌儿・夜间）・夜里（半夜・真夜中〈十一時～一時〉）・半夜里（真夜中〈一時～三時〉）

（未来）下午・两点八分・两点一刻・两点半・三点三刻・三点欠三分・三点左右・差三分三点・三点前后

就（すぐ・もう・はやくも）・今就・这就（今すぐ）・马上就（たちまち）・立刻就（たちまち）・立即（即座に）・随后（すぐ後で）・回头（その日のうち）・一会就（十五分後で）・就…了（すぐ…する）・要…了（まもなく…だ）・快…了（やがて…だ）・就要…了（まもなく…する）・快要…了（まもなく…する）・将要…了（もうすぐ…する）・将…了（文）（もうすぐ…する）

以后（これから後〈過去〉）・后来（句首）（それから後〈過去のみ〉）・从…后（句首・句中）（それから後〈未来〉）・最近（最近）・近来（近頃）・往后（将来）・未来（未来）・永远（いつまでも）・近几年来（この数年来）・今后（今から後）・延期（繰り延べ）・延迟（繰り延べ）・今后（今から後）・往往（たまたま・往々にして）・赶到…（そのうち…になってから）・限两天（二日に限って）・为期六天（六日を期限とする）・到时候（その時になって）

事到如今（今さら）・总（是）（いつも）・老（是）（良い意味）・（是）（悪い意味）・时机（時機・チャンス）・时代（時代）・时期（時期）・然后（それから後）・经过（して・経て・しかる後）・历来（これまでに・後ろは必ず肯定）・逐渐（だんだんと）・慢慢地（徐々に・だんだんと）・暂时（しばらく）・半天（一時間以内）・半天／半日间（長い間）・早晚（早かれ遅かれ）・迟早（遅かれ早かれ）・早（早く）・晚（遅く）・忽…忽…（急に…したり…になる）・乍…乍…（文）・很晚才（遅くなって・やっと）・很早就（早くから・もう・とっくに）・延缓（文）（のばす・遅らす）・推迟（繰り延べる）・推晚（繰り延べる）・一来二去（そうこうしているうちに）・再过四个月（あと四ヶ月で）・在那之前（その前に）・在那之后（その後で）

詞語

―――――― 過去

点

什么时候

年	季节・天气	历法	点
今年 / 去年 / 前年 / 大前年	季节 / 春天 / 夏天 / 秋天 / 冬天	公历 / 旧历 / 阴历·阳历	什么季节 / 哪一季哪个季节 / 哪一年 / 纪元后多少年 / 纪元前多少年 / 公元多少年 / 一九九五年 公元多少年

月	日程・频度	月份	点
本月 / 上月 / 正月 / 初一 一月 / 初二 二月 / 初三 三月 / 四月 / 五月 / 六月	平日（平时）/ 下旬 / 中旬 / 上旬 (上) / 初旬 / 经常 しょっちゅう / 常常 常に / 常常 よく / 通常 通常·普段	平月 / 闰月 / 平月（大建）/ 大月（大建）/ 小月（大）	哪个月 / 几月

几时

星期	—	点
这个星期日（天）/ 星期六五四三二 / 星期一 / 上星期 / 上星期	在○ 当○ 临○ + 的时候 / 之 + 先 后 前 间 / …的时候	哪个星期 / 星期几

天	时间・往昔	点
今天 — / 昨天 十号 / 前天 二号 / 大前天 一号 / 那段日子 あの数日间 / 那些日子 あの数日 / 前几天 数日前 / 那几天 あの数日前 / 第三天 数日前 / 第二天 翌々日 / 当天 头一天 翌日 / 头两天 当日 / 头几天 前日 / 过了几天 二日前 / 有一天 数日前 / 有的时候 时には / 往日 以前·过ぎし年 / 往年 昔·过ぎし日 / 时时 ひっきりなしに / 长期以来 长年 长い间 / 自古以来 古来·昔から / 没有多久 ほどなく·やがて / 十二点多 十二时过ぎ		几号 / 哪一天

多会儿（多咱）

时点・起点	早晨・时段	点
十二点多 十二时过ぎ / 没有多久 ほどなく·やがて / 自从…以后 …より以后 / …以来 …以后 / 从A到B AからBまで / 自从A到B / 从那以后 あれから后 / 从此以后 これから后 / 从…起 …から / 从…开始 …から始めて / 离… …から / 很久以前 随分前に	早上（七时～九时半）/ 上午 / 早上 / 早起（四时～六时半）/ 清晨 / 早晨（大清早）/ 正午 / 白天 / 中午 / 两点	随AB随 AするはじからBする / 日前 先日·数日前·この间 / 十分もたたないうちに / 还不到十分钟

现在・以前	时序・先后	点
现在 今…したて / 刚（刚）たった今 / 刚才 いましがた / 已经 すでに / 早就 とっくに / 早已（文）とっくに / 以往 これまで / 以前 これまで / 从前 今までにある / 曾经 今までに / 从来 今までにない / 向来（是）以前から / 一向（是）以前から ずっと / 在那其间 その间 / 其间 その间 / 过去 过去 / 一时 その时 / 先前 先ず最初に / 及时 时机を逸せず / 首先 先ず最初に / 准时 时间通りに / 按时 时间通りに按时吃药 / 提前 繰り上げ / 预先 事前に·前もって / 事先 あらかじめ / 趁着 …に乘じて·…の中に / 等着 …次第 / 随着 …につれて / 随后 すぐ后で		前不久 つい先日 近いうちに / 不久的将来 近いうちに / 不久 程なく·そのうち / 不多时就 もう三日もしないうちに / 不出三天就 三日もしないうちに / 不一会儿就 いくらもしないうちに

现今・副词（文末）
如今 今となって（文）/ 到了现在 今になって / 至今 今に至って / 当前 当面の / 目前 目下 / 现今（文）今顷 / 要今（文）今顷 / 刚好 ちょうどうまい具合に·折良く / 才 初めて·やっと / 先 まずとりあえず / 再 また·その上で / 还 また·まだ / 又 また / 顿时 とっさに / 不时 何度も何度も（小刻みにする）/ 最后 最后 / 当初 当初·最初 / 起初 最初·はじめ / 同时 同时になって·しかも·かつ / 届时 その时になって / 一…就 AするとすぐにB / 眼看 …しているうちに / 不一会儿就 いくらもしないうちに

233

離　合　詞

離合詞は、それに含まれる語素の関係によって四種類に分けられる。

① 動賓関係	動詞＋名詞	安心、报名、丢人、革命、起床…
	動詞＋形容詞	帮忙、吃苦、撧假、使坏…
	動詞＋動詞	顶用、发烧、起哄、认输、受骗…
② 動補関係	動詞＋動詞	拆散、超过、打败、压服…
	動詞＋形容詞	绕远儿、提高、抓紧…

③ 並列関係	動詞＋動詞	纪录、拍照、游泳…
④ 主述関係	名詞＋動詞	口服、心服…
	名詞＋形容詞	心慌、心软…

離合詞の中間に挿入できる成分

		意味	例	備考
可能不可能を表す成分	1) 得/不	主観的条件（動作主に内在する能力・事情）からみても、客観的条件（周囲に外在する事情）からみても、可能であること、または不可能であることを表す。	你的技术超得过你师傅吗？ 不行，我超不过我师傅。	・一般によく使われるのは、否定形式"不"である。 ・動補関係の離合詞にだけ挿入できる。
	2) 得了/不了	主観的条件からみて可能であること、または不可能であることを表す。	他成绩不好，毕得了业吗？ 他成绩不好，毕不了业。	・肯定形式は疑問文と反語文とを除いては、あまり用いられない。 ・主に話しことばに用いられ、書きことばや正式な場面でのスピーチには用いられない。
	3) 得＋結果補語 不＋方向補語	動作を行なって、ある結果が得られるか得られないかを表す。	今天你跟王先生见得着面吗？ 今天我跟王先生见不着面。 这儿路很窄，错得开车吗？ 如果错不开车，我就先倒回去。 老张把持住关吗？ 他把不住关，换个人吧。	・得着/不着｝目的を達成できる、できない。 ・得开/不开｝分離できる、できない。 ・得住/不住｝状態・動作が固定化し動揺が生じなくなる、ならない。
	4) 得＋方向補語 不＋方向補語	主観的条件、客観的条件からみて、ある願望や目的が実現できるかどうかを表す。	时间已经过了，还报得上名吗？ 不行了，报不上名。 你每月存得下钱吗？ 我存不下钱，你呢？ 下个星期你如果抽得出空来就到我家来一下。 我可能抽不出空来。	・得上/不上｝目的を達成できる、できない。（"上"と"着"では挿入できる動詞にちがいがある） ・得着/不着 ・得下/不下｝人や物をある場所に固定できる、できない。 ・得出来/不出来｝ないものを作り出したり、発見したりできる、できない。
結果補語	1) 完	動作が終わったことを表す。	他游完泳就去商店了。	・次の三種類の離合詞には挿入できない。 a) 動補関係の構造を持つもの（打倒、提高…） b) 心理活動を表すもの（害怕、害羞、伤心…） c) 非動作動詞、あるいは動作が具体的に決まっていないもの（吃亏、迷路…）
	2) 好	動作が終わり、しかもその結果がよかったことを表す。	学生们早就排好队了，正等着出发呢。	
	3) 开	動作あるいは思考活動について、動作・状態が始まり、しかもそのまま続くことを表す。	小王刚要讲话，他们就起开哄了。	
方向補語	1) 上	①ある物をある所に存在させることを表す。②達成しにくい目的を達成したことを表す。③動作・状態が始まり、しかも継続することを表す。	早就插上秧了。 他总算念上书了。 她们第一次见面就聊上天了。	・離合詞の意味によって"上"がどの意味を表すかが決定される。
	2) 起…来	動作・状態が開始し、しかも継続することを表す。	人们都被鼓起掌来。 妈妈又伤起心来。	・離合詞の中間に"起"だけを挿入し、"来"を離合詞の後につける。
	3) 下…来	非動作動詞はある状態が始まり継続すること、あるいは始まって継続しそうであることを、動作動詞はその動作によって事物を固定させたり分離させたりすることを表す。	你安下心来读书，什么也别想。 停下车来等他！ 卸下货来也没地方放，怎么办呢？	・離合詞の中間に"下"だけを挿入し、"来"を離合詞の後につける。

動態助詞	1) 过	これまでにある経験をしたことを表す。また、"了"と共に用いた場合、済んでいることだけを表すこともある。	• 我到北京以后就没搬过家。 • 我从来没撒过谎。	• 動作が生じた回数、あるいは経験した回数を説明するときは、"过"の後に量詞"次""回"等を加えて、離合詞の中間に挿入する。
	2) 了	動作・状態の実現、あるいは完成を表す。	• 我请了假了。 • 听说他已经辞了职了。	• "了"の後に数量表現を加えて中間に挿入できる離合詞がある（終了する、結果がでる、消滅するの意を含む離合詞は除く）。
	3) 着	動作が経験する状態を表す。	• 在马路上不要并着肩走路。	
構造助詞 "的"		動作・状態がすでに実現したこと、あるいは完成したことを表す（重点は、いつ、どこで、誰が、どのようにして、にある）。	• 她哪年结的婚？ • 我是去年才安的家。 • 是老王带的头。 • 你知道他是给谁行的贿吗？	
人称代名詞（我・你・他）＋ "的"		①動作の対象を具体的に述べる。 ②動作の行為者を表す。 ③賓語となる成分を動作・状態の原因または相手として具体的に述べる。 ④離合詞の中の人称代名詞と文全体の主詞とが同じときは、動作主の行なう動作が他人とは無関係に行なわれることを表す。	• 扫了你们的兴，真对不起。 • 不太中我的意。 • 您不要操我的心，我自己能管自己。 • 人们都不愿意帮你的忙。 • 他赌他的钱，你别管。 • 我扫我的地，你管得着吗？ • 你跳你的舞，她唱她的歌，谁也别管谁。	
谁/哪个＋ "的"		離合詞の表す動作の対象（人物）について尋ねる。	• 我现谁的眼了？ • 我造哪个的谣了？	
这/那＋ "个"		賓語となる成分に対して指示と限定を加える。時には強調の語気をも合わせ表す。	• 你已经帮我解决了，我就不发这个愁了。 • 我才不拼那个命呢。	
什么		①ある動作・状態があるはずない、あるいはすべきでないこと、または、する必要がないことを表す。 ②賓語となる成分について、具体的にどんな内容をもつのかを尋ねる（多くは過去のこと）。	• 他升什么学呀！ 学习那么差。 • 这么点儿小事，请(的)什么假呀?! • 报什么信来了？ 让我猜猜。	
人称代名詞（我・你・他）＋ "什么"		"什么" の前の人称代名詞は動作の間接目的語（動作の相手）を表す。	• 你想送他什么礼啊！ • 这碍你什么事啊！	• この用法を持つ離合詞は少ない。
数量表現	1) 一	動作の継続時間が短かく、動作が簡単に行なわれることを表す。	• 大家干一杯！ • 我想睡一觉再去。	
	2) 个	①普通の名量詞と同じように個数を表す。動作を起こすニュアンスを含む。 ②動作をちょっと行なうことを表す。 ③語気を軽くし、その動作を自由に気ままに行なう雰囲気を表す。	• 岁数不小了，你该成个家了。 • 我给你道个歉吧。 • 向阿姨问个好！	
	3) 这么多/那么多 这么大/那么大	数量の多いこと、あるいは程度の高いことを表す。	• 窝那么大工，你也不管！ • 你怎么倒这么大霉啊！	
	4) （一）点儿 （一）些	数量の少ないこと、あるいは程度の低いことを表す。	• 你省点儿心吧。 • 孩子也能顶些事了。	
	5) 多少 多长时间	①動作の分量・継続時間を尋ねる。 ②動作分量・継続時間ともに、不定数量を表す。	• 你歇了多少工了？ • 我休多长时间假，跟你有什么关系？	
	6) （一）会儿	継続時間が短かいことを表す。	• 我每天早晨打一会儿拳。	
	7) （一）下儿	継続時間が短かく、かつ回数が一回であることを示す。	• 请你张下儿嘴。	• 語気を柔らかくするのによく用いられる。

著者略歴

中山　時子（なかやま　ときこ）
北京の崇貞学園で初めて中国語を学び、北京大学、東京大学において
中国文学を専攻。お茶の水女子大学名誉教授。2016年没。

飯泉　彰裕（いいいずみ　あきひろ）
日本大学法学部、北京大学中文系卒業。

中国語作文のための短文練習——中文造句［新装版］

1999年3月30日　初版第1刷発行
2015年1月30日　初版第16刷発行
2025年2月20日　新装版第1刷発行

著　者●中山時子・飯泉彰裕
発行者●間宮伸典
発行所●株式会社東方書店
　　　　東京都千代田区神田神保町1-3　〒101-0051
　　　　電話 (03)3294-1001　営業電話 (03)3937-0300
印刷製本●大村紙業株式会社

※定価は表紙に表示してあります

©2025 中山時子・飯泉彰裕　Printed in Japan
ISBN978-4-497-22505-4 C3087
乱丁・落丁本はお取り替え致します。恐れ入りますが直接本社へご郵送ください。
Ⓡ本書を無断で複写複製（コピー）することは、著作権法上での例外を除き、禁じられていま
す。本書をコピーされる場合は、事前に日本複写権センター（JRRC）の許諾を受けてください。
JRRC〈http://www.jrrc.or.jp　Eメール：info@jrrc.or.jp　電話：03-3401-2382〉
小社ホームページ〈中国・本の情報館〉で小社出版物のご案内をしております。
https://www.toho-shoten.co.jp/

好評発売中
(価格 10％税込)

東方中国語辞典
相原茂・荒川清秀・大川完三郎主編／中国人の身近なことばや用例を多数収録。付録も充実。学習やビジネスに威力を発揮。斬新なデザインと2色刷りで引き易い中国語辞典。……　四六判2120頁◎税込5500円（本体5000円）978-4-497-20312-0

中国語文法用例辞典
《現代漢語八百詞増訂本》日本語版
呂叔湘主編／牛島徳次・菱沼透監訳／本格的文法辞典として高い評価を受けている《現代漢語八百詞》増訂本を完訳。大幅な加筆修正を行い収録された語は全部で約1000語に。　…　四六判608頁◎税込5280円（本体4800円）978-4-497-20303-8

文章力をワンランク上げる
中国語接続詞用法辞典
剱重依子・木山愛莉・喬秦寧編著／接続詞200個を厳選。解説は簡潔にし例文を多く収録することで、実例からニュアンスや使い方をマスターできるようにしている。…………四六判480頁◎税込2970円（本体2700円）978-4-497-22306-7

動詞・形容詞から引く
中国語補語 用例 20000
侯精一・徐枢・蔡文蘭著／田中信一・武永尚子・西槙光正編訳／常用の動詞・形容詞1072語を見出し語とし、補語との組み合わせを約2万例収録する。
………………………… A5判640頁◎税込2970円（本体2700円）978-4-497-21505-5

東方書店ホームページ〈中国・本の情報館〉https://www.toho-shoten.co.jp/

好評発売中
（価格 10％税込）

新訂 標準中国語作文
模範解答・音声付き（MP3CD 付）
長谷川寛・張世国原著／中山時子監修／田芳校訂／伝説の名著復刊！ 練習問題796題にそれぞれ3種類の模範解答を付す。例題・解答の音声付き。
………………… B5判 208頁◎税込 2970円（本体 2700円）978-4-497-21507-9

すらすらさくさく
中国語中級ドリル 1000
林松濤・謝辰著／すらすら訳してさくさく作文！ "是〜的"文、"了"、呼応表現など、36のポイントにしぼった和文中訳・中文和訳ドリル 1000問。
………………… A5判 208頁◎税込 1980円（本体 1800円）978-4-497-21901-5

HSK5級 読む聴く覚える 1300
〔音声ダウンロード方式、チェックシート付き〕
田芳・安明姫著／HSK5級要綱の新出語彙 1300語を組み入れた短文 28篇、長文28篇を収録。試験対策のほか、聴力、閲読のレベルを高めたい学習者にも有用。
………………… A5判 192頁◎税込 2640円（本体 2400円）978-4-497-22211-4

HSK6級 読む聴く覚える 2500
〔音声ダウンロード方式、チェックシート付き〕
田芳・安明姫著／HSK6級要綱の新出語彙 2500語を 72篇の文章に組み入れる。単語、センテンス、本文の3ステップからなる文章を繰り返し読んで聴いて語彙を身につけよう。… A5判 320頁◎税込 3300円（本体 3000円）978-4-497-22023-3

東方書店ホームページ〈中国・本の情報館〉https://www.toho-shoten.co.jp/

好評発売中
（価格 10％税込）

やさしくくわしい
中国語文法の基礎
改訂新版

守屋宏則・李軼倫著／充実した検索機能など、旧版の長所はそのままに、例文を
全面的に見直し、解説もアップデート。例文には日本語訳とピンインを付す。
·························· A5 判 380 頁◎税込 2640 円（本体 2400 円）978-4-497-21918-3

つたわる中国語文法
前置詞・副詞・接続詞を総復習

林松濤著／空間・時間、受け手と対象など、虚詞（前置詞・副詞・接続詞）を意
味ごとにまとめ、用法や使い分けをすっきり解説。つたわる例文も満載。
························· A5 判 376 頁◎税込 2640 円（本体 2400 円）978-4-497-21709-7

中国語 虎の巻
実力アップ 15 の秘伝 〔増補改訂版〕

彭飛著／榎本英雄監修／似た言葉の使い分け、日本語の漢字につられた言い間違
いから“了”“把”の使い方、新語まで、「中国語のツボ」を解説。例文にはピン
インを付す。······ 四六判 304 頁◎税込 1650 円（本体 1500 円）978-4-497-21713-4

中国語筋トレ 100 読練習法
（MP3CD 付）

木本一彰著／2 分程度（450 〜 500 字）の文章を 100 回ずつ読み、中国語を「音」
として覚え込む。発音、四声をピンイン文の音読で徹底チェック。
····················· A5 判 208 頁◎税込 2640 円（本体 2400 円）978-4-497-21509-3

東方書店ホームページ〈中国・本の情報館〉https://www.toho-shoten.co.jp/